韓國史研究叢書 7

『東學史』와 執綱所 研究

盧鏞弼

國學資料院

책머리에

이 책은 著者가 1989년 이후 『東學史』와 執綱所에 대해 공부해오면서 활자화하여 발표했거나 써두었던 7편의 글들을 모아 엮은 것이다. 박사학위논문으로 제출하기 위한 것이 아니었고 또 애초부터 체계적인 틀을 정하고 작성한 글들이 아니기 때문에 중복되는 것이 더러 있더라도 내용상 상호 보완이 되므로 원문을 거의 그대로 살리어 싣기로 하였다. 다만 체제와 제목을 약간 바꾼다거나 註를 몇 개 첨가하고 용어를 다듬는다든가 하는 정도는 손대었다.

처음 東學史에 대해 공부를 시작할 때 대단히 의아하게 생각든 점이 있었다. 다름아니라 吳知泳의 『東學史』를 한결같이 아무런 史料 批判없이 인용하고 있는 것이었다. 매우 위험스럽다고 여겨졌고 또한 참으로 이해하기 어려웠다. 그래서 吳知泳이란 인물이 어떻게 해서 『東學史』를 저술하게 되었는지를 밝혀보려고 노력하였다. 당시에는 어느 누구 하나 시도하지 않았던 매우 초보적인 작업에 착수하였던 것이라 하겠다. 그러다 보니 기대 이상의 결과도 생기게 되었다. 그에게는 『東學史』 외에도 저작물이 더 있다는 사실을 밝혀내 분석함은 물론 그와 같이 활동하던 鄭璿根의 文集 『學明德尊』을 비로소 찾아내어 몇몇 새로운 사실들을 학계에 보고할 수 있었던 것이다. 『東學史』에 대한 究明에서 비롯한 일련의 글들을 묶어, 제1편의 제목을 '『東學史』研究 篇' 이라 정한 것은 이런 이유에서이다.

곧 이어 著者에게 생겨난 또 하나의 의문은 執綱所에 관해서였다. 吳知泳의 『東學史』를 여러 차례 되짚어가며 읽다보니, 執綱所에 관한 서술 내용상에 일치되지 않는 듯한 점들이 있어 의아했던 것이다. 하지만 이에 대한 연구는 섣불리 착수할 수가 없었다. 워낙 대단한 연구 업적들이 쌓여 있어 근본적인 문제 제기 조차 용납되지 않을 듯 싶었던 것이다. 그러다가 학계에 전혀 알려진 바가 없는 당시의 公文謄錄『隨錄』을 접하게 되었고, 이를 토대로 기왕의 여러 학설과는 커다란 차이를 보이는 나름대로의 견해를 조심스럽게 펼쳐 보일 수가 있었다. 관련된 글을 묶어, 제2편의 제목을 그래서 '執綱所 研究 篇'이라 정했다.

그리고 그간의 연구 과정에서 수집하게 된 많은 자료들 중 다른 연구자들에게 도움이 될만한 것을 골라 부록으로 실어두기로 하였다. 이 분야에 대한 공부를 정리해야겠다고 마음먹었던 대로였다면, 東學思想에 관한 글도 몇 편을 써서『東學史研究』라 하고 싶었으나 이런저런 사정으로 이는 이루지 못하고, 제1편과 제2편의 내용을 구체화하기 위해 書名을『'東學史'와 執綱所 研究』라고 하였다.

처음에, 吳知泳과 그의『東學史』에 대해 알려지지 않은 한 가지 사실이라도 제대로 밝히면 학계에 큰 보탬이 되는 일임을 著者에게 여러 차례 강조하시며 독려해주신 분은 李光麟先生님이셨다. 석사 졸업 후 군 입대 등으로 5년 간 허송 세월 하다가 뒤늦게 박사과정에 입학해 갈피를 잡지 못하던 터에 선생님께서는 끊임없이 秋霜과 같이 叱正해주셨고, 접해보지 못했던 근·현대사의 여러 문제를 제시해주시면서 안목을 넓힐 것을 訓導하셨다. 그리고『隨錄』을 내주시면서 공부해보도록 이끌어주셨을 뿐만 아니라『東學接主 鄭瑢根全集』과『吳知泳全集』을 꾸미도록 주선해주신 분도 바로 선생님이셨다. 西江大 大學院에서 東學史를 계속 연구할 수 있었던 것은 오로지 선생님께서 거기에 계셨기 때문이었다.

吳知泳의『東學史』원본을 빌려주시며 꼼꼼히 읽어보도록 권하시고 이에 대한 관심을 불러일으켜 주셨던 분은 李基白先生님이셨다.『吳知泳全集』을 꾸미는 과정에서조차도 그에게「自敍傳」이 있다는 사실을 著者는 전혀 모르고 있었는데, 이를 알려 주시어 결정적인 실마리를 풀어주셨던 분 역시 선생님이셨다. 著者가 한계를 절감해 크고 작은 좌절을 이겨내지 못하고 방황하고 있을 때마다 때마침 선생님께서는 하염없이 峻嚴하게 叱責해 바로 서게 해주시곤 하셨다. 그냥 버려져 있었더라면 저자거리 속에서 이리저리 채이고 있었을 이 모난 돌이 이나마 다듬어지고, 여태껏 공부를 한답시고 세상의 모퉁이에 머물고 있는 것이 오로지 선생님의 薰陶 덕분임은 작년 연말에 세상을 떠난 내 어머니도 너무나 잘 알고 계셨던 사실이다.

이 책의 내용이 학계에서, 학문의 세계를 혼탁하게 하거나 혼란스럽게 하지 않고, 있었던 역사적 사실 그대로의 규명에 조금이라도 보탬이 되었다고 평가받을 수 있었으면 한다. 그래서 맨 끄트머리 제자에 불과한 著者가, 이제는 연세도 많으시고 건강마저 좋지 않으신 두 분 선생님께 작은 위안이라도 드릴 수 있다면 더 바랄 나위 없겠다. 돌려드려야 할 것을 온전히 돌려드리는 것으로 여겨 두 분의 성함을 감히 말씀드리지만, 혹 만에 하나라도 또 다시 오히려 누를 끼치게 되지나 않을까 자못 두렵기만 하다.

한편 이 책을 출간함에 있어 잊을 수 없는 분들은 東學에 몸담았던 인물들의 후손들이다. 세상에 둘도 없는 자료들을 기꺼이 著者에게 제공해주고 활용할 수 있도록 허락해주었는데, 吳知泳의 女 吳英華님・女壻 河相領님 부부, 鄭瑢根의 子婦 朴應順님, 吳知泳이 이끈 天道敎聯合會 회원의 후손인 故 崔玉順님과 子 全景德氏 그리고 夫餘 거주의 丁斗燮氏 등이 그러하다. 이 분들의 소재를 파악하는 데 端初를 제공해준 天道敎 中央總部의 常住宣道師 表暎三 선생도 빼놓을 수 없다. 비록 이 분들이 지니고 있는 조상을 추모하는 뜻을 제대로 반영하지 못한 대목이 여럿 있는 듯해서 때로는 마음이 불편해지기도 하지만, 그렇더라도 이 분들의 협조가 없었더라면 이 연구는 처음부터 도저히 이루어질 수 없었을 것이다. 그렇기에 이 분들께도 아울러 深深한 謝意를 표하는 바이다.

또한 國史編纂委員會의 尹炳喜 선배는 벌써 20여 년 전에 학교를 같이 다니게 되면서부터 많은 도움을 받아왔기에 별로 새삼스러울 것도 없지만, 국사편찬위원회에 소장되어 있는 『東學史』草稿本을 찾아주고 못하는 공부 한 번

제대로 해보도록 이끌어준 점은 두고두고 고마울 따름이다. 世宗大의 吳 星 교수께서는 『隨錄』을 著者가 가지고 공부해 볼 수 있도록 허락해주었고, 歷史 學會에서 발표할 기회를 제공해주는 등 많은 배려를 해주었다. 더욱이 國學資 料院의 한국사연구총서 편집위원장으로서 이 책을 출간할 수 있도록 주선해 주었음에 깊이 감사한다. 그리고 郵政史의 최고 권위자이신 陳鎭洪 선생께서 는 吳知泳에 관한 著者의 글을 읽고 격려의 전화를 주심으로써 처음 만나 뵌 이래 東學史에 관한 많은 귀중한 사실을 알려주셨고, 『隨錄』의 일부를 正書하 는 수고를 맡아주시는 등 著者에게 크나큰 힘이 되어 주셨다.

아울러 西江大 鄭杜熙 교수님·延世大 柳永益 교수님·梨花大 李培鎔 교 수님께도, 東學史 연구 과정에 격려를 해주셨을 뿐만 아니라 여러 가지 귀중 한 조언을 아끼지 않으셨음에 감사를 드린다. 이밖에 崔起榮 박사·朴 烜 교 수에게는, 한국사연구총서 편집위원의 일원으로서 이 책의 출간을 적극 권유 해주었으므로 고마움을 표하고 싶다. 그리고 이 책의 출간을 맡아준 國學資料 院에 대해서는, 著者가 몇 차례 主題는 물론이고 書名을 바꾸기도 하고 시일 을 너무 많이 끌었기 때문에 많은 곤란을 겪었으리라 여겨져 충심으로 미안 함을 금치 못하며 아울러 그만큼 감사의 뜻을 보낸다.

끝으로 덕이 터무니없이 모자르는 데다가 많은 허물이 있어도 著者를 알게 모르게 아껴 주고 걱정해주고 힘이 되어주는 모든 분들께 머리 숙여 감사할 따름이다.

2000년 5월

著 者

차 례

책머리에

제1편 『東學史』 研究 篇

제2편 執綱所 硏究 篇

제1장 東學軍의 執綱所에 대한 一考察 / 159

附錄 資料 篇

제 1 편

『東學史』研究 篇

제1장 吳知泳의 人物과 著作物

1. 머리말

東學軍의 봉기에 직접 참가하여 활약한 바가 있는 吳知泳이『東學史』를 저술하여, 崔濟愚의 東學 創道 이후 東學軍 봉기의 경과 등 그 題目과 같이 東學의 歷史에 관해 많은 사실을 전해주고 있어 東學史에 대한 硏究 등에 대부분 크게 참고되어 왔다. 그렇지만 그 史料的 가치를 평가하는 데에 있어서 빼어놓을 수 없는 것은 著述 및 刊行 배경 등에 대한 究明이 지금까지 간과되어 왔다는 사실이다. 더군다나 著者인 吳知泳에 관해서는 가장 기본적인 사실들, 이를테면 그의 本貫·家系·生存年代 등조차 자세히 밝혀진 바가 없는 형편이다.

이에 筆者는 吳知泳의 人物의 이모저모에 대해 추적하는 한편 그의 著作物이 더 있는지를 조사해 보았다. 本稿는 그 결과로 얻어진 사실들을 살펴보려는 데에 목적을 두고 있다. 먼저 그의 人物에 대해서는『東學史』에서 자신에 관해 언급한 내용 외에도 그와 교류했던 人士의 文集, 그를 비롯한 관련 人物들의 戶籍, 天道敎聯合會의 文書, 그의 後孫의 證言 등을 토대로 밝혀보려고 한다. 그리고 그의 著作物에는『東學史』의 草稿本과 刊行本 외에도『新人乃天』과『새사람과 새한울』이 더 있음을 찾아낼 수 있었으므로 그의 著作物들이 언제 어떠한 동기로 쓰여져 간행되었던가에 관해 고찰하고자 한다.

그럼으로써 本稿가 吳知泳의 人物과 著作物에 대해서는 물론이고 東學軍의 봉기와 初期天道敎會史에 관해 정리하는 데에 자그마한 보탬이 될 수 있기를 바란다.

2. 吳知泳의 人物

吳知泳의 家系, 身分 그리고 生歿年代에 관해서는 지금까지 상세히 알려진 바가 없다. 단지 그가 저술한 『東學史』에서

> 先時 壬辰年 八月間의 일이다. 全羅道 茂長縣 禪雲寺 兜率菴 南便 數十步쯤 되는 곳에 五十餘丈이나 되는 層巖絶壁이 있고 그 절벽 바위 전면에는 큰 佛像 하나가 새겨 있었다. …… (중략) …… 어느날 밤중의 일이다.
>
> 왠 사람이 옥중에 들어와 吳知泳을 불러 종용히 말한다. 吳生員님은 저를 몰라 보십니까 하고 묻는다. 吳知泳은 자세히 기억할 수가 없다고 하였더니 그 사람은 말하되 저는 이골 都使令 李中福입니다. 제가 어려서 십세적에 生員님과 같이 한 서당에서 글 읽던 사람입니다. 그새 십여년 동안 서로 갈리어 서로 보지 못하였으므로 그러합니다. 저는 生員님이 잡혀 오시던 날에 이미 알았습니다. 얼굴을 보아 안게 아니라 다른 使令들에게 들어 알았습니다. 宅,先考令監의 姓名을 말하면서 그의 세째아들이 잡혀 왔다고 해서 알았읍니다.[1]

라고 하여 어릴 적에 同門 修學했다고 하는 인물에 의하면 그 자신이 生員으로 불리고, 父가 令監으로 호칭되었으며, 三兄弟 중 막내라는 것외에는 두 형의 이름조차 알 수 없다. 그리하여 吳氏의 本貫에는 海州, 同福 등이 있으므로 그 중의 하나일 것이라는 생각으로 族譜를 모두 뒤져 보았지만 찾을 수 없었다. 그러던 중 그의 딸 吳英華를 만나[2], 그녀의 증언을 통해 本貫

---

1) 吳知泳, 『東學史』, 永昌書館, 1940, pp.88~90 ; 『吳知泳全集』(이하 『全集』으로 약하기로 한다) 上, 亞細亞文化史, 1992, pp.110~112.

2) 그녀는 1943년에 결혼한 河相領씨와 현재 인천시에 거주하고 있는데, 이들의 소재는 天道敎 중앙총부의 常住宣道師 表暎三씨로부터 들어알게 되었다.

<표 1> 吳知泳의 家系및 婚姻關係

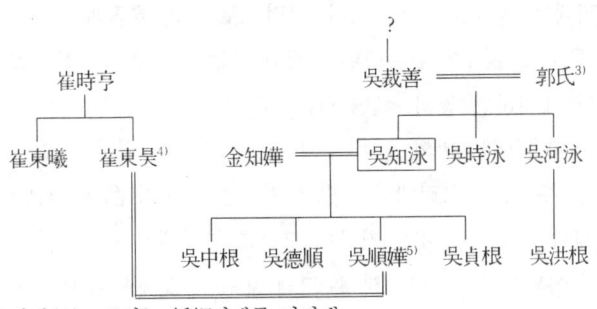

* 범례(1)══표시는 婚姻관계를 나타냄
  (2)婚姻관계는 주요인물의 경우만 표시함.

은 海州, 두 兄의 이름은 河泳, 時泳이고 戶籍이 종로구 수송동에 있음을

___

여러차례에 걸친 대담을 통해 吳知泳의 생전에 관해 들은 바가 많다.
3) 현재 확인할 수 있는 1975년 再刊된 그의 호적에 따르면 母의 姓이 '敦氏'로
   기재되어 있는데, 그보다 이른 1962년에 재간된 그의 제적등본에는 母의 姓
   이 '郭氏'로 되어있다. 移記상의 오류를 상정한다면 그의 母의 姓은 - 1962년
   에 재간된 호적의 '郭氏'가 옳은 것같다.
4) 崔東昊와 吳知泳의 女 順嬅와의 혼인은 이례적으로 『天道敎月報』 제33호
   (1913년 4월호) 中央總部彙報欄에

      ○ 嚌爾新婚 道宗神師第二子崔東昊와 監査院長吳知泳氏의 令吳順孃嬅는
      本月五日 上午十二時에 聖化室에서 結婚式을 擧行하얏다더라

   라 하여서 당시 中央總部에서의 중요한 행사 중의 하나로 보도하고 있다.
   (인용기사 중 '令吳順孃嬅'은 인쇄과정의 착오로 '令孃吳順嬅'가 틀림없을 것
   이다.) 그런데 같은 호수의 언문부란에도 천일기념식과 함께 이들의 혼례식
   에 관한 보도가 보이는데,

      結婚式 도종선사 둘재자제 최동호군과 감사원장 오지영씨의 영양 오슌
      화는 이날 성화식에서 결혼식을 거행하얏더라

   고 하였음으로 보아 이들의 결혼식은 天道敎 中央總部의 천일기념식에 맞
   추어서 거행될 정도였다고 하겠다. 이와 같이 이례적으로 결혼식에 관해
   『天道敎月報』에서 보도하고 있는 것은 당시의 吳知泳이 中央總部에서 차지

알아 戶籍을 열람할 수 있었다. 族譜에는 실려있지 않던 그의 家系에 관한 사실이 戶籍에는 실려있는 셈이었다. 그러므로 그의 호적과 仲兄인 時泳의 子로, 오랫동안 그와 같이 활동했던 洪根의 戶籍[6]을 토대로 그의 家系를, 表로 작성하여 제시하면 앞의 <表1>과 같다.

이 <表1>에 보이는 바와 같이 父의 이름이외에는 더 이상 그의 선조들에 대해서 알 수 없다. 그런데다가 獄을 지키는 한직의 都使令과 어렸을 적에 같은 書堂에 다녔다는 것은 가문이 그만큼 한미해져 가고 있었음을 나타내주는 것이 아닐까 한다. 따라서 혹 그의 家系는, 茂長縣 出身의 몰락한 兩班이었지 않았을까 생각된다.[7]

그러면 吳知泳은 언제 태어나 언제 東學에 입교하고 언제 사망하였을까.

하고 있던 비중을 나타내주는 것이었다고 하겠는데, 이 혼인에 대해서 吳知泳이 적극 널리 홍보하려고 했을 것이다. 이 점은 물론 당시 吳知泳이 『天道敎月報』의 편집원이기도 했기 때문에 가능했을 것으로 믿어진다.

　吳知泳이 이들의 결혼을 적극 추진하였던 의도는 아마도 崔東昊가 崔時亨의 子라는 점과 무관하지 않으리라 생각된다. 더욱이 吳知泳이, 崔東昊의 兄 東曦와는 일본체류시에도 편지를 주고받을 정도로 막역한 사이였음을(鄭瑢根의 『學明德尊』; 『鄭瑢根全集』(上·中·下), 亞細亞文化社, 1990 참조) 보아 이런 추측은 타당할 것같다. 崔時亨의 아들들과 밀접히 교류하고 또 자신의 딸과 결혼시킴으로써 그만큼 吳知泳의 中央總部내에서의 지위는 공고히 다져질 수 있었던 것이 아닐까 한다.

5) 吳知泳의 戶籍에는 그의 長女의 이름이 順順으로 되어있지만, 順須라고 표기되어 있기도 하다. 한편 崔東昊가 京城지방법원의 심문과정에서는 그를 바로잡아 吳順華라고 대답하고 있다.(市川正明編, 『三·一獨立運動』第4卷 朝鮮獨立運動 別卷, 原書房, 1984, p.338.) 천도교 여자교인들의 경우에는 이름의 끝자를 '嬅'로 쓰는 관례로 미루어서 이 경우의 '華'는 아마도 市川正明이 원본에서 移記하는 과정에서 착오를 일으킨 때문이지 본디 '華' 아니었을 것이라 생각된다.

6) 吳知泳의 兄인 時泳의 子 洪根은 本籍이 全北 益山郡 益山面 南中里로 등재되어 있는데, 1923년 2월 20일에 益山郡 春浦面 石灘里로부터 이거한 것으로 되어 있다. 그리고 1940년 6월26일에 滿州로부터 다시 본주소로 돌아왔음이 명시되어 있다.

7) 그의 身分에 대해 梶村秀樹는 『東學史』解題를 쓰면서 生員으로 불리웠다는 사실을 지적하고 兩班 出身일 것이라고 한 바가 있다.(東洋文庫 1970, p.370; 『朝鮮史の構造と思想』, 硏文出版, 1982, p.120.)

생년 월일은 戶籍을 통해서 1868년 8월 13일이라는 것을 확인할 수 있었다. 하지만 戶籍에 실려 있는 사망 날자는 그의 영결식에 대해 보도하고 있는 『東亞日報』와 일치하고 있지 않다. 戶籍에는 서울 성북구 안암동에서 1950년 9월 27일 오후 10시에 사망한 것으로 신고되어 있으나 『東亞日報』1950년 3월 6일자 기사에는

원암 오지영(源菴 吳知泳)씨는 금번 노환(老患)으로 서거(逝去)하였는데 영결식은 호남선 함열역전(咸悅驛前)천도교 연합회에서 거행하리라 한다. 그런데 오씨는 향년(享年)팔십삼, 씨는 일찌기 갑오동학란(甲午東學亂) 당시 전봉준(全琫準)씨와 협력하여 동학군(東學軍)을 지휘하였으며 손병희(孫秉熙)씨와 함께 기미운동(己未運動)에도 직접 참가하였다.[8]

고 있다. 그런데 그의 영결식을 주관한 天道敎聯合會의 문서인 『還元錄』[9]의 기록에는

故源菴 吳知泳선생은 布德九年 八月 十三日에 高敞郡 茂長面 德林里에서 出生하시다. 布德三十二年 辛卯 三月 十二日에 入道하야 布德三十五年 甲午에 全琫準先生과 갓치 東學大將을 하셨고 其後 甲辰年에 再擧하여 諸般道中事를 勞力하시다가 布德九十年 三月 一日 上午 二時에 還元하셨습니다. 享年 八十三歲되였읍니다.[10]

8) 『東亞日報』1950년 3월 6일(월요일)자 2면 제8단
9) 天道敎聯合會의 문서들은, 吳知泳에게서 생전에 교리지도를 받은 바가 있는, 서울 거주의 崔玉順氏 - 여러 가지 귀중한 증언을 1989년 著者에게 해준 뒤 얼마 후에 사망하였다 - 와 부여 거주의 丁斗燮氏의 도움으로 열람하고 복사할 수 있었다. 이 문서들은 咸悅驛前 瓦里에 있던 天道敎聯合會 교당에 보관되어 오던 것인데, 지난 1986년의 대홍수때에 교당이 무너져서 1989년 현재는 扶餘郡 世道面의 김영복씨댁에 기거하는 그의 누이 김삼육씨(83세)가 관리하고 있다.
10) 이 문서는 吳知泳과 함께 天道敎聯合會 회원으로서 滿州이민도 같이 갔다가 1945년 귀국후에도 吳知泳을 도와 天道敎聯合會를 이끌었던 崔圭燮씨(註 9의 崔玉順씨의 父)가 吳知泳의 사망 직후에 작성한 것이라 한다. 丁斗燮의 談 참조.

라고 하여 생년월일은 그의 戶籍과 같이 1868년 8월 13일로 되어 있고 사망년도는 布德九十年, 즉 1949년이라고 되어 있지만 사망 월일 시간까지 3월1일 상오 2시로 기록되어 있다. 어느 기록보다도 정확한 사망 날자 시간 외에 이 기록은 두가지 중요한 사실을 가르켜 주고 있다. 즉 故鄕이 高敞郡 茂長面 德林里라는 것, 또 布德 三十二年 辛卯 즉 1891년 3월 12일에 東學에 入敎하였다는 것이다. 吳知泳이 東學에 入敎한 1891년의 나이를 환산해보면 23세이다. 그리고 그 이듬해, 즉 1892년에 앞서의 所謂 石佛秘訣事件으로 故鄕을 떠났고 1893년에는 益山民亂에서 都狀頭로서 활약하였던 것같다.[11]

그 이후 益山에 계속 머물면서 활동하는데, 특히 1984년부터의 東學軍의 봉기에서 자신이 한 활약에 대해 그가『東學史』에서 다음과 같이 서술하고 있음을 볼 수 있다. 즉

> 吳知泳등은 大都所에 들어가 名刺를 통하였다. 全琫準은 곧 반가이 영접하는지라 吳知泳은 이어 南北接說을 꺼내었다 ······ (중략) ······ 이때는 八月 望後라 吳知泳은 金邦瑞, 劉漢弼 두사람을 데리고 數日만에 報恩 帳內里에 도달하여 海月先生을 뵈옵고 南北接에 대한 말씀을 告하였다 ······ (중략) ······ 吳知泳은 南北接 調和策을 이루고 湖南으로 回程할 때 海月先生이 吳知泳을 불러 付托하여 曰 내 이제 君에게 兩湖都察의 任을 맡기노니 이대로 내려가서 南北道接을 盡心調和하며 大道의 將來를 그릇되지 말게 하라 하셨다. 都察의 職務는 包와 包사이에 鬪共爭奪하는 일과 道人과 外人 關系에 對한 일과 各 執綱所에 關한 일 等이었다. 吳知泳이 報恩으로부터 돌아와 一邊 北接이라고 稱하는 諸包에 通告하여 益山에 會集케 하고, 一邊 全大將에게 通知하여 調和한 事由를 알게 하니 於是乎 南北接 싸움은 終熄하였다.[12]

라고 하여 자신이 海月 崔時亨으로부터 南北接 調和의 부탁을 받고 성사시켰다고 밝히고 있다. 그러면 과연 이 시기에 이처럼 吳知泳이 대단한 역할을 했던 것일까. 1894년을 전후한 시기 益山地方 東學 조직 내에서의 그

---

11)『東學史』, p.105 ;『全集』上, p.127.
12)『東學史』, pp.137〜139 ;『全集』上, pp.159〜161.

의 역할에 관해서는, 天道敎측에서 益山 지방의 敎區史를 編年體로 정리하여 1926년에 발간한 『天道敎月報』 제189호의 「益山宗源沿革」[13]을 주목해야 할 것 같다. 번잡한 감이 있지만 「益山宗源沿革」중에서 관계되는 부분을 소개하면 다음과 같다.

> 布德三十四年癸巳에 大神師 伸寃할 事로 伏閤을 하자는 衆議가 一致함으로 各處敎人이 一齊蜂起함애 本郡 高濟貞·鄭永朝·姜永達·吳敬道·姜永煥·陳官三·鄭安女·崔蘭善 諸令이 敎員을 多率하고 京會에 參入하야 伏閤한바 淪音이 下曰 各歸其家하야 各安其業하라신 故로 都會所를 報恩帳內로 移하다. 魚允中이 勅敎를 奉하고 來하야 曉喩한 決果 其家에 各還하니 布敎는 漸奏大幷하다.

> 布德三十五年 甲午에 古阜接戰의 本郡 吳敬道·姜永達 兩氏가 敎人을 多率하고 全琫準·孫化仲·金開男과 合勢하야 官軍으로 接戰하고 全州를 陷落한바 觀察使 金文鉉 大將 洪在箕(在義의 잘못?)[14]가 和親하기를 請하거늘 因하아써 親和한후 各郡의 執綱所를 排置하야 事務를 行하다. 是時에 大接主 金方瑞氏가 大都會所를 設할새 高濟貞·鄭永朝·(鄭)安女·蘇敬天·陳官三·姜永煥·金國彬·吳知泳·黃淑周·鄭德三·李安俊·金國弼·金守敬·林泰圭·金公淑·鄭益仲·金佑凡·崔蘭善·田東八·韓定洙·鄭瑢根·金永祿·李有祥·金君性·李德裕·玄致翼·鄭君善·鄭良賢·林德三·金公佑·李敬化·韓仁甫·黃致敬·丁女光·羅秉植·李用敎·洪淳璲等이 中堅이 되여 會所를 裏里·羅浦·大場村·春浦·舊益山邑 各地

---

13) 이 「益山宗源沿革」은 누가 쓴 것이며 과연 믿을 수 있는 것일까. 그 내용의 전부를 검토해 보면 益山郡 北一面 新里 出身으로 吳知泳과 같이 활동을 계속했으며 天道敎 益山敎區長을 1915년에 역임한 바가 있고, 『天道敎月報』에 「益山宗源沿革」이 게재된 1926년 9월 현재 中央宗理院 布德課 委員으로 있던 鄭瑢根이 쓴 것으로 보여진다. 왜냐하면 그 내용이 編年體로 서술되면서 매년마다 주로 鄭瑢根의 활동에 촛점이 맞추어져 있고 이 「益山宗源沿革」의 맨끝부분을 鄭瑢根의 中央宗理院 布德課 委員 被任으로 맺고 있기 때문이다. 吳知泳과 鄭瑢根은 뒤에서 詳論하는 바와 같이 의형제를 맺을 정도로 절친한 사이였다. 그러므로 이 기록은 신빙할 만하다고 생각된다.

14) 洪在義(箕)는 洪啓薰으로 改名하여, 洪啓薰이란 姓名으로 더욱 잘 알려졌다. 朴宗根, 「甲午農民戰爭(東學亂)における'全州和約'과'弊政改革案'」, 『歷史評論』 1962年 6月號, p.44 참조.

에 分置하여 事務를 視하며 大勢를 觀하다가 十月에 京兵으로 又爲開戰함에 公州·論山·參禮에서 交戰할 時에 本郡教人 金成九·鄭判成·昔今同·金潘岩·宋東學·金永光·安圭寅·金正運·宋秉燁 諸氏가 慘恂되고 是多에 指目으로 被害한 事는 筆舌로 難記이러라

布德三十六年乙未에 官軍指目이 大熾하야 尊接이 無路라 兼又教路가 杜絶하야 師門의 淵源을 開通치 못함으로 恒是 大廬하던 차에 翌年 丙申에 大接主 張敬化氏를 逢하야 鄭永朝·金國彬·吳知泳·鄭瑢根 諸氏가 教의 淵源을 相通하엿다.

布德三十八年丁酉에 上道로 教人名帖을 發佈함에 大接主 張敬化氏가 教帖을 侍來한바 鄭永朝·金國彬·吳知泳·鄭瑢根 諸氏가 頭令의 住에 又 昇하엿다.

布德四十一年庚子에 大接主 李炳春氏를 逢하야 義庵聖門을 開通하여 教의 淵源을 復起하니 是時에 朴先明·李有祥·鄭永朝·金國彬·吳知泳·鄭瑢根·李奉宗·權義淵·朴永煥·朴貴奉·權奉圭 諸氏가 起立하엿다.[15]

이 기록에서 布德 35년 甲午年(1894)이전의 내용에는 吳知泳의 이름이 등장하지 않는다. 그리고 1894년 東學 農民軍이 각 郡에 執綱所를 설치할 때에 益山에는 金方瑞가 大接主로서 大都會所를 설하였다. 그 소속 이십여명의 중진 중의 한 명으로서 吳知泳의 이름이 보일 뿐이다. 그는 布德 38년 즉 1897년에 가서야 비로소 益山郡 大接主 張敬化 휘하 4명의 두령 중의 하나로 등재되어 있을 따름이다. 물론 吳知泳이 執綱所의 사무를 실제로 담당한 것임에는 틀림이 없겠지만(방점부분), 그가 『東學史』에서 서술하고 있는 것처럼 益山지방에서의 총두목이고 南北接 調和에 주도를 한 것으로 보여지지는 않는다. 특히 海月 崔時亨을 만나 南北接에 대한 견해를 보고할 때에 金方瑞·劉漢弼 두 사람을 데리고 간 것처럼 되어 있는데 이 부분은 大接主인 金方瑞 휘하에서 자신이 이십여명의 중견들 중의 한 명에 불과했다

---

15) 『天道教月報』제189호, 1926년 9월호, pp.31~32.

는 사실과는 전연 배치되는 것이다.

東學軍의 봉기 후 자신의 활동에 대해서 『東學史』에는 별로 보이지 않고, 다만

> 吳知泳은 兩湖都察의 任으로서 全羅·忠淸 兩道의 間에서 接과 接사이
> 의 일과 道人과 道人 사이의 일을 摠察하다가 公州싸움에 敗를 當한후 益
> 山 全州 사이의 軍을 다 解散하고 西海邊으로 몸을 피하여 다니다가 마침
> 내 京城으로 올라와 楊州 妙寂菴에 隱居하여 歲月을 보내다가 마침내 敎
> 役者가 되었다.16)

고 하여 서해변으로 피신다니다가 楊州 妙寂菴에 은거하여 세월을 보낸
뒤 교역자가 된 것으로 서술하고 있다. 이 시기 그의 활동에 대해서는 『天道
敎月報』의 「益山宗源沿革」에도 기록이 별로 없다. 그렇다고 하여 이때 그가
『東學史』에 기록한 것처럼 서해변으로 피해다니다가 楊州 妙寂菴에서 은거
하여 세월을 보내고 있었던 것 같지는 않다. 鄭瑢根의 文集 『學明德尊』17)卷
地에 보면

> 庚子年 事大登 是年 吾敎指目大有矣 余則七月分 上京留 連蒙 十月 恩受
> 宮內府電話課主事 改命瑢根 出官報也 其時相從李判書址鎔氏 及白議官澄
> 洙·申主事錫俊 密密交遊也 又與金主事昌煥·吳主事知泳·高參奉石住·
> 金主事鳳得·申參奉泰主 連伴從遊 乃相結義兄弟18)

라고 하여 鄭瑢根·金鳳得 등과 의형제를 맺고 교류를 하는 한편 庚子年

---

16) 『東學史』, p.171 ; 『全集』上, p.193.

17) 鄭瑢根(1874~1939)은 道號가 梁菴으로 그의 문집이 전9권인 『學明德尊』이다.
   이 문집은 그의 子婦 朴應順씨가 서울에 거주하면서 소장하고 있는 것인데,
   특히 吳知泳과의 대화내용을 비롯해서 天道敎 관계의 일들을 기록하고 있음
   으로 해서 당시에 활동하던 인물들을 중심으로 한 초기 天道敎會史에 관해 살
   피는 데에 중요한 기록이라 생각된다. 『東學接主 鄭瑢根全集』(이하 『全集』으
   로 약하기로 한다) 上·中·下, 亞細亞文化社, 1990 참조.

18) 『學明德尊』 卷地, p.62 ; 『全集』上, p.176.

즉 1900년 경에는 吳知泳이 서울에서 主事職에 있었던 것으로 밝히고 있다.
이와 같은 鄭璿根의『學明德尊』의 내용을 실마리로『舊韓國官報』를 조사해
본 결과 吳知泳이 主事職에 임명되었던 기록을 찾을 수 있었다. 즉 光武 5년
(1901년)의『舊韓國官報』를 보면

> 任咸鏡北道觀察府主事敍判任官七等 吳地泳
>   以上 五月三十一日(六月三日字)[19]
> 咸鏡北道觀察府主事 吳地泳의 地字는
>   以知字로 改正事(六月六日字 正誤欄)[20]
> 咸鏡北道觀察府主事 吳知泳 依願免本官
>   以上 六月六日(六月八日字)[21]

라 하여 비록 6일간이긴 하나 그가 咸鏡北道觀察府 主事를 역임하였음을
알 수 있다. 더우기 의형제인 鄭璿根이 判書 李址鎔 등과 비밀히 교류하고
있다는 것으로 보아 鄭璿根의 주선으로 그들과 관계를 맺고 主事가 되었던
것이 아닐까 싶다.[22] 主事職을 잠시 지낸 吳知泳은 다시 益山地方으로 돌아
와서 활동하게 된다. 鄭璿根의『學明德尊』에 의하면

> 八月 余爲泰仁武城書院縉紳有司之望薦 而其時同僚柳生員種奎·柳進士
> 興洙·韓兄絳敎·吳主事知泳諸氏 并往參謁于文昌侯孤雲崔先生及諸賢之位
> 也[23]

라 하여 1902년 8월에 泰仁의 武城書院[24]에 참배하고 거기서 여러 인사

---

19)『舊韓國官報』光武 5년(1901) 10권, 亞細亞文化社, 1973, p.426.
20) 前揭書, p.437.
21) 前揭書, p.440.
22) 李址鎔과 이들의 관계는 아마도, 李址鎔이 1893년 12월 1일부터 25일까지 古阜
    郡守로 재임했을 때(『大韓帝國官員履歷書』, 國史編纂委員會, 1972, p.764)부터
    맺어졌던 것이 아닐까 생각된다.
23)『學明德尊』卷地, p.63. 1902년 조 ;『全集』上, p.179.
24) 武城書院은 高宗 8년(1871) 書院 撤廢 후에도 남은 47개 賜額書院의 하나였다.

들과 교류를 하고 있음을 알 수 있기 때문이다. 그런 후에 吳知泳은 天道敎의 敎役者로서의 활동에 주력하는데, 이 시기 그의 행적은 다음과 같은 「益山宗源沿革」에서 찾을 수 있다.

布德 四十九年戊辰 四月에 聖師主게셔 南道敎況을 視察키 爲하사 本郡 臨時 敎區室에 來하사 數萬敎人에게 敎眞理를 說하신후 鄭瑢根 親家를 訪觀하신 후의 또 敎理를 說하시고 全州로 行駕하시니 其時 陪從은 典制觀長 鄭東鎭 玄機觀長 梁漢默 及吳知泳 吉雲海 金相奎 諸氏야러라.

布德 五十年己酉에 本郡 吳知泳氏가 中央總部理文觀書計員이 되엿고 白樂仁을 選하야 總部에 敎理 講習을 修了하게 하엿다 …… (중략) ……

布德 五十二年辛亥에 本郡 吳知泳氏가 典制觀長을 被任한바 京城으로 移住하엿고 鄭壽根을 又選하야 總部敎理講習을 修了하게 하엿다.[25]

이 기록등에서 그가 1908년(布德49년)에 益山敎區長을, 1909년(布德50년)에는 中央總部 理文觀書計員을 역임하고 1911년(布德51년)에는 典制觀長에 선임되자 京城으로 移住하였음을 알 수 있다. 그는 이렇게 中央總部에서의 敎役者로서 활동하는 한편으로는 學會 활동도 하고 있었다. 鄭瑢根의 『學明德尊』1910년 8월 18일조를 보면

十八日木陰十四乙卯 日氣如昨 是向 吳政善・李赫兩氏 面謝次禮 渾酬酢 李赫氏・吳知泳兄 湖南學會 從遊云[26]

라 하여 吳知泳이 鄭瑢根등과 합석하여 湖南學會에 대해 언급하였음을 미루어 보아 그가 湖南學會에 가입하여 활동하고 있었던 것이 아닐까 여겨졌다. 따라서 吳知泳의 湖南學會 가입 및 활동 여부에 대해서 조사해 본 결

金世潤, 「大院君의 書院 撤廢에 관한 一考察」, 西江大 大學院, 1980, pp.47~52. 참조.

25) 『天道敎月報』제189호, 1926년 9월호, pp.33~35.

26) 『學明德尊』卷人, p.66 ; 『全集』上, p.374.

과 隆熙 3년(1909) 1월 25일에 발간된『湖南學會月報』제8호의 '會員氏名 第六'에서 그의 姓名을 발견할 수 있었다.[27] 뿐만아니라 같은 號의『湖南學會月報』에는 '會員氏名 第六'과 같이 '益山 吳知泳'이라고 하여 祝詞를 게재하는 등[28] 교육문제에 대해 지대한 관심을 기울이고 있음을 알 수 있었다.[29] 그는 이같이 湖南學會 활동을 하면서 교육문제에 관심을 기울이는 한편 그 관심을 실현시켜 보고자 鄭瑢根이 운영하고 있던 昌東學校의 일에도 관계하고 있었다. 즉 昌東學校의 일을 널리 알리기 위해 1908년 9월 21일에는 창간 추진중이던『大韓新報』에 게재할 원고를 작성하여 송부하기도 하고[30] 동년 11월 11일에는

　　　　十一日癸巳 …… (중략) …… 下午二点 往栢東學校 吳兄知泳氏 同爲學事
　　勸勵 以還[31]

라고 하였음에서 學事 관계의 일에도 깊이 관여하고 있었다는 사실을 살필 수 있다. 한편 중앙총부에서는 주로『萬歲報』에 글을 게재하며[32]『天道

27)『湖南學會月報』, 韓國開化期學述誌 17, 亞細亞文化社, 1978, p.532. 湖南學會에 관한 전반적인 연구 정리는 李鉉淙,「湖南學會에 대하여」,『震檀學報』33집, 1972. 참조.

28) 前揭『湖南學會月報』, p.471.

29) 이런 점에서 보면, 前揭『湖南學會月報』, p.461에 게재된 鎭安文明學校 '捐助錄'서 一環을 내고 있는 吳知永도 아마 吳知泳의 誤記가 아닐까 한다.

30)『學明德尊』卷地, p.91 ;『全集』上, p.207. 그런데『大韓新報』는 발간이 추진되기는 했지만('新韓創刊計劃說明書' 참조),『大韓新報』라는 題名으로는 실제로는 발간 못하였고 그대신 大韓協會의 기관지로서 1909년 6월에 가서야『大韓民報』라는 이름으로 발간되었다고 한다. (鄭昌烈,「大韓民報」解題, 前揭書, 亞細亞文化社, 1978, p.1.) 大韓協會기관지로 창간이 추진되던『大韓新報』에 吳知泳이 원고를 게재하고자 송부하는 것으로 미루어 이 시기에 이미 大韓協會에 가입하고 있었던 것은 아닐까 한다. 大韓協會에 대해서는 李鉉淙,「大韓協會에 대하여」,『亞細亞硏究』8-3, 1970 참조.

31)『學明德尊』卷地, p.107 ;『全集』上. pp.223～224.

32) 道號를 받기 이전에는『萬歲報』제23호(1906년 7월 22일자) 문원란에 '栢下生'이란 號를 성명과 함께 써서 絶句를 게재하는 등의 활동이 찾아진다. 이후 '栢下生'이란 號만으로 글을 게재하는 이는 당시 吳知泳임에 틀림이 없을 것같다.

〈表 2〉 吳知泳의 居住地 變動 상황[33]

시 기	居 住 地
1892년	全南 高敞郡 茂長面 德林里
1894년	全北 益山郡 咸悅邑
1911년 12월 4일	(分家 上京)京城府 壽松洞 43番地 戶主
1912년 3월 18일	京城府 陽德坊 林洞 17통 某戶
1913년 3월 20일	北部 觀光坊 大安洞 40통 1호
1913년 5월 8일	北部 安國洞 38통 4호
1914년 2월 21일	觀光坊 昭格洞 52통 3호
1916년 10월 10일	〃　　　〃　　　〃　　75番地
1916년 11월 13일	〃　　　〃　　　〃　　146番地
1918년 6월 1일	〃　　〃 慶雲洞 88番地
1920년 2월 27일	京城 貞洞 거주
1926년 5월 5일	滿州 吉林省 木棋河 三大甸子
1940년 11월 15일	京城府 八判洞 131番地
1943년	京城 新設洞 거주
1949년 12월	京城 龍頭洞 거주
1949년 12월	全北 益山郡 咸悅 移住

敎月報』 편집원으로서[34] 道號인 源菴을 써서 『天道敎月報』에 많은 글을 기
고하는 등의[35] 활동을 하고 있었다.

　서울로이주한 1910년 이후 그의 居住地는 戶籍에 소상하게 보이므로 호
적의 기재 내용을 토대로 하고 후손과 天道敎聯合會 회원들의 증언을 첨가

---

33) 이 <表 2>에서 보여주는 빈번한 이주는 무엇을 의미하는가? 빈번한 이주는
　　그 자신의 경제적 배경이 거의 없었던 점을 의미한다고 보여진다. 그 자신의
　　경제적 배경이 없었다는 것은 그 후손들도 증언하고 있는 바이므로 틀림이 없
　　을 것이다. 吳知泳의 사위 河相領氏와의 對談과 그의 맏며느리 金桂月氏(서울
　　거주)와의 대담을 통해 이같은 점을 알 수 있었다. 두 사람의 증언에 따르면
　　吳知泳은 계속 셋방을 전전했다고 한다. 한편, 吳知泳의 명의로 된 天道敎 中
　　央總部 소유의 土地가 약간 있었다고 하나, 이것도 吳知泳 개인소유가 아니라
　　中央總部에서 재산관리의 편의상 그렇게 했던 것이라 한다. 表暎三의 談.

34) 市川正明編, 前揭 『三・一獨立運動』, p.338.

35) 吳知泳이 道號 源菴을 받은 것은 1907년 1월 30일으로(李敦化, 『天道敎創建史』,
　　開闢社, 1933, p.59) 『天道敎月報』에는 道號만으로 글을 게재하는 경우가 종종
　　찾아진다.

하여 居住地 변동을 表로 작성해 보면 앞의 <表 2>와 같다.

그 이후 계속해서 중앙총부에서 활약하던 吳知泳은 1920년에 天道教聯合會 창설을 주도하게 된다. 天道教聯合會에 대해서 그는 『東學史』에서

　天道教 革新派니 本派는 天道教 由來의 모든 弊害(淵源界 黨派別과 儀式的 迷惑類와 組織體 不平等)를 모조리 革新하기를 主張하는 者니 즉 天道教會聯合會가 이것이오[36]

라 하여 天道教聯合會의 성격을 天道教의 모든 폐단을 革新하는 데에 있다고 규정하는 한편

　舊派로 돌아가고 다만 남아 있는 者라고는 李鍾勳・洪秉箕・鄭桂元・吳知泳 등 4인 뿐이었다. …… (중략) …… 이와 같은 신중한 부탁이 있음도 불구하고 李鍾勳・洪秉箕・鄭桂元 등은 마침내 舊派窟에 빠졌다는 소문이 있었다. …… (중략) …… 어서 바삐 돌아가 復舊派의 奴隷질이나 많이 하여라 하였다.[37]

고 함으로써 天道教聯合會 결성 후 다른 이들은 舊派의 회유에 전부 넘어갔어도 자신만은 여전히 소신을 굽히지 않았음을 밝히고 있다. 이같이 天道教聯合會를 결성하여 반대파인 舊派세력에게 강경한 태도를 견지하던 그가 표방하는 바의 대강을 장황하지만 『東學史』에서 인용해 보면 다음과 같다.

　復舊派의 計策에, 手段에, 物質에, 勢力에, 가지各色으로 不及되어 失敗를 당한 革新黨側은 孤軍弱卒에 小數에 小數일지라도 오직 主義 하나만을 世上에 끼쳐보고 말겠다는 決心으로써 幾個의 同志를 모아 緊急會議를 열고 앞으로 實行할 條件을 議決하여 各地에 公布하니 그 條文은 이와 같다.

議 決 案

一.教의 入教文 及 祝文 등은 廢止할 事.

---

36) 『東學史』, p.237 ; 『全集』 上, p.259.
37) 『東學史』, pp.233~234 ; 『全集』 上, pp.255~256.

······ (중략) ······

一.誠米는 從來의 半分은 地方에, 半分은 中央에서 하던 것을 고쳐 此
를 三分으로 하여 二分은 地方教會에, 一分은 聯合會로 할 事.

一.教會는 各地方 面里에 便宜를 따라 設立하고 聯合會는 中央地帶에
두어 氣脈을 相通할 事.

一.個人을 本位로 地方教會를 中心으로 할 事.

一.幹部는 庶務, 經理, 宣傳 三部로 하되 平等으로 할 事.

一.公約章을 刊行하여 革新黨의 明分을 明瞭케 할 事.

公 約 章

一.迷信的 宗教式은 打破하고 人本道德을 創明할 일.

一.偏黨的 淵源制는 打破하고 大衆解放에 努力할 일.

一.階級的 差別制는 打破하고 平等生活을 令圖할 일.38)

이 기록에서 알 수 있듯이 오지영이 주장하는 바는 地方分權的인 教會를
이루어서 平等生活을 도모할 수 있도록 해야한다는 것이다. 그러면 吳知泳
이 이와 같이 天道教聯合會를 결성하여 地方分權을 표방하고39) 平等生活을
주장한 이유는 무엇일까. 그 이유는 앞에서 인용한 바대로 復舊派들의 物質
과 勢力에 미치지 못하여 革新黨側이 실패를 당하였다고 밝히고 있는 데에
서 짐작할 수 있다고 생각된다. 즉 中央總部에서 경제적인 면으로나 세력적
인 면으로나 舊派에게 열세를 면치 못하자 革新을 표방하면서 天道教聯合
會를 창설하였던 것이라고 여겨진다.

그렇지만 革新을 부르짖으며 革新派 동지들을 규합하여 이끌어 갔으나
자신의 뜻이 관철되지 못하게 되자 滿州로의 집단이민에 앞장섰던 것같다.
1926년의 天道教聯合會의 활동에 대해서 보도한 『東亞日報』 9월 9일자 기
사 내용에서

---

38) 『東學史』, pp.234~236 ; 『全集』上, pp.256~258.

39) 朝鮮總督府, 『朝鮮の類似宗教』, 1935, p.62.

　얼마전에 전라북도 익산군 천도교도 이백여명이 중국 길림성으로 이주한 일이 있었는데 …… (중략) …… 직접 관계되는 시내 와룡동(臥龍洞) 일백 삼십일번디 텬도교련합회(天道敎聯合會)에서는 그 즉시 그런 사실의 유무를 명백히 조사할 차로 특파원을 길림으로 보내며 일변 간부측에서 방금 길림에 재주하는 오지영(吳知泳)씨에게 서면으로 사실을 알아본 결과는 다음과 갓더라.[40]

고 하여 吳知泳이 益山 天道敎徒들과함께 滿州 吉林에 주재하고 있고 또한 당시 京城에 있던 天道敎聯合會에서 그를 통해 그곳의 당시 상황을 보고받고 있는 데에서 그가 만주 집단이민의 대표라고 헤아려지기 때문이다. 그렇더라도 그가 만주로 집단 이주를 하면서 天道敎聯合會의 모든 조직이 함께 이동해 갔던 것은 아니었다. 1932년에 朝鮮總督府 警務局에서 조사한 天道敎 敎域에 따르면

天道敎聯合會 敎域
本部(本所 京城府 仁寺洞 二五八)
　　院長 柳公三
地方支部
　京畿道 京城 加坪
　　　…… (중략) ……
滿州 吉林
　　　(以上 昭和七年警務局調)[41]

라 하여 경성 인사동에 있는 중앙 본부의 원장은 天道敎 혁신 운동을 같이했던 柳公三[42]이 맡고 있고 滿州 길림에는 지방지부가 있을 뿐이었다.

───────────
　40)『東亞日報』1926년 9월 9일자 5면 제1단.
　41) 朝鮮總督府,『朝鮮의 類似宗敎』, 1935, pp.67～68.
　42) 柳公三(1896～1938)은 戶籍에는 柳公參으로 기록되어 있으며, 全南 高興郡 豆原面 新松里가 고향인데, 天道敎聯合會 서울본부원장을 지냈을 뿐만 아니라 1926년에는 天道敎 혁신파의 대표로서 高麗革命黨 조직에 金鳳國등과 가담하였다가 刑을 살기도 하였다.『東亞日報』, 1927년 1월 28일자 2면. 國史編纂委員會,『騎驢隨筆』, 1972, p.369 및 국가보훈처,『독립유공자공훈록』 4권, 1987,

그런데, 『東亞日報』의 1926년 9월 9일자 기사 내용에는 대단히 이채롭게도 만주 집단 移住民의 현황은 물론 그 移住民들이 형성하고 있던 7개 집단 농장의 代表들이 連署 捺印한 聲明書가 게재되어 있음을 찾을 수 있다. 따라서, 그가 天道敎聯合會 敎徒들을 이끌고 滿州로 집단 이주하여 벌였던 활동의 실상을 살피기 위해 번잡하지만 東亞日報 기사의 주요 내용만을 제시해 보면 아래와 같다.

移住民의 現況
일곱군데에서 안덩한 생활을 하여
…… (중략) …… 그들은 방금 일곱명대표자들의 지도로 비옥한 새땅을 개간하는 중 더욱 금년에는 농형(農形)이 례년보다 매우 풍작이 되어 부락(部落)에 수십명가구가 한 가뎡모양으로 안덩한 생활을 하여간다는데 그들의 농작 상황은 다음과 갓다더라
農作分布狀況
△木棋下二大旬子에   男女老少五十二人, 火田三十二向, 畓五向 代表者 金正洪
△同十一號에 三十六人 火田四向 畓二十一 代表者 吳洪根
…… (중략) ……
□備考 農作男女老幼의 差와 全家族과 壯丁 單身의 雜居形便임으로 農作斗落數가 均一치 못하고 …… (중략) ……
七農庄代表의 連署捺印한 聲明書
…… (중략) ……
一. 本人등은 天道敎會新派敎人으로서 본래 無産農民인 同時에 耕作地가 全無함으로 不得已 多情한 故國을 등지고 쓸쓸한 北滿으로 移住하게 된 動機는 本聯合會의 周旋으로 …… (하략) …… 43)

이 기록에 따르면 耕作地가 全無한 天道敎會의 新派敎人들이 天道敎聯合會의 주선으로 滿州에 移住하였는데, 그들은 7개 장소에 나뉘어져서 吳知泳

p.542 참조. 그의 子 柳在炯은 1989년 현재 수원시에 거주하고 있는데, 著者가 찾아 對談해 보았지만 父親에 관한 자료는 전혀 보관하고 있지 못하였다.
43) 『東亞日報』1926년 9월 9일자 5면.

의 조카 吳洪根 등 지도자들을 중심으로 集團 農場을 형성하고 농토를 개간
하면서 均一한 농토 분배를 목표로 하고 있었던 것같다. 그렇지만 결국에는
農作 男女老幼의 차이와 全家族 雜居 등으로 말미암아 농작 斗落數가 均一
하게 이루어지지 못하고 말았다는 것이다. 그런 상황에서 소위 移住費 橫領
事件이 발생함으로써[44] 집단 이주의 원래 목표인 均等한 土地 分配와 共同
耕作 은 달성되지 못하고 내분이 일어나 吳知泳은 곤경에 처하게 된다. 그
러던 吳知泳이 서울에 돌아온 것은 1935년경이었다.[45] 그 후 그는 1936년에
『新人乃天』, 『새사람과 새한울』, 1940년에는 『東學史』를 간행하였다.[46]

그 후 1948년경에 허리 부상으로 정상적인 생활이 어렵게 되었다고 한
다.[47] 그래서 1949년 5월3일에 益山 咸悅에서 개최된 天道敎聯合會 임시총
회에도 참석하지 못하였다. 그런데 이 임시총회에서 그는 敎化部 상무간사
로 추대되었지만 연합회의 사무소를 서울이 아닌 益山郡 咸悅面 瓦里 교회
에 두기로 격론 끝에 결정함으로써 서울에 있던 그는 결국 주도권을 庶務部
상무간사이자 임시총회 의장인 金廷柱에게 넘겨주어야 했다.[48]

그런데다가 1949년 가을 용두동 전세집에서의 강습회를 일주일의 예정보
다 단축해서 이틀만에 끝낼 수 밖에 없을 정도로 경제적으로나 육체적 건강
면에서나 어려움을 겪는 상황에서 그해 12월 天道敎聯合會의 주선으로 益
山 咸悅로 이주하였다.[49] 그곳에서 심해진 허리병으로 고생하던 吳知泳은

---

44) 이주비 횡령 사건은 益山에서 滿州로 이주할 때에 거둔 여비등을 지도자들이
   횡령하였다는 것으로, 이에 대한 폭로 기사와 진상 조사 속보 그리고 天道敎
   聯合會측의 해명 등이 『東亞日報』에 소상히 보이고 있다.
45) 鄭瑢根, 『學明德尊』 卷元, p.231 ; 『全集』 下, p.585. 1935년 11월 10일에 '源菴
   吳知泳兄(이하 細註 ; 筆者) 十餘年 滿洲에 在하다가 月末에 來云 相逢敍情하다'
   라고 하였음을 보아, 吳知泳은 바로 이 때에 滿洲에서 돌아왔음을 알 수 있다.
46) 그의 著作物들의 저술 배경등에 대해서는 뒤에서 詳論하게 될 것이다.
47) 오영화와 하상령의 談.
48) 이 내용들은 앞의 註 9)의 丁斗燮씨가 소장하고 있는 「天道敎會聯合會 臨時總
   會 會錄」에 따르면 咸悅교당에서 1949년 5월 3일 오전 11시부터 오후 5시 30
   분까지 열린 임시총회에서 격론끝에 표결에 의해 15대 3으로 가결된 결정사
   항이었다.
49) 강습회에 직접 참석한 바있는 앞의 丁斗燮씨의 談.

〈表 3〉 吳知泳의 행적

년 도	행 적
1892	全南 茂長 石佛秘訣事件 연루, 사형선고 받음, 탈출
1894	益山 민란 사건 발생 활약
〃	東學군에 '중진'으로 가담
1894~1907	함경북도 관찰부 主事職 역임, 주로 서울에서 활동
1907	天道敎 익산 교구장
1908	天道敎 의사원 의장 선임
〃	湖南學會 가입, 學會 활동
1909	중앙총부 이문관서계원 취임
1911	〃 전제관장 취임, 京城으로 이주, 분가
1914	공동수심법 참석
1920	天道敎會 聯合會 창립주도
1921	중앙총부 규칙제도 위원 선임
1922	종법사 (남만주 담당) 선임, 회맹식 참석
〃	의사원 후원회 조직, 회장피선
〃	출교 당함(5월 12일字)
〃	출교조치 철회됨(6월 13일字)
1923	공약장 서명, 발표
1925	天道敎會 聯合會 회원들과 만주이주 집단촌형성
1935	경성으로 돌아옴
1936	『新人乃天』 및 『새사람과 새한울』간행
1940	『東學史』간행

1950년 1월 9일에도 매우 위중했던 것으로 보인다. 왜냐하면 天道敎聯合會의 문서 속에서 1950년 1월 9일자로 명기된 遺書를 발견하였기 때문이다.[50] 이 遺書는 天道敎聯合會의 교리를 마지막으로 정리해 준 것으로

　天道敎聯合會 宣布文
　우리는 天道敎의 불합리한 舊式과 舊制를 打罷하고 오직 革新 公約章을 爲主로 이를 聲明함
　…… (중략) ……
　이러한 심법에 의하여 과거의 모든 불공평하고 불합이 한 것을 고쳐

50) 이 문서는 앞에서 언급한 바가 있는 天道敎聯合會의 문서들 속에 全8張으로 들어있다. 本書의 附錄 資料篇 참조.

오즉 인내천의 새 진리를 세워 사해붕우가 모다 일신으로 화하여 한번
다시 조혼 세상을 만들어 살기를 간절히 바라노라 선각자로 자처하는 우
리로서 만일 일시라도 이저서는 안될 것이다.

포덕 구십일년 일월 구일

원암선생유서

라고 하여 과거의 모든 불공평하고 불합리한 것을 개혁하여 人乃天의 새
진리를 세워 좋은 세상을 만들어 살기를 염원하면서 끝내 선각자로서 이런
일을 추진했다는 사실을 후손들이 일시라도 잊지 말기를 당부하고 있는 것
이다. 결국 심해진 병환과 83세의 고령을 이겨내지 못한 吳知泳은 그의 조
카이자 연합회 동료였던 吳洪根과 滿州 이주 무렵부터의 동지였던 崔圭燮
등이 지켜보는 가운데 1950년 3월 1일 오전 2시에 영면하였다. 그리하여 咸
悅 역전에서 3월 6일 天道敎聯合會 주관으로 영결식이 거행되고 연합회 회
원들이 추렴하여 어렵게 마련한 유택에 안장되었던 것이다.[51] 지금까지 살
펴본 吳知泳의 행적 중에서 주요한 것들을 表로 정리하여 제시하면 앞의
<表 3>과 같다.

3. 吳知泳의 著作物

吳知泳이 남긴 著作物에는 『東學史』이외에도 著者가 조사한 바로는 『新
人乃天』과 『새사람과 새한울』이란 두 권의 책이 더 있다. 그러므로 吳知泳의
『東學史』에 대한 이해를 더하기 위해서는 이 저작물들에 대한 검토도 요긴
하리라 생각된다. 그리고 吳知泳의 草稿本이라고 학계에 보고된 바있는[52]
國史編纂委員會 所藏의 『東學史』전4권[53]에 대해서도 그 草稿本의 眞僞 여부

---

51) 崔玉順談. 이 묘지는, 최근에 택지로 개발되면서 그의 女 오영화에 의해 파묘
되었고, 유해는 화장되었다고 한다. 吳英華談.
52) 愼鏞廈, 「갑오농민전쟁과 두레와 執綱所의 폐정개혁」, 한국사회사연구회편,
『한국사회의 신분계급과 사회변동』, 문학과 지성사, 1987, pp.96~102 ; 『東學
과 甲午農民戰爭硏究』, 一潮閣, 1993, pp.262~267.
53) 國史編纂委員會 소장번호 c 17-4-v.1~v.4.

와 內容 검토는 물론 刊行本 『東學史』와의 비교를 통해서 차이점을 살펴 보
아야 하겠다. 그리하여 吳知泳의 著作物 전반에 대한 검토를 해보고자 한다.

(1) 『東學史』에 관한 二·三의 문제

(가) 草稿本 『東學史』에 대한 재검토

학계에 보고된 草稿本 『東學史』는 全4冊이다. 제1책은 「附天道敎沿革大
觀」이라고 제목이 적혀 있는데, 裏面에 「哈彌賓馬車協會」의 宣傳 內容이 인
쇄되어 있는 것으로 보아[54] 滿洲의 하얼빈 지역에서 이면지를 이용하여 교
육용으로 정리한 것이 아닐까 한다. 그리고 그 글씨체도 吳知泳의 친필이라
고 믿어지는 제2, 3권의 글씨와는 다르게 보여진다. 그러므로 제1책은 吳知
泳이 앞서 살핀 바와 같이 滿州 吉林으로 이주가 있었던 1926년 이후 그 지
역에서 정리된 것을 草稿本 제1책으로 편성하였으리라 생각된다. 한편 草稿
本 제2책의 머리에는 뒤의 <資料 1>에서와 같이 「東學史序」가 실려있고
끝에 '布德 65年 甲子 3月 日 于一序'라고 하였음이 주목된다. 따라서 이 序
文은 '于一'에 의해 1924년에 쓰여진 것이므로, '于一'이 吳知泳의 號라면 이
序文을 吳知泳이 쓴 것이라고 할 수 있을테지만 吳知泳의 號는 源菴이므로
이 序文은 吳知泳이 쓴 것이 아닐 것으로 여겨진다. 이런 추정은 또 다른
著書 『新人乃天』의 序文도 '于一'이 쓴 것으로 보아서 그르지 않다고 생각
된다. 즉 뒤의 <資料 2>에 제시한 『新人乃天』의 序文과 본문의 첫머리를
보면 序文 끝에 '于一謹序'라고 하였고 본문의 첫머리에는 '新人乃天(源菴

---

54) 이면지에 적혀 있는 내용은 다음과 같다.

　　　本組合應辦之事項
　　　……(중략)……
　　　本組合應設之事務
　　　……(중략)……
　　　哈彌賓馬車組合啓
　　　　　總賬房道裡　中央大街九十八號
　　　　　　電話三七零五

先生著述'이라고 하여서 상식적으로 자신의 저서를 낼 때 序文에 '謹序'라고 할리는 만무하다고 하겠다. 따라서 源菴이 內容을 쓴 것에 '于一'이란 이가 '謹序'한 것으로 헤아려진다.

그러면 이렇듯이 '于一'이란 號를 사용하여 草稿本『東學史』와 함께 『新人乃天』에 序文을 쓰고 있는 인물은 누구인가. 그는 天道敎聯合會 本部院長으로 있었던 柳公三이 아닐까 싶다. 柳公三이 1936년에 『新人乃天』을 天道敎聯合會의 이름으로 내면서 주관하였기에55) 자신이 '謹序'를 쓰고 本文의 첫머리에 原著者가 源菴先生 즉 吳知泳임을 명기해 놓았던 것으로 보여 지기 때문이다.56) 한편 제2권과 제3권의 筆體는 동일하므로 그것이 혹시 吳知泳의 친필이 아닐까 하여 현존해 있는 그의 親筆을 조사해 보았다. 그의 親筆인 다음의 <資料 3, 4, 5>57)와 草稿本을 비교해 보면 동일한 필체임을 가늠할 수 있다. 따라서 그의 草稿本『東學史』중 제2, 3권은, 제1, 4권과는 달리 그의 친필본임에 틀림이 없다고 할 수 있을 것 같다.

이러한 草稿本『東學史』는 漢紙위에 연필로 원고지처럼 칸을 그려 그 내용을 써내려 갔는데 연필·펜·붓으로 여러 차례에 걸쳐서 교정하고 있으며 때로는 漢紙를 덧붙여 수정하는 등 오랫동안 고심한 흔적을 역력히 볼 수 있다.

한편 제2책 겉장에 찍혀있는 朝鮮總督府 朝鮮史編修會의 도장의 내용에 구입번호가 1175호, 구입날짜가 1938년 9월 9일인 것으로 미루어 보아 朝鮮

---

55) 이 점에 대해서는 곧 詳論하게 될 것이다.

56) 愼鏞廈, 前揭論文, pp.96~97 ; 前揭書, pp.262~263에서는 이 序文을 吳知泳이 쓴 것으로 아무런 근거 없이 보고 있다. 더욱 이런 견해에 그대로 따르기 어렵다고 생각하는 까닭은, 草稿本의 序文이 吳知泳이 쓴 것이라면 그것은 刊行本에서처럼 '自序'고 하였을 텐데 그렇게 되어있지 않은 점, 설령 그렇게 하지 않았더라도 그 내용에 있어서라도 어떤 유사점이라도 있을 것인데, 전혀 그런 것이 찾아지지 않는다는 점 등에도 있다.

57) <資料> 3)은 吳知泳이 1945년에 그의 딸 吳英華가 그의 외손녀를 출산했을 때 격려차 보낸 우편엽서이고, 4)는 『天道敎月報』제34호, 1913년 5월호, p.14.에 게재하였던 것이며, 5)는 義菴 孫秉熙가 心法을 일반교도들에게 공동 傳受할 때의 法文을 吳知泳이 쓴 것으로 李敦化의 著書인 『天道敎創建史』의 간지에 수록되어 있는 것이다.

史編修會에 의해 구입되기까지[58] 吳知泳이 가지고 다니면서 교정한 것이 아닐까 생각된다. 제1권의 이면지가 滿州 하얼빈의 馬車協會의 창립 선전지 이고, 그 내용상 1926년 吉林에 가있던 吳知泳이 天道敎聯合會 회원들을 교육하기 위해 만든 것으로 보여지기 때문이다. 이 草稿本은 『東學史』를 刊行할 때 그 근간이 刊行本에 이어지고 있다고 보여지는데 이 사실은 草稿本 『東學史』와 刊行本 『東學史』를 비교해 봄으로써 알 수 있다.

(나) 草稿本 『東學史』와 刊行本 『東學史』의 비교

草稿本과 刊行本의 項目名을 먼저 비교해 보면 뒤의 <表 4>와 같다. 이 項目名만을 비교해보더라도 草稿本과 刊行本에서 서로 다른 것이 50여개나 될 정도이므로 그 내용에 있어서 상당 부분이 다르다는 것을 짐작할 수 있을 것이다. 그렇기 때문에 내용을 비교해서 상이한 부분은 주로 어떤 것들이며 그 특징은 무엇인가를 살펴보아야 할 것이다. 편의상 세 경우로 나누어서 첫째 項目名은 동일하지만 서로의 內容에 차이가 있는 경우([1]), 둘째는 項目名이 유사하고 동일한 내용이지만 草稿本의 내용이 자세한 경우([2]), 셋째는 項目名이 유사하지만 서로의 내용에 차이가 있는 경우([3])로 나누어서 살펴보기로 한다.

첫째 경우의 대표적인 例는 다음의 <資料 6>에서와 같이 '道問答'이란 項目名은 동일하지만 서로의 내용에 있어서 [A]의 (1)-(5)까지는 [B]의 (1)'-(5)'와 거의 같고 그 나머지는 서로 차이가 있는 것이다. 그리고 [A]의 (나)는 그 앞의 (3)에 합쳐져서 [B]의 (3)'와 같이 되었음을 살필 수 있다. 그러므로 刊行本은 草稿本을 토대로 하여 동일 項目名이라 하더라도 대폭적인 수정과 가필이 이루어 진 것임을 알 수 있다.

둘째 경우의 대표적인 예로는 다음의 <資料 7>에서 보이듯이 項目名은 유사하지만 草稿本의 內容이 刊行本에 부분적으로 더 자세히 첨가되어 있는 것이다. 草稿本에서는 項目名을 '天道敎와 誠米法'이라 하였던 것을 刊

---

58) 愼鏞廈, 前揭論文, pp.96~97 ; 前揭書, pp.262~263.

<표 4> 『東學史』의 刊行本과 國編委所藏 草稿本의 항목비교표

刊行本의 항목명	國編委所藏 草稿本의 항목명	비고
	(東學史 一)	
	附 天道教 沿革大觀	×
自 序		×
黃義敦序		×
(第1章)	(東學史 二)	
	于一序	×
道의 始創	開闢主唱者 첫 出世	△
道의 問答	道問答	△
儒佛仙 三道와 吾道	儒佛仙과 吾道	△
布德과 遭難	布德과 遭難	○
新羅時代의 豫言		×
先生父親의 來歷		×
先生母親의 來歷		×
先生의 異常한 天姿		×
先生의 特異한 志操		×
先生과 異人		×
先生의 道力에 死者가 復活		×
道의 制道		×
馬足이 不動		×
深水에 馬脛이 不沒		×
龍潭亭 樹上에 仙女가 下降		×
南原 隱寂庵에 避禍		×
道覺 試驗		×
默念 治病		×
頭上에 瑞氣		×
大邱獄에서 나온 煙竹		×
呪文과 詩, 箴, 筆		×
(第2章)		×
	海月先生	×
道의 繼承		×
辛未 事變		×
太白山 工夫		×
開接과 遺蹟		×
降書와 說教		×
伸寃 運動		×

上疏一束		×
報恩會集		×
石佛秘訣		×
李朝 末葉의 變態	李朝 朝鮮의 末葉	△
宗親과 戚黨의 勢力싸움	宗親과 戚黨의 勢力싸움과 外戚窺覦	△
承政院日記		×
海月先生 遭變	海月 先生 被捉	△
	海月 先生時代의 談層	×
科宦의 扶雜과 貪官汚吏의 行惡	宮中府中의 荒淫無度	△
	儒林과 兩班의 行惡	△
	老少論의 偏色싸움	×
	官職賣買의 弊害와 官隷輩의 作亂	×
	開化派와 守舊黨	×
	甲申政變	×
	(東學史 二)	
	東學黨의 큰 指目	×
	全州會集	×
	報恩會集과 京城會集	×
全羅各郡의 民亂	全羅各郡의 民亂	○
東學亂과 古阜陷落	東學亂과 古阜陷落	○
倡義文	倡義文	○
檄文	檄文	○
東學軍과 完兵接戰		×
東學軍과 完兵接戰	京兵과 義軍接戰	△
長城接戰과 全州陷落	義軍이 全州城을 陷落	△
	義軍이 全羅各郡에 執綱所를 設立	×
	執綱所의 行政	×
東學軍과 京兵講和		×
京兵과 日·清兵이 東學黨討伐	政府에서 清日兩國에 請兵	△
東學軍의 再度擧事	再度擧義	△
南北接爭端	南北調和	△
儒度首領 李裕商이 東學에 投合	儒道首領이 義軍에 投合	△
討伐大將 金允植이 東學軍에 投合	討伐大將 金允植이 義軍에 投合	△
清國 敗殘兵이 東學軍에 投合	清國 敗殘兵이 義軍에 投合	△
康律 長興의 急報	康律 長興의 急報	○
公州 接戰	義軍과 官兵接戰	△
戰敗 後聞		×
	(東學史三)	
東學軍 大將 全琫準이 京城에 押送	義軍首領全琫準等 京城에 잡혀가	△
全琫準先生 十三歲時에 지은 白鷗詩		×

童 搖	童 謠	○
入死出生者	入死出生	△
東學黨 殘滅하던 者		×
金允植과 李裕尚의의 末路	李裕尚과 金允植의 末路	△
東學黨 首領 脫網者	官吏의 羅網에서 뛰어난 頭領들	△
	海月先生遭變後 道人의 動靜	×
(第三章)		
義菴先生과 民會運動		×
天道敎 出生	一進會와 天道敎發生	△
一進會와 天道敎 分立	一進會와 天道敎 分立	○
(第四章)		
敎會分立後 敎會狀態		×
誠米法 實現	天道敎와 誠米法	△
龜義松 三菴의 顚末		×
龜菴 金演局이 天道敎 大道主就任	苟合되었던 金演局一派가 또다시 分裂	△
春菴 朴寅浩가 天道敎 大道主就任		×
共同傳受心法		×
	朝鮮滅亡과 獨立運動	△
天道敎와 乙未事件	三十三人의 氏名은 이와같다	△
	獨立宣言書는 本件에 있어 姑未揭載	△
(第五章)		
天道敎 革新運動	天道敎 革新運動	○
天道敎 議事員 初創說	前日議事院 創立되는 이야기	△
革新과 復舊運動發生	革新하는 한 便에 復舊運動者發生	△
議事院 後援會組織	議事院 後援會組織	○
天道敎 革新과 新聞紙	天道敎 革新과 新聞紙	○
合同說이 反復流行	欺瞞的 合同說이 反復流行	△
公 約 章	公 約 章	○
부 東學 合派 一瞥		×
	天道敎 革新派의 天道敎理解釋	×
	以上 ○○○○史 ○○	×

*범례 : ○ : 동일한 경우, △ : 유사한 경우, × : 상이한 경우

行本에서는 '誠米法 실현'이라고 하였고 내용에 있어서도 草稿本의 내용 중
(가)부분만 거의 그대로 싣고 (나)부분은 삭제한 것이다. 이러한 刊行本에서

의 내용은 주로 吳知泳 자신의 활동을 부각시켜 天道敎 내의 재정 확보책으로 실시된 誠米法이 자신의 노력으로 성립되었음을 과시하고 있는 것이 아닐까 싶다.

이에 비해 刊行하면서 草稿本에서 뺀 [A]의 (나)는 자신의 노력으로 성립된 誠米法이 본래의 의도와는 빗나가서 벌어지는 폐단에 대한 것이다. 따라서 誠米法이 자신의 노력에 의해서 이루어졌다는 점만을 남겨두고 그로 말미암은 폐단은 刊行시에 빼버림으로써 자신의 공적을 손상시키려 하지 않았음이 역력하다고 할 수 있을 것 같다.

이와 같은 吳知泳의 『東學史』刊行시 草稿本에서의 기록 선택의 태도는 다음에 제시한 <資料 8>에서도 알 수 있다. 草稿本[A]에서는 '官吏의 羅網에서 튀여난 頭領들'이란 項目名 아래에 그 말미에서 자신이 알고 있던 인물에 대해서 열거하고 있지만 刊行本[B]에서는 이와 유사한 項目名인 '東學軍首領脫網者'밑에 天道敎界에서 要職에 있는 소수의 인물들에 대해서만 刊行 시점의 활동상까지 요약해서 서술하고 있으며 특히 자신의 경우를 맨 처음에 두고 있음을 주목해야 할 것이다. 내용에 있어서도 앞에서 살핀 바 같이 서울에서 主事職을 역임했던 사실은 밝히고 있지 않고 東學 이후 피신 다니면서 세월을 보내다가 敎役者가 된 것으로 서술하고 있다. 이런 서술 태도를 보이는 것은, 吳知泳 자신의 天道敎 내에서의 위치를 부각시키고 이에 저해되는 사실은 밝히지 않으려고 했던 때문이라 생각된다. 더욱이 서울에서 잠깐동안 몸담았던 主事職이 그의 의형제였던 鄭瑢根의 도움으로 李址瑢에 의해 얻어진 것이었다면 李址瑢이 이른바 을사오적의 한 명이기에 그 사실을 밝힘으로써 오히려 자신의 위신에 손상이 가지 않을까 하여 서술하지 않았던 것이 아닐까 싶다.

한편 셋째 경우의 例는 다음의 <資料 9>에서 볼 수 있듯이 항목명도 상이하며 草稿本의 내용이 刊行本의 내용에 들어가 있긴 하더라도 많은 부분이 다른 경우이다. 특히 이 경우의 대표적인 例로서 執綱所의 弊政改革要綱을 비교해 表로 작성하여 제시하면 다음의 <表 5>와 같다. 이 <表 5>의 12개조의 내용을 면밀히 살펴보면 대체로 대동소이하지만 각기 서술에 있

〈表 5〉『東學史』의 草稿本과 刊行本의 執綱所 弊政改革 要綱 비교

	草稿本	刊行本
제1조	人命을 濫殺한 者는 버힐 것	道人과 政府 사이에는 宿嫌을 蕩滌하고 庶政을 協力할 事
제2조	貪官汚吏는 祛根할 事	貪官汚吏는 그 罪目을 査得하여 一一嚴懲할 事
제3조	橫暴한 富豪輩는 嚴懲할 事	橫暴한 富豪輩는 嚴懲할 事
제4조	儒林과 兩班輩의 巢窟을 討滅할 事	不良한 儒林과 兩班輩는 懲習할 事
제5조	殘民等의 軍案은 불지를 事	奴婢文書는 燒祛할 事
제6조	종 文書는 불지를 事	七班賤人의 待遇는 改善하고 白丁頭上에 平壤笠은 脫去할 事
제7조	白丁의 머리에 패랭이를 벗기고 갓을 씨울 事	靑春寡婦는 改嫁를 許할 事
제8조	無名雜稅等은 革罷할 事	無名雜稅는 一幷 革罷할 事
제9조	公私債를 勿論하고 過去의 것은 幷勿施할 事	官吏採用은 地閥을 打破하고 人材를 登用할 事
제10조	外賊과 連絡하는 者는 버힐 事	·과 奸通하는 者는 嚴懲할 事
제11조	土地는 平均分作으로 할 事	公私債는 勿論하고 己往의 것은 幷勿施할 事
제12조	農軍의 두레法은 獎勵할 事	土地는 平均으로 分作케 할 事

* 愼鏞廈, 前揭論文, 1987, p.101 ; 前揭書, 1993. p.266의 표 전제

어서 대부분이 다르게 되어 있고 유사한 내용이라 하더라도 그 순서가 매우 다르게 등재되어 있음을 주목해야 할 것 같다.

내용에 있어서도 草稿本에 수록되어 있는데도 불구하고 刊行本에 수록되어 있지 않은 조목은 '人命을 濫殺한 者는 버힐 事'(제1조), '殘民등의 軍案은 불지를 事 '(제5조)' 農軍의 두레法은 獎勵할事'(제12조) 등이다. 반면에 '道人과 政府 사이에는 宿嫌을 蕩滌하고 庶政을 協力할 事'(제1조), '靑春寡婦는 改嫁를 許할 事'(제7조), '官吏採用은 地閥을 打破하고 人材를 登用할 事'(제9조) 등은 草刊本에는 수록되어 있지 않지만 刊行本에는 수록되어 있는 것이다.[59]

이와 같이 草稿本 및 刊行本『東學史』의 기록이 서로 일치되지 않는 점이

---

59) 愼鏞廈, 前揭論文, 1987, p.102 ; 前揭書, 1993, p.267 참조.

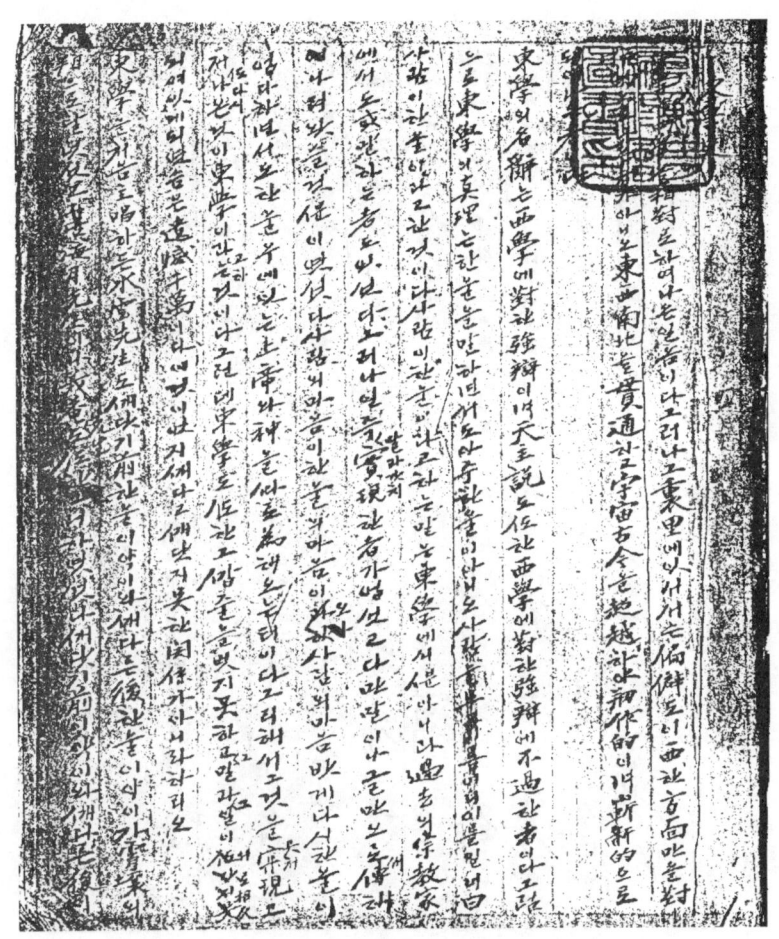

〈자료 1〉 草稿本 『東學史』의 序文 ①

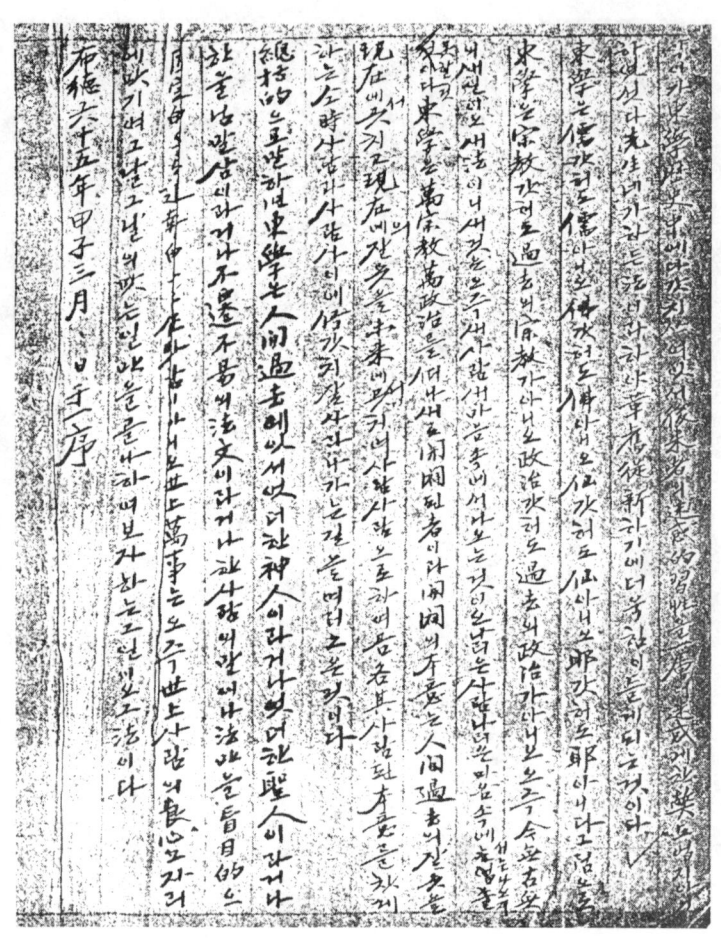

〈자료 1〉 草稿本 『東學史』의 序文 ②

新　人　乃　天　序

269

〈자료 2〉 『新人乃天』의 서문과 본문의 첫머리 ①

道덕엇더한別作物까 꿈말함이아니오다 만사람의게잇는道는各사람으로身하여 금行하려함이니사람으

도서사람의道를行치아니하면그ㅡ 사람과그ㅡ 道는시시 떠닐서지고마는것이다

사람이한울이다함은저ㅡ 虛空을가로써한말이아니오사람ㅁ 안에잇는그ㅡ 神운이름이니그ㅡ 神

은곳ㅡ 나바너가나를爲함이무엇이묻히어려울바잇오리오만은그ㅡ 行치못하는바는그ㅡ 세다름이

적음써러이다

人乃天을말하는者ㅡ 만일세다름이잇다면그ㅡ 말과그ㅡ 일이갓히야할것이오人乃天主義에相反되

는点은반다시곳처야할것이다

人乃天의本義는世上일을改新함을目的하는者라先天의잘못을後天에곳치고先人에잘못을後人이

곳치고昨日에잘못을今日에곳치고今日에잘못을明日에곳처야바야호로그ㅡ 세도움을줄것이다

우리가만일쏘ㅡ 그ㅡ 말과그ㅡ 일을갓치하지못한다면이는곳ㅡ 先哲者의非人됨을免치못할것이오

쏘는諸家의前轍를復踏하고믈너섯지못한者ㅡ 쉽지ㅁ

新人乃天을말함은別것이아니라人乃天主義를主義그대로實行하여보자함에不過한者니同德은힘

쓸지어다

于一護 序

270

〈자료 2〉『新人乃天』의 서문과 본문의 첫머리 ②

新人乃天

（源菴先生著述）

第一章　人乃天의正體

사람은시사도사람이오한울은시사도한울이어늘사람용이라한울용엇지한울용인지소돔이라

이로나뇨한울의精神이곳ㅣ사람의精神이오사람의精神이곳ㅣ한울의精神임으로써니라

宙全体의精神이라宇宙全貌의精神이오또化生된者ㅣ사람이니이ㅣ이른바사람이곳ㅣ한울이라宇

이니라無形貌하나만이사람의精神이아니오有形貌하ᄂ만이사람의精神이아니며無形과有形이合

하야變化貌로써된者ㅣ비로소사람의精神이니그ㅣ精神은사람以前에도엇든者오사람以後에도엇

온者며오즉사람몸안에잇는者니라

그ㅣ神은有一無二의神이라안오또ᄂ無終無盡한理를包合하엿고또ᄂ不死不滅의氣運을貫

通하엿나니이ㅣ이든바天上天下에獨往獨來오左右無쿠無의造化로ㅣ니라

宇宙도이로부터그ㅣ生性을낫코ᄯ고世界도이로부터그ㅣ功德을세우는것이다

〈자료 2〉 『新人乃天』의 서문과 본문의 첫머리 ③

〈자료 3〉①

〈자료 3〉②

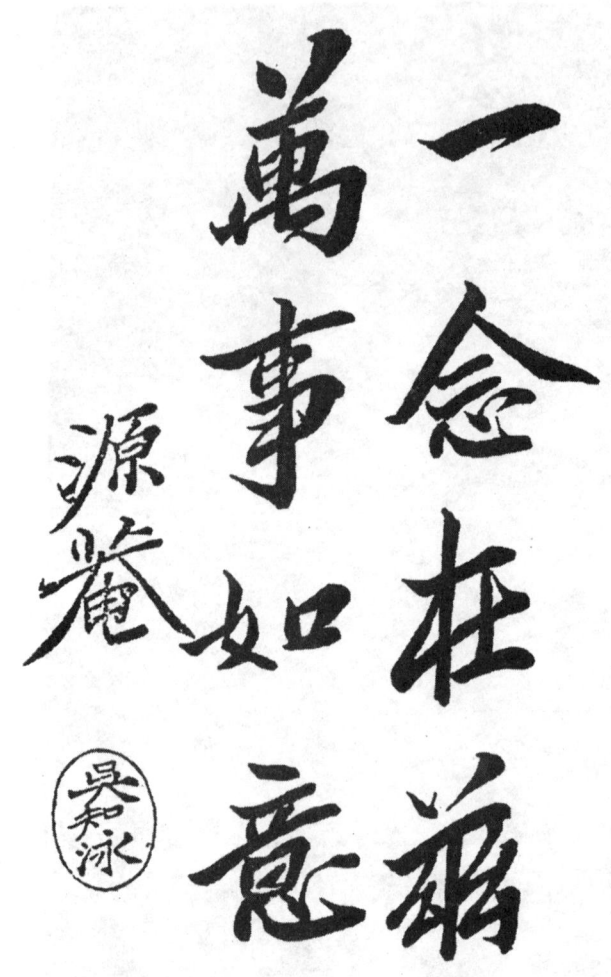

〈자료 4〉 吳知泳의 親筆 자료 ①

汝必天爲天者豈無靈性哉靈
必靈爲靈者天在何方汝在
何方末則此思則此也常存不
二乎
布德五十五年四月二十日下午五時二十五分
奉承

（義菴聖師께서心法을一般教徒에게共同傳授한法文原本）

〈자료 5〉 吳知泳의 親筆 자료 ②

〈자료 6〉-[A] ①

〈자료 6〉-[A] ②

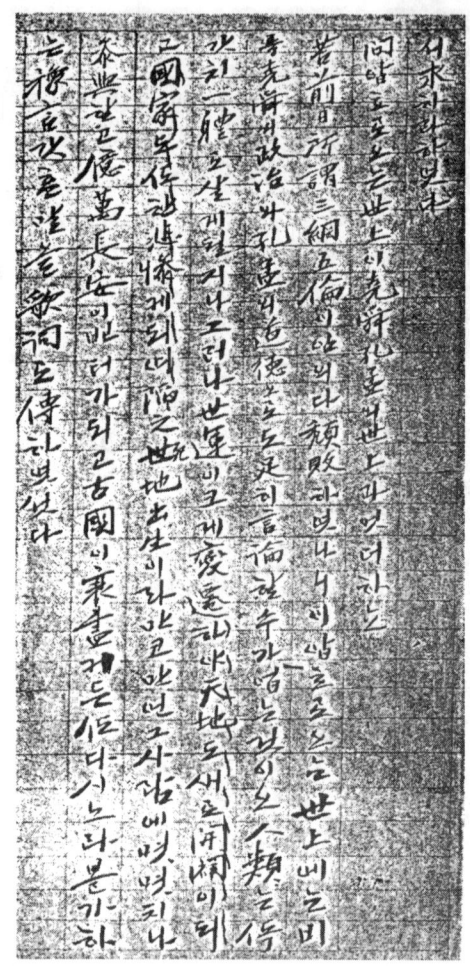

〈자료 6〉-[A] ③

道　問　答

誠이先生께무러曰　先生의하는바道는무삼道시노.

〔答〕　天道니라.

〔問〕　天道는先天古來부터있었나니　古人所謂天道와다름이있나노.

〔答〕　道則同也나理則非也니라　古人所謂天道라함은人類밖에따로히　最古無上의神一位를設하여

그를人格的의上帝로爲데두고　人類는그一下位에居하여拜服하며　自己의生死禍福을모다그의命令

下에定하바라하는것이오　나의이른바天道는이를反하여　사람이한울이오　한울이사람이라고한

것이다.

〔問〕　사람이한울이라함은무엇이노.

東學史 第一章

<자료 6> - [B] ①

東 學 史 第一章

六

〔答〕 有形曰사람이오 無形曰한울이니 有形과無形은이몸은비목다르나 理致는곧-하나니라。

사람이하늘이라고하는말에對하여 或은말하되 물도根源없는물이없고 나무도뿌리없는나무가

없나니 사람의우에또로 主宰하는한울이없다함은깨달기어려운말이라한다。

물이만일根源이있어흘너으는것이라하면 根源의물은처음어디로부터나오는것이라할것이며 나

무가만일뿌리가있어나온것이라하면 뿌리의뿌리는또-어디로부터나왔다하리오 사람도이와갈

이처음 한울님이있어났다한것갈으면 한울님은처음누가나주었다하겠나노 사람이누가父없

이난사람이있으리오만은 父母의父母를찾어울나가보와도 맨처

음난父母는 그-누구라고한는지안수가없는것이다 世上에서는 天皇氏까지를찾어울나간다고

하지만은 天皇氏以上은또-무엇이라고말한는지알수없는것이다 이러므로써 사람의根本을찾

는데는 처음부터곳까지 사람이라고하는것이가장오문만이라고하는바이다。

〔問〕 先生의이른바 侍天主라한은무엇이뇨。

〔答〕 世上사람들이다ー天主라함은마묘있는가하고 爲하는者ー많음으로써나는말하되 天主가있다면

우리의自體에있다한울보인것이다。

〔問〕　呪文의 뜻은무엇이上.

〔答〕　至氣라함은　天地間至極한氣를두고이름이니　그ㅣ氣는至虛至靈하고　無非不涉하며　無事

不命하여　사람모ㅣ고　ㅣ氣로써生하고　微物도그ㅣ氣로써生하나　形容코저하여도　形容할수없고

듣고저하여도드를수없고　보고저하여도볼수없는것이니　이것을일너混然一氣라고하는것이며

今至라함은　이道에드는者는반듯이　至氣로써나고　至氣로써사는것임을알라함이오　願爲大降

이라함은　내게있는그ㅣ氣와　宇宙사이에있는　그ㅣ氣가서로合하여　크게化합을願하는뜻이며

侍天主라함은　사람은다ㅣ안으로　그ㅣ靈이있어살고　밖으로그ㅣ氣가있어사는것이라　그것을

한울님으로알나는말이며　造化라함은　無爲而化라함이니　그ㅣ氣는能히사람이生하고　能히사

람이사는데있어　能히化하는者나　ㅣ되여도되는바를알수없다는뜻이니　無爲而化그것을일너

曰　한울님이라고　造化라고하는바이며　定이라함은無爲而化로된靈과　無爲而化로된氣를잘

ㅣ가저、　그德에合하고　그마음을定한다함이니　이는道타는者로하여곰　저한울을믿지말고　내

게있는한울을믿으라는말이며　永世라함은　우리의一平生을두고이름이오　不忘이라함은　우리

가無爲而化하는　그ㅣ氣로써살고　그ㅣ靈으로써살아감을　一平生을두고잊지말라는뜻이니　사

東學史　第一章

七

〈자료 6〉-[B] ③

탐이만 일 膊開동안이라도 그ー理政들잇어버리고보면 能히잘ー살어갈수가업는것임으로써 어느때나잇지말라는뜻이며 萬派라함은 사람은그ー至氣속에서 無爲而化로나오는일이잇어 萬가지로맙다는뜻이며 知라함은사람이다ー그道로써되었나니 그道를알어야 그ー知가나오는것이며 그일을知하여야사람이산다고하는것이다.

〔問〕道의淵源은무엇이노.

〔答〕道는師師相授로한다할지나 그러나道ー實際淵源에있어서는 사람의自體에自在하다할것이라 그러므로이道를배우고지하는者는ー나를밋지말고 各共自身에서찾이라하였다.

〔問〕앞으로오는世上은어떠하노.

〔答〕前日所謂三綱五倫이인외다. 頹敗하였나니 앞으로오는世上에는 비록堯舜의政治와 孔孟의道德으로足히서만할수없는것이오 世上사람이다같이 自己의自覺으로써 꼭같이살게될지나그러나 世運이크게變遷하여 天地도새로開闢이되고 國家도또한憼恌게되어 陷之死地出生이라 맙고맙은그사람이멋이나泰興할고 億萬長安빈어되고 故國이荒蕪커든 또다시노라불가하는豫言같은말을노래로似하였다.

〈자료 6〉-[B] ④

八을此에 使用하였더라

天道敎와 誠米法

天道敎와 一進會가 分立된 以後로 天道敎의 情況을 … 할 수도 없시 窮에 … 自體의
維持가 漢然한 全時外宅 債務에 困難에 非常하水거의 自滅狀態에 드러가다시
것을 … 財産을 管理하는 嚴程束에 … 敎會를 … 即時 … 元財産
을 波하지가지 … 다라 敎會를 … 새로 始作하나 … 團體에

… 此나 維持方針을 研究하고있으나 … 各地方
頭領 … 敎區長들을 會集하여 議會를 … 鍼朿을 … 各區 … 庫
上州 提出된 … 其意見을 陳述하게되엿는뒤 … 負側으로 重要幹
部之以 … 梁漢默 吳世昌 權東鎮 等은 … 敎人每名에 誠捐金 五六十
幾百元式을 … … 後 … 財産이 … 産出
그主旨는 敎區長 吳知泳을 … 各道人의 情況 … 一敗塗地에 … …
全州 … 姑捨하고 糊口之道가 … 今世에 … 伍百千의 … 이된다할지라도
… 것은 一時의 … 不過하 … 東學時代에 … 가 財産을 찾기도 …

<자료 7>-[A] ①

〈자료 7〉-[A] ②

은 不法行爲라고 하야 逐出을 하는 것이나 또
此未安을 가지고 不純이 싸와나려 왓나 一面自己가 提出한 一
르러가거나 하야 敎日들을 발마다 戰爭場에 되엿다 그리하다가 畢竟 我輩
先生의 割裁도 써 좋을 終始되고 一題 未의 未安이 成立되고 여나라
誠未 割度가 發布되지 敎年이 不過하야 天道敎의 財産을 漸次로 豊富하여 活用에 自己不
하엿다다 誠未라 ᄒ 것이 여음組織되는 그날에 잇서 收入되는 以內에서 未滿되는 것이니 不
過數年에 每朔 幾千幾萬元의 巨額에 收入되엿나 줄로 하여 幾十萬元의 債務
도나 經營하야 보고 數千名의 中外幹部가 活用에 해잇고 異彩中央地에 敎育前에 敎
瑩洋制唐屋비 大建物도 各方面으로 活動하고
方名 혼名의 消費額이며 各人의 私宅에지 넣아나 寬大하엿는가 그러나 誠未音名
義나 水지 其實로 個人의 自誠으로 쌀어나보리나 조나 강지水도 써나 草根木之
사기라고 純益自己 먹는다 갈 것水고도 된 千年萬年 乃至 億年까지라도
天道敎가 匠東에 싸서 所謂 規則減未라는 것은 여부나 甚하게 기에나
걸되여나 갈 것인 不

<자료 7>-[A]③

에 個人의 心理는 발서 表面을 粉換하기 爲해서 上白米갑스로 뒤서 듯으로 代納하는널

이날 기게되엿다 밑으로 보하 誠米라는 것은 參誠米가 되지으하고도로 不誠米으되며

드러가게되엿다 誠米라는 此월 前生 國家의 稅米바드시 措호스로써 밧아

드릴것흐녀 誠米를 任는 敎人의 마음도 任하 國稅는 强制로 물는 百姓의 心

린와 갓허지고마는 것이 明確한일시다

〈자료 7〉-[A] ④

誠米法實現

天道敎가一進會와서로分立이된後　天道敎의經濟情況은極度의窮迫에빠졌었다　內部經費가盡

하야　維持가來山한同時　外債의將推가非常하야　거의自滅狀態에陷하였다　그것은敎와會가가치

있을때에　都中一切財政을經理嚴柱東의게맛겠든바, 同歲柱東이가經敎를當하야　全部財錢數百萬

圓을가지고다다난닭으로　天道敎에서는狹地에困難을받게되여　維持方策을議論하기爲하야　丁

未年四月五日天日紀念時를利用하야　部區總會를여러있다　總會에모인者는　中央摠部部員一同과地

方敎區長과　各大頭領等數百名사람이모였었다　部區總會에提出된維持方策에對하야　中央摠部幹、

部側에　重要人物인梁漢默은말하되　甲子以後見來한財産을찾어써자하였고　櫃東鎭、吳世昌은敎

人에게議捐金을받어써자하였고　平壤敎區長黃學道는　敎人每戶每日十錢金式을거두워써자고하였

고　從山敎區提吳知泳은敎人每一人炊飯時마다一匙米式떠서써자고하였다　이一네가지問題가議案

이되여討議된結果ㅡ議捐金問題와十錢金問題가可決되여公布하였다　吳知泳은다시말하되　發捐

東學史　第四章

二〇三

〈자료 7〉-[B] ①

金이나十錢金으로하는것이되기만한다면좋으나 到底히될수가없는것이라어찌그러냐하면 發捐金
이라고하는것은 우리敎가世上에나온지數十年동안 傾蕩家産으로生活의餘地가없는것이오 또는
一進會以後올을날까지 累千의所有를모다과려發捐金으로消耗한지가己久하였나니 다시어느敎人
에게募集할만한곳이없는것이며 設使幾個人에게거두운다하더라도 그것으로써 現在나將來를維
持할수없는것이며 十錢金으로말하더라도 到底히되지못할것이다 어찌그러냐하면 十錢金이비
毒적은곳이나 每日을두고 十錢金을내노은만한집안이얼마가되지못하는것이다 만일한달이나두
달이나하다가끈어지면 아니되는것이니 무엇보다도 敎를永久히維持하는데는 每炊飯時一人一
匙米式만한것이없다고하였다 이말이떠러지자 슈席上에있는여러사람들은一齊히反對를한다
의可決된것이있으니 그대로施行할뿐이라고하는것이다 吳知泳은또다시말하되아무리多數의可決
이있다하여도 將來에成立이되지못하는말이라하여攻迫을한다 그러나吳知泳은 一匙米案을期於히成立시키자
그러나一般會員들은 쓸데없는말이라고하며 吳知泳은會法을모르는쑥이라하여門外모내모왔다 吳知泳
하야 여러사람들은갓곳내못된다고하며 吳知泳은會法을모르는쑥이라하여門外모내모왔다 吳知泳
은憤음이기지못하여 門을치부수우고드러와싸우기를마지안으니 畢竟에徐璋玉先生의制裁모써싸움

은가러안고 맛침내一匙米式이成立되여 天道敎에誠米라는것을일모부터確立되있다。

<자료 7>-[B] ②

官史에서羅綱에서뒤어서此頭領을

甲午戰役에倡義大將이此蹶憤을들고니此此頭領이라廢立官史와그星에

뒤어니此에서此道와氣脉을相通한者는大縣에서此水다湖南으로는金秊

吳河泳吳知泳金鳳得宋大和金重華南周松差宗寶金煉九金智豊

朴致京張景化許鎭金汕中金炳泰各幾十名이오湖西로는孫秉熙

孫元民李容九朴熙寅朴寅浩金賞培金顯玖朴瑢台徐憲等

이오江原道로는金演局李承祐李東求等이오京畿道로는李鍾

勳洪東宸李鍾夔鄭景洙崔化西等이오黃海道로는崔琉鎰元容

日鄭探方爀斗韓萃錫吳贋善吳榮昌等이오廣尙道로는孫

悳錫全熙淳等이오奴外에此道에서任者水或此으나道에서運

絡이별쓰으로省略한다

<자료 8>-[A]

東學軍首領脫綱者

吳知泳은兩湖都察의任으로써 全羅、忠淸兩道의間에서 接과接사이에일과 道人과道人사이에

일은總察하다가 公州싸움에收軍當한後 征山全州사이에軍을다ー解散하고 西海邊으로몸을避하

여다니다가 맛침내京城으로올나와 楊州妙寂菴에隱居하여 歲月을보내다가맛참내敎役者가되였

다

金鳳得은公州敗戰을當한後 衣冠을擺脫하고 엿목板을질머지고 서울로찾아와 西洋사람의敎

堂에隱居하야避綱를하다가 甲辰年一進會叛立者가되였다。

金泰年은公州敗戰한後姓名을變하고 全州水下들관속에숨어있었다가다시敗役者가되였다。

李鍾勳은公州에서敗戰한後 孫秉熙와같이 忠淸道로도라와隱居의生活을하다가 마참내敎役者

東學史 第二章

一七一

〈자료 8〉-[B] ①

가되엿다。

洪秉筆는公州에서敗戰한後　孫秉熙와같이忠淸道로도라와　隱居하다가맛침내敎役者가되엿다。

金演局은敗軍한後　海月先生과같이忠淸道에도라와隱居하다가　甲午以後에　京軍의게被提되여

終身懲役을하다가　一進命風에特放되여나와　天道敎時代에天道敎大道主가되엿다가　다시侍天敎

大禮師가되엿다가　또다시上帝敎敎主가되엿다。

朴寅浩는瑞山等地에서一隅를직키고있다가　또한敗한바되여隱居하다가　先生을맛나一進會에重

役者가되엿다가　다시天道敎大道主　또敎主가되엿다가　乃終에는敎人들의不偦任으로免職이되고

마럿다。

孫天民은敗戰後海月先生을따라　隱居하다가　맛참내道에殉節하엿다。

李容九는公州敗戰한後　孫秉熙와같이忠淸道모도라와隱居하여　道일을보다가　甲辰年에一進會

꾼이되여있고　다시天道敎軍役者가되엿다가　맛침내侍天敎大禮師가되엿다。

東學史　第二章

一七二

〈자료 8〉-[B] ②

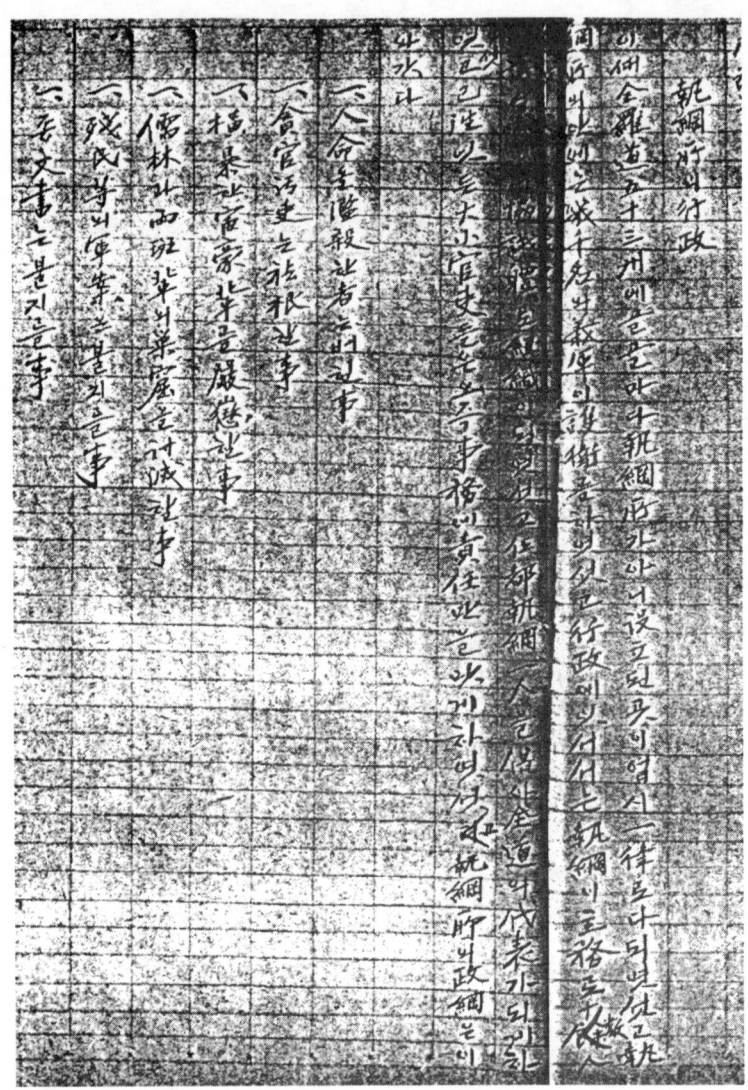

〈자료 9〉-[A] ①

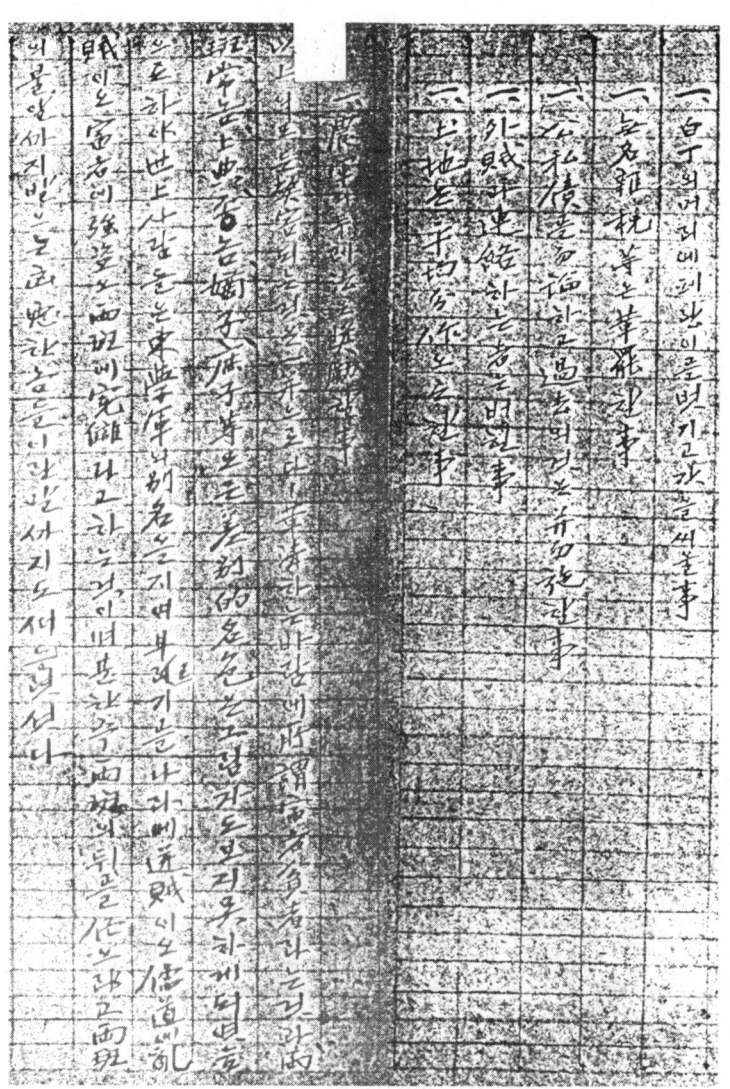

〈자료 9〉-[A] ②

東學軍과 京兵講和

이때는 甲午五月旬間이라 東學軍과官軍이서로 講和을이룬後 官軍은 京城으로올나가고 東學軍은 全羅道五十三州에 執綱所를 設立하여 民間庶政을 處理케되었다 每邑에 執綱一人을두고 議事員 若干人을두었으며 大小官吏들은 그를 幇助하여 弊政改革에 着手케되었으며 同弊政改革은 左의 十二條로써되었다.

左

一、道人과政府사이에는 宿嫌을 蕩滌하고庶政을協力할事

一、貪官汚吏는 그ㅡ罪目을 査得하여 一ㅅ嚴懲할事

一、橫暴한富豪輩는 嚴懲할事

一、不良한儒林과 兩班輩는 懲習할事

一、奴婢文書는 燒祛할事

一、七班賤人의待遇는 改善하고 白丁頭上에不讓笠은 脫去할事

一、靑春寡婦는 改嫁를許할事

一、無名雜稅는 一幷勿施할事

一二五

一二六

〈자료 9〉-[B] ①

一、 官吏採用은 地閥을 打破하고   人材를 登用할事

一、 ○과 奸通하는 者는 嚴懲할事

一、 公私債을 勿論하고 已往의 것은 拵勿施할事

一、 土地는 平均으로 分作케할事

、이때 全羅道 各邑이다 執綱所가 設立되었스나 惟獨 羅州、南原、雲峰等邑三邑만은 이에 聽從치않게

되여 全州大都所로부터 累次의 檄文이 있었으나 一向抗拒하였었다 그래서 東學軍에서는 征伐論

이 일어나게되여 其餘諸는 羅州에 金開南은 南原에 各其軍을 끌고 分發한바 이때

崔景善아 三千軍을 거나리고 羅州城에이르니 羅州牧使ㅣ邑內百姓들을 募集하여 城을구지직힘으로

容易히接近할수가없었다 羅州城은 地勢됨이 西北은 峻急한 峻嶺이둘어있고 東南으로는 大江이 城堞

을안고물아감으로하여 그城中에 相當한 防禦가 있으면 可히써어찌할수없는 要塞地라 그러므로 東

學軍이 多日을 무고 싸움을 도누우나 一向厭戰치아니함으로 崔景善은 매우 焦燥한마음으로지날뿐이

었었다 그런데 羅州邑은 湖南에 가장大邑이오 人心이또한强悍하여 民擾이매우많고 兼해吏指

嫌이 他邑보다 一層더甚한곳이라 其時羅獄에 갓처있는者도 數百人이넘어됨으로 그저放棄할수도없

東 學 史 第二章

一二七

〈자료 9〉-[B] ②

는터이다 그리기까닭에 東學軍은 期於히싸워서 끗을내고저하나 地勢가 險峻하고 守城이 堅固합

으로 東學軍은 進退兩難中에 있어 解決策이없이매우困難中에있었든것이다 이消息을들은金大將은

催戰督陣에 通宵하여 곧─班을걸우워돌아오게하고 金大將이스스로從將數人을다리고 羅州邑에이

르니 四門에守城이오히려懈怠치않는지라 이와같이危險地임도不拘하고 金大將은바로東門으로

달녀들어가바로官舍에들니섰다 當場光景이매우慌荒하였다 이때牧使는어느衙門인지몰라恼

忙히일어나머무러터손님은누구심니까반하였었나 答曰나는東學軍大將金珠璉이로다 牧使그말을

들고이간이빙빙하여이찌한줄을모르는데 金大將曰主官은勿怖하오 君도朝鮮사람이오나도朝鮮사

람이라 朝鮮사람으로써朝鮮사람對하기문어찌 國政은나난이非하여가서 나라存亡이目前에있나니 外〇가踏

한손을내미러伏慈을께우라하고 牧使─金大將의氣風을보고 벼룻물을들애 肝膽이서늘하고 閉門

느냐어서바삐꿈을깨우라하니 오직머리를숙이며前後山문는기를調和한뿐이라 金大將이

이막켜어敢히一罷도抗辯한수없는지라 서모因邪를議論하는等前後官

다시犬下大勢며 洪啓薰과講和하든말이며 各郡에執綱所를設하고

束을날낭치말하니 까理그린못하고 威風이또한凜々하여 牧使는다만一言으로써唯々한마음으로

〈자료 9〉-[B] ③

이날로부터 執綱所를 設立하여 政事를 보게하니라 同時金開南은 三千軍을 거나리고 南原으로 向하여

갈제 南周松으로 先鋒을 삼고 金重弼로써 中軍을 삼아 바로 南原邑에 드니 南原府使金龍達을 잡아내여 罪를 數한새 府使-不屈하

엿으나 드디여 城을 陷하고 官衙를 占領하며 金重弼로써 防禦를

거늘 이를 배혀 官門에 달고 榜文을 지어 市街에 붙이엿다.

또 金鳳得은 三千軍을 거나리고 雲峰으로 向하니 金鳳得의 時年이 十七歲한 妙少靑年이나 才稻가 非

常하고 謀略이 過人하고 劍術이 奇異하여 馬上에서 能히 땅과 같이 舞踏을 任意로 하며 劍光이 馬

全體를 싸고 도는 劍術을 가지엿음으로 보는사람이 누구나 驚歎치아니리없었다 雲峰은 泰山峻嶺이오

石遷險路이엿으나 이를 平地와 같이 뛰여넘며 달녀드니 門직히든 軍士-바라보고曰 저사람은 眞實

로 天仙이오 人間의 사람이아니라고 하여 弓風潰走하는지라 이여 軍器等物을 다-걷우고 獄門을 열

모 罪囚를 放釋하고 倉庫를 열어 百姓을 救恤한後 이여 執綱所를 設立하고 庶政을 處斷하였다.

를 挺弊하였다 雲峰에 있는 大小官吏-一時에 降伏하거늘 이여 執綱所를 設立하고 獄門을 열

이로부터 全羅道 五十三州는 한곳도 빠진곳이없이 모다 다-執綱所가 設立이되여 民間의 庶政을 執

行하게되었다 열두가지弊政改革案에 對하여 實行하여 들어가는데는 어렵지아니할수가없었다 一

<자료 9>-[B]④

邊으로는 官吏의 文簿를 檢閱하며　一邊으로는 人民의 訴狀을 處理하며　一

邊으로는 官民間에 남은 軍器와 馬匹을 걷우워　執綱所의 護衛軍을 세우고　萬一을 警戒하였다　이때에

全羅道에는 背年少兒까지라도　거의다ー道에 들어 接을 組織하게 되었었다　이러한 氣勢를 따라　不良

者를 이한데씩여 들어온것도 勿論많었으며　글로 因하여 온갖 不道不法한일이　많이 生긴것도 免치못

할일이 있었다　이로부터 此上사람의 東學班批評은자못 紛紜하였다　東學軍들은 貴賤貧富의 別이없다

거니 嫡庶奴非의 別이없다　거니 內外尊卑의 別이없다거니　東學軍은 國家의 逆賊이오　儒道의에 亂賊

이오　官省의 强賊이오　兩班에 仇賊이오　東學軍의 눈아래는 政府도없다고하는等　全羅道東學軍의

氣勢는 날로盛하여、東으로慶尙一道가흔들고　北으로忠淸道、江原道、京畿道、黃海道、平安道

까지뻐처들어가는 樣을보와　朝鮮에는 將次큰 變이 일어나고만티라고수성거리엇다。

〈자료 9〉-[B] ⑤

많은데도 불구하고[60] 아무런 史料 批判 없이 그대로 믿고 나름대로의 해석
을 가하는 견해[61]는, 그토록 중요한 土地改革政策 등이 어찌해서 그 당시의
기록들에서는 전혀 찾아지지 않고 유독『東學史』에만 수록되어 있는 것인
지 하는 의문이 들므로 선뜻 따르기가 어렵다. 그러면 弊政改革案 중 특히
土地의 平均 分作과 農軍의 두레법 장려 條目이『東學史』에만 수록되어 있
는 까닭은 무엇일까. 이런 의문에 대한 추측이 용납된다면, 그 이유는 그가
『東學史』草稿本 저술 전부터 制度的 革新을 부르짖으며 天道教聯合會를 조

---

60) 종래에 吳知泳의 刊行本『東學史』에 보이는 '弊政改革案 12條目'에 대해서 조
작된 이야기로 보는 견해(山邊健太郎,「甲申政變と東學の亂」,『世界の歷史』11
卷, 筑摩書房, 1961, pp.278~279)와 吳知泳의 기억이 틀렸거나 지어낸 말에 가
깝다고 보는 견해(朴宗根, 前揭論文, pp.44~45)가 있음에도 불구하고 '弊政改
革案 12條目'을 東學農民戰爭 시기에 執綱所에서 실시한 개혁 통치의 내용으
로 보아온 견해가 지배적이었다. (愼鏞廈,「甲午農民戰爭時期의 農民執綱所의
活動」,『韓國文化』제6집, 1985 ; 前揭書, 1993 참조) 더욱이 刊行本『東學史』의
弊政改革案은 개설서는 물론이고 현행 중·고등학교 국사 교과서에도 전문이
번역 소개되어 있을 정도로 執綱所에서 실제 실시한 개혁 정치의 내용으로 보
아온 것이 일반적인 경향이었다. 그러다가, 刊行本 외에 草稿本이 있음이 발견
되고 그 내용이 3條目씩이나 相違하다는 것이 밝혀지자, 그 차이의 이유를 執
綱所 설치 지역의 郡別 차이이거나 時期의 차이 때문인 것으로 추론하는 견해
가 제시되기에 이르렀다. (愼鏞廈, 前揭論文, 1987, pp.102~106 ; 前揭書, 1993,
pp.267~271)
61) 草稿本 및 刊行本『東學史』의 弊政改革案 내용 중에서 공통되게 수록되어 있지
만, 여타의 弊政改革案에서는 전혀 찾아지지 않는 '土地는 平均으로 分作할
事' 라는 條目과 草稿本에만 수록되어 있는 '농군의 두레법은 장려할 사'라는
條目을 연결지워서 執綱所의 土地改革案은 과감한 地主 制度의 廢止를 前提로
하고 土地 所有는 國有 또는 마을의 공동체적 소유를 전제로 한 井田制의 시
행이었고, 이러한 井田의 경영은 '두레법'에 의한 '두레 농장 제도'를 추구한
것이었다고 규정한 설도 제시되었다. (愼鏞廈, 前揭論文, 1987, pp.106~120 ; 前
揭書, 1993, pp.271~285) 하지만 이처럼 井田制의 시행이었다고 규정할 근거가
박약할 뿐만 아니라 茶山 丁若鏞이『經世遺表』에서 주장한 바가 井田制이기
때문이라고 한 것에는 동의하기 어렵다. 丁若鏞 스스로도「田論」二에서 井田
制는 시행될 수 없는 것이라고 하였고, 오히려 閭田制를 실현이 가능한 것으
로 설명하였으므로 丁若鏞의 영향을 받은 것이라면 井田制가 아니라 閭田制일
가능성이 높다고 할 수 있을 것이다. 그러나 이러한 논의는 명백한 典據가 없
다는 점에서 그 신빙성이 의심스러운 것이라고 하여도 지나친 것은 아닐 것이
라고 생각된다.

직하여 地方分權的이고도 平等한 敎會 운영을 주장하였다는 점, 그리고 자
신의 주장이 관철되지 않자 耕作地가 全無한 자칭 無産農民 出身의 天道敎
聯合會 敎人들을 이끌고 滿州로 집단 이주하여 토지를 개간하고 代表者를
중심으로 集團 農場을 이루어 均等한 土地 分配 및 共同 耕作을 꾀하였던
점 등과 관련이 깊은 것이 아닐까 싶다. 즉 吳知泳의 草稿本 및 刊行本『東
學史』에만 유독 수록되어 있는 土地의 平均 分作과 農軍의 두레法 獎勵 條
目은, 東學軍 봉기 시기의 執綱所의 弊政改革案 자체에 포함되어서 실제로
행해졌던 토지 개혁 정책이라기 보다는 滿州 집단 이주를 통해서까지 그토
록 革新的으로 실현해 보고자 했던 吳知泳 자신의 토지 개혁 방안이 아닐까
하는 것이다.[62]

　　이상과 같은 내용의 비교를 통해보면, 吳知泳은 草稿本을 토대로 刊行本
을 출판하였지만 경우에 따라서는 내용을 수정한 경우도 있는데 특히 자신
의 활동상을 부각시켰고, 天道敎내에서의 자신의 위치를 손상시킬 우려가
있는 사실은 누락시키거나 다르게 서술한 부분도 있음을 알 수 있다. 이러
한 그의『東學史』서술 및 刊行의 태도는 바로 그의『東學史』刊行의 배경 및
그 目的과 표리를 이룬다고 여겨지므로 이에 대하여 살펴보기로 하자.

(다)『東學史』著述 및 刊行의 배경과 그 目的

　　먼저『東學史』의 草稿本이 쓰여지기 시작하던 1924년에 吳知泳이 天道敎

---

62) 筆者의 이와 같은 견해는 吳知泳이 1940년에『東學史』를 刊行할 때 그 間紙에
　　서 書名을 '歷史小說 東學史'라고 하여 굳이 歷史小說로 출간하였던 이유가 무
　　엇이었을까를 생각해 보면 뒷받침될 수 있을 것 같다. 당시가 日帝下에서 모든
　　출판물의 간행이 엄격히 통제되던 시점이기 때문에 통제를 피하기 위한 방편
　　이었다고 할 수 있을런지 모르겠다. 하지만 吳知泳이『東學史』를 간행하려고
　　할 때 그를 늘 감시하던 刑事가 그의 인간적인 면모에 감동되어 간행에 오히려
　　앞장섰다는 그의 女 吳英華와 女壻 河相領의 談에 입각하면 그랬던 것같지만은
　　않다. 그러므로 '歷史小說'로『東學史』를 출간한 것은, 실제 사실에 입각해서
　　서술한 부분도 있지만 자신과 관련된 부분은 특히 자기중심적으로 서술하고,
　　실제로 행해졌던 것보다는 자신이 바람직하다고 생각한 革新的인 改革 方案을
　　가미했다는 것을 그 스스로가 나타내려고 했던 것이 아닐까 생각된다.

界내에서 처해있던 처지가 어떠하였는가를 밝혀보면, 그 著述 및 刊行의 배경을 정확히 알 수 있다고 본다. 앞서 살핀 바대로 1922년 이후에는 中央總部와 관계를 끊고 天道敎聯合會를 이끌면서 독자적인 활동을 펴고 있었다. 그랬기 때문에 자신이 하고 있는 天道敎聯合會 중심의 활동들이 온당하다는 것을 입증하려고 노력했으며 그 일환으로서 草稿本『東學史』를 著述하기 시작했던 것이 아닐까 싶다. 그러나 草稿本『東學史』를 著述하기는 했지만 滿州 吉林으로의 집단 이주에 나서게 됨으로써 경제적 기반이 더욱 악화되어 刊行에는 이르지 못하고 草稿本을 지니고 다니면서 가필, 수정하는 데에 그쳐야 했던 것이다. 그후 滿州에서의 집단 이주가 본래의 취지대로 원활히 완성되지 못하자[63] 吳知泳은 1935년경에 귀국하였던 것이다.

吳知泳은 이렇듯『東學史』의 刊行을 이루지 못하고 있는데 비해, 그의 反對派들은 풍부한 자금을 바탕으로 하여 자기들의 위치를 확고히 하는 著述활동들을 하고 있었다. 吳知泳과 상반되는 처지에 있던 侍天敎 敎主 金演局과 天道敎 舊派의 거두 李敦化의 著述이 그것이었다. 侍天敎主 金演局은 이미 1915년에『侍天敎宗繹史』등을 刊行하여 東學軍 봉기 때 자신의 활약을 부각시키고, 崔時亨 사망이후 곧 자신이 그 宗統을 이은 것으로 서술하여서 자신의 처지를 강화시켜 나갔으며, 그 이후에도『侍天敎歷史』등의 刊行을 계속하고 있었다.[64] 게다가 天道敎 舊派의 거두 李敦化는, 吳知泳의 天道敎 聯合會를 중심으로 한 革新 運動에 대해 강경히 반대하는 태도를 견지하는 한편 1933년에『天道敎創建史』를 刊行하여 吳知泳에 대한 공격에 더욱 적극적이었다. 즉,

　　동년(布德 63년 : 1922) 4월에 吳知泳 金鳳國 등의 제1차 분규가 일어나니 그때에 吳知泳측의 주장한 이유는 신종헌이 아즉도 불철저하고 敎主制가 원래 불가하다는 것이였는데 이에 교회는 신구양파라는 이름으로

　63)『東亞日報』1926년 8월 4일자 5면.
　64) 朴晶東,『侍天敎宗繹史』, 侍天敎總部, 1915 및 崔琉鉉,『侍天敎歷史』, 侍天敎總部, 1918 등 참조.

서 吳知泳편은 新派라하고 신종헌을 주장하는 중앙파를 舊派라하여 신구
양편의 막상 막하한 하에서 대립이 됨에 사태는 자못 심상치 아니하였엇
다.65)

라고 하여서 吳知泳이 金鳳國등과 분규를 일으켰다고 하면서 天道敎내의
新舊派의 대립과 분파의 책임이 吳知泳에게 있는 것으로 서술하고 있었다.
뿐만 아니라 李敦化는『天道敎創建史』에서 대립과 분파를 해소시키려는 자
신의 노력이

　　이 제도가 반포됨에 新派의 대부분은 이에 찬동하되 吳知泳·金鳳國
　　등은 오히려 이를 불만히 여기는지라 그 이유는 교회의 중앙 집권제를
　　폐하고 각지를 독립케한 뒤에 그를 다시 연합하야 연합교회를 만들자 주
　　장함에 중앙으로부터 그들의 주장을 일소에 붙이니 이에 吳知泳일파는
　　연합교회란 이름으로 문호를 별립케 하고 중앙에서는 崔麟 李敦化 양인
　　을 평남북도와 함남북도에 파견하야 인심을 수습하고 교회의 장래를 설
　　명한 결과 도문부흥의 서광이 비치게 되었었다. …… (중략) …… 이에 따
　　라 교인 전체가 아무 이의없이 분규전 상태로 합일되였고 오즉 吳知泳과
　　기인이 연합교회를 지지하야 유야무야의 형편에 돌아가고 말았다.66)

라 하여 吳知泳등이 반대함으로써 유야무야한 형편에 돌아가고 말았다고
비난하고 있었다.

이와 같은 侍天敎의 교회사 편찬은 물론이고 天道敎내의 舊派들의 吳知
泳에 대한 공격은 吳知泳과 그를 추종하는 天道敎聯合會 회원들의 대응을
자극하였던 것이다. 그러므로 吳知泳은『東學史』의 刊行을 서두르게 되어
1938년에 自序를 쓰고 1939년에는 당시 조선일보 기자로 있던 黃義敦67)의
序文을 받아서 1940년에 永昌書館에서『東學史』를 刊行하게 되었던 것이

---

65) 李敦化,『天道敎創建史』, 1933, p.78.
66) 李敦化,『天道敎創建史』, 제4편 중의제, pp.2~3.
67)「黃義敦先生略歷」,『黃義敦先生古稀紀念史學論叢』, 동국대출판부, 1960, p.3 한
　　편 黃義敦의 전반적인 활동에 대해서는 朴永錫,「海圓 黃義敦의 民族主義史學」,
　　『汕耘史學』 創刊號, 1985 참조.

아닐까 싶다. 그렇기 때문에 吳知泳의 『東學史』의 刊行의 目的은 자신의 주장이 지극히 온당한 것임을 밝히고 그를 통해 天道敎내의 反對派의 주장에 대한 반박에 있었다고 생각된다. 그의 自序 가운데

　　東學의 도가 이 세상에 나온지 기십년동안 그 도를 하노라고 칭하는 자 수십종의 각파를 통하여 그 수 자못 누백만인구에 달하였다. 말로는 비록 그 도를 하노라고 과장하는 자 많으나 그 도의 정체를 알고 나가는 자 얼마나 되는지 알 수가 없는 바이다. 혹은 儒의 부흥으로 알고 육신적 윤리만을 말하는 자도 있고 혹은 佛의 재생으로 알고 영적 생멸만을 말하는 자도 있고 혹은 仙의 부흥으로 알고 氣的 幻化만을 말하는 자도 있으며 혹은 무슨 造化術로 알고 迷惑하는 者도 있고 혹은 어떤 정치설로 알고 망동하는 자도 있어 천태만상의 기괴한 현상으로써 많은 사람을 유혹한 폐가 없지 아니하였다. 그것을 다 도라고 이를진대 東學의 도는 그 정체를 어느 곳에서 찾일는지 그것이 걱정이다.[68]

　라고 한 데서 알 수 있듯이 『東學史』刊行을 통해서 天道敎 敎理에 대해 잘 모르고 유혹당한 사람들 즉 天道敎 舊派쪽의 주장에 끌린 信徒들에게 그들의 주장이 그른 것임을 알림으로써 자신이 주장하는 바의 온당성과 그 활동의 정당성을 나타내려고 했던 것이라 여겨진다. 이런 자신의 『東學史』刊行의 의도를 단적으로 잘 나타내주는 대목은, '義庵先生死亡時喪章의 是非'라는 項目名하에

　　壬戌六月十七日에 義菴先生이 宿病으로 세상을 이별하였었다. ⋯⋯ (중략) ⋯⋯ 이 때 侍天敎主 金演局이 天道敎에 와서 하는 말이 新派나 舊派가 다 일문의 교인이라 孰是孰非는 물론이고 서로 합하는 것이 가타하였다. 新派측인 吳知泳은 말하되 侍天敎主는 天道敎의 爭意를 아는가 모르는가. 어찌 그리한 糊途濛瀧한 말을 하는가 우리 도에 曾前부터 두가지 종류의 싸움이 있으니, 한가지는 연원당파의 싸움이오, 한가지는 주의의 싸움이라. 당파의 싸움은 시비를 물론하고 합하는 것이 가하려니와, 주의

---

68) 『東學史』, pp.4~5 ; 『全集』上, pp.10~11.

의 싸움은 절대로 苟合할 수가 없는 것이라하며 高聲大叱하여 曰 우리는
어느 때까지라도 도에 위배되는 자를 다 섬멸하고 말겠다. 도가 무엇인
지 알지도 못하는 자로서 수백만 人衆의 선생이 되고자 하는 자와 수백
만 大衆의 피땀을 빼앗아다가 저 혼자 부자되고자 하는 자와 人乃天 平
等을 말하면서 저 혼자 왕노릇을 꾀하는 자는 다 없애버리고 말 것이다.
이말을 들은 侍天敎主 金演局은 아무 말이 없이 나가 버렸다.[69]

라고 함으로써 主義의 싸움에서만은 자신의 주장이 옳고 절대로 양보할
수 없다고 하자 侍天敎主인 金演局은 아무 말도 못하고 나가버리고 말았음
을 자랑스럽게 서술하고 있는 것이라 하겠다. 따라서 吳知泳이 『東學史』를
서술하고 刊行한 目的은 『東學史』 刊行을 통해 天道敎내에서 자신의 위치
를 공고히 하고 자신이 펴고 있는 주장이 온당한 것이며 天道敎聯合會 중심
의 활동이 정당한 것임을 입증하기 위한 것이었다고 하겠다.

그러나 이러한 吳知泳의 『東學史』 刊行 目的은 『東學史』 刊行만으로는
충족되기가 어려웠다고 생각된다. 왜냐하면 『東學史』자체는 언필칭 東學의
연원과 그 역사전개상에서의 吳知泳의 활동의 정당성과 天道敎聯合會 결성
의 필연성을 입증시켜 주는 데에는 충분했다고 할지라도 그 敎理的 측면은
충분히 밝히지 못하였기 때문이다.

즉 『東學史』의 최종 부분에서

東學의 派黨은 이 밖에도 얼마든지 많이 있는 것이다. 그것은 所謂 淵
源系統이 다르다고 하는 점에서 또는 思想程度가 다르다고 하는 데 있어
千派萬節로 달리 있는 것이다. 그것을 장차 무슨 道理로써 歸一케 하겠느
냐 하면 별다른 조화가 없는 것이오. 다만 한가지 道가 있으니 그것은
사람에게 모셔있는 그 한울님을 찾아야 하는 것이다. 水雲先生 하신 말
씀 「나는 도시 믿지 말고 네 몸에 있는 그 한울님을 깨닫고만 보면」 되
는 것이라고 하셨다.[70]

---

69) 『東學史』, pp.230∼231 ; 『全集』 上, pp.252∼253.
70) 『東學史』, p.242 ; 『全集』 上, p.264.

라고 하여 다만 한가지 道만이 있으며 사람에게 모셔져 있는 한울님을 찾음으로써 東學의 파당은 해소되고 하나로 뭉칠 수 있다고 하였을 뿐 그 한울님을 찾을 방도에 대해서는 제시하지 못하고 있는 것이다. 그런데다가 吳知泳이 侍天敎主 金演局에게 '主義'의 싸움에 있어서는 절대로 양보하지 못하겠다고 장담한 데에서도 엿볼 수 있듯이 敎理的인 면에서 자신의 주장이 우월함을 주장하고 있었다. 이런 자신의 주장을 뒷받침하기 위해서도 『東學史』에 짝하여 敎理書의 著述과 刊行을 꾀하게 되는데, 바로 그 敎理書가 지금부터 살펴보고자 하는 『新人乃天』과 『새사람과 새한울』이라고 생각된다.

(2) 『新人乃天』과 『새사람과 새한울』의 著述과 刊行

(가) 『新人乃天』과 『새사람과 새한울』의 著述 및 刊行 시기와 그 內容 비교

吳知泳이 『새사람과 새한울』을 저술한 것은 그 序文의 말미에

> 道創 六十八年 五月 日 記者 吳知泳書
> 도창 六十八年 오월 일 기자 오지영서[71]

라고 하여서 道創 六十八年 즉 1927년에 序文을 썼다는 것을 밝히고 있는 데에서, 그 어간이었을 것으로 생각된다. 그리고 『新人乃天』의 간행은 1936년에 天道敎聯合會의 本部 院長 柳公三의 주관으로 이루어졌다.[72] 이같이 『新人乃天』과 『새사람과 새한울』의 저술 및 간행이 『東學史』의 草稿本 저술 (1925년) 및 간행(1940년) 시기에 근접하여 이루어졌다는 사실은, 天道敎 歷史書로서의 『東學史』에 짝하여 敎理書로서 『新人乃天』과 『새사람과 새한울』이 저술되고 간행되었음을 보여주는 것이라 할 수 있지 않나 싶다.

---

71) 吳知泳, 『새사람과 새한울』, 1936, 天道敎聯合會, p.4 ; 『全集』 上, p.324.

72) 吳知泳에게 직접 교리 지도를 받았을 뿐만 아니라 滿洲에서도 같이 생활했던, 崔玉順氏와 그녀의 子 全景德氏가 소장하고 있던 『새사람과 새한울』의 겉표지에는 『新人乃天』의 표지를 필사해놓은 것이 있는데, 그것에 의하면 『新人乃天』이 1936년에 초판이 출판되었으며, 天道敎聯合會의 柳公三이 펴낸 것으로 되어 있다.

<表 6> 『新人乃天』과 『새사람과 새한울』 목차 비교

本文冒頭	新人乃天(源菴先生著述)	새사람 새한울	본문모두
序 文	新人乃天序 : 于一謹序	새사람과 새한울(新人乃天) : 吳知泳書	서 문
第一章	人乃天의 正體	우리도에서는 사람이 곳 한 울님이라고 한다	제일장
第二章	人類는 同類오 人生은 此生	인류는 동류요 인생은 차생	제이장
第三章	中心正氣	수심정기	제삼장
第四章	無爲化와 有爲化	무위화와 유위화	제사장
第五章	마음과 靈肉雙全	영육쌍전	제오장
第六章	心卽是神	내 자신(神)이 곳 스승이다	제육장
第七章	事人如天	사인여천	제칠장
第八章	他信仰과 自信仰	×	
第九章	地上神仙	지상신선	제팔장
第十章	人類愛	인류애	제구장
	×	전쟁과 평화는 교화에 관계 된다	제십장
第十一章	運命說	운명설	제십일장
第十二章	사람의 靈은 個體냐 非個體냐	영은 개체냐 비개체냐	제십이장
第十三章	善惡禍福說	×	
第十四章	廣濟蒼生	광제창생	제십삼장
第十五章	布德天下	포덕천하	제십사장
第十六章	開闢說	개벽설	제십오장
第十七章	各自爲心과 同歸一體	각자위심과 동귀일체	제십육장
第十八章	不然其然	불연기연	제십칠장
第十九章	無窮한 이울속에 無窮한 내아 니냐	무궁한 이울속에 무궁한 내 아니냐	제십팔장
第二十章	修練方法	수련	제십구장
第二十一章	宗旨와 儀制	종지와 의제	제이십장
	×	선천적 제종교와 우리	제이십일장

그렇지만 1927년에 가서야 吳知泳의 敎理에 대한 정리가 비로소 이루어
져 吳知泳이 『新人乃天』을 著述하게 된 것 같지는 않다. 그가 編輯員으로서
편집을 담당했던 『天道敎月報』에 敎理를 설명한 많은 글들을 싣고 있었기

때문이다. 『天道敎月報』에 실은 敎理에 관한 그의 글들을 조사하여 보면
140여 편에 이르고 있음을 알 수 있는데[73] 『天道敎月報』에 게재했던 이 글
을 토대로하여 『新人乃天』과 『새사람과 새한울』을 著述했던 것이 아닐까
생각된다.[74] 한편 『新人乃天』과 『새사람과 새한울』의 내용을 살피기 위해
그 목차를 비교해서 제시해 보면 다음의 <表 6>과 같다. 이 <表 6>에서
보이는 바와 같이 두개의 章이 차이가 있고 나머지 章의 제목들도 때로는
약간의 차이가 있지만 내용을 살펴보면 대동소이함을 알 수 있다. 따라서
제목에서 가늠할 수 있듯이 『새사람과 새한울』은 국한문 혼용본인 『新人乃
天』의 한글본이라고 할 수 있을 것이다. 그리고 국한문혼용본인 『新人乃天』
과 별도로 한글본 『새사람과 새한울』을 간행한 이유는, 漢字에 익숙치 못한
이들도 쉽게 그 교리를 이해할 수 있도록 하기 위한 것이라고 여겨진다.

(나) 『新人乃天』과 『새사람과 새한울』의 著述 및 刊行 目的

『新人乃天』과 『새사람과 새한울』의 著述 및 刊行의 目的은 吳知泳이 쓴
序文에서

> 우리 도에서는 낡근 인간을 새인간으로 낡근천도를 새천도로 낡근세
> 상을 새세상으로 왕도세상을 인도세상으로 피생주의를 차생주의로 천선
> 주의(天仙主義)를 지선주의(地仙主義)로 사후주의를 차생전주의로 불평화
> 의 세상을 평화의 세상으로 만들고자 하는 새세상을 말하는 것이다.[75]

라고 해서 자신이 표방하는 바의 『新人乃天』이 무엇인가를 간단명료하게
정의한 데에서 헤아릴 수 있는 것 같다. 말하자면 새 천도를 믿는 새 세상의

---

73) 1910년 8월에 발간된 『天道敎月報』 창간호에 축사를 게재한 이후 1922년 中央
  總部로부터 출교당하여 기고를 중지하는 1922년 4월호까지 국문 또는 한문으
  로 140여 편이나 되는 敎理관계의 글 이외에도 기념식사, 연설내용, 漢詩 등이
  다수 실려 있다. 이 글들은 『全集』下에 모두 수록되어 있다.
74) 『天道敎月報』에는 같은 호수 내에도 '敎理部'는 漢文으로, '언문부'는 한글로
  교리를 설명하고 있는데, 吳知泳은 때로는 같은 내용을 양쪽에 동시에 게재하
  는 경우가 있음으로 보아 더욱 그러하다.
75) 『새사람과 새한울』, p.1 ; 『全集』 上, p.321.

새 인간이 되기 위해서 알아야 하는 새로운 教理를 설명하는 데에『新人乃
天』과『새사람과 새한울』의 著述 및 刊行 目的을 두고 있었던 것이 아닐까
한다. 즉

> 우리 도에서 마땅히 고쳐야 할 것이 무엇이냐.
> 수운선생은 낡은 도를 고쳐 새도를 만들고져 천지개벽설을 주창하였고
> 해월선생은 낡은 법을 고쳐 새법을 만들고자 행아설 위설을 주창하였
> 고 의암선생은 낡은 습관을 고쳐 새습관을 만들고자 무천유천설을 주창
> 하였고 우리들은 낡은 제도를 고쳐 새제도를 만들고져 청수와 기도식을
> 폐지하고 연원제를 없애였다.
> 청수식과 기도식은 선천적 미신적이라 인내천주의에 맞지 않는 것이
> 오 연원제에 있어서도 선천적 편당적이라 인래천사상에 합지 못한 것이
> 다.76)

라고 하였듯이 水雲 崔濟愚는 道를, 海月 崔時亨은 法을, 義菴 孫秉熙는
習貫을 개혁해야 한다고 주장해온 것과 같이 종전의 制度를 새롭게 하여,
청수와 기도식을 폐지하고 연원제를 없애자고 하는 자신의 革新 주장이 온
당함을 표방하는 데에 著述 및 刊行 目的이 있었다고 생각된다. 그리고 자
신의 革新이 水雲·海月·義菴으로 이어져 내려와 이루어진 것임을 표방함
으로써 天道敎내에서의 그 자신의 위치를 공고히 함은 물론이고 그 革新의
내용에 대해 異端視해온 天道敎내의 反對派들에 대한 공격을 하고 있는 것
이라고 믿어진다. 또한 그는 청수식과 기도식이 '선천적 미신적'이고 연원
제가 '선천적 편당적'이라고 함으로써 모든 인내천주의 및 사상에 어긋난다
고 주장하였는데, 그의 이런 주장은 天道敎 反對派에서

> 大神師의 말씀 가운데 가장 힘잇는 것은 강화의교 그것이니 大神師는
> 一動一靜이 모든 것을 강화라 하는 創造的 사람의 교훈을 바다 행동한
> 것이라 즉 大神師는 現象的 사람과 創造的 사람을 갈나노코 現象的 사람
> 으로 항상 創造的 사람의 교훈에 의하야 一動一靜을 하게 된 것이라 그

---

76)『새사람과 새한울』, pp.64~65 ;『全集』上, pp.388~389.

리하야 心告라함은 現象的 사람이 創造的사람의 지도를 바듬을 이름이
라. 心告에는 두가지 다른 방식이 잇스니 하나는 보통 心告오 하나는 祈
禱라하는 것이라.[77]

라고 하여 淵源과 祈禱를 공인하고 이를 장려하고 있던 것과는 정면으로
상반되는 것이었다. 그러므로 吳知泳은 그의 反對派이자 舊派의 핵심인물
인 李敦化가 『人乃天-要義-』를 1924년에 刊行해서 反對派 나름대로의 教
理를 정리한 것에 대해서 반박을 꾀하면서 자신이 이끄는 天道教聯合會 측
의 教理가 옳고 또한 정통성을 갖는 것임을 밝히기 위해서 教理書인 『新人
乃天』과 『새사람과 새한울』을 著述하고 刊行해 냈던 것이 아닐까 싶다. 따
라서 그 題目도 李敦化의 『人乃天-要義-』에 반박하고 그 보다 새로운 것
을 밝힌다는 의도에서 『新人乃天』으로 하는 한편 漢字를 모르는 많은 이들
에게도 그 教理를 널리 알리기 위해 한글본을 내면서 그 제목도 그대로 번
역하여 『새사람과 새한울』이라고 하지 않았나 생각된다. 그리고 자신이 표
방하는 『新人乃天』에 입각한 天道가 『새사람과 새한울』의 종결 부분에서
天道教내의 反對派보다 우월하다는 것을 주장하는 데에 그치지 않고

　　우리 도보다 먼저 이 세상에 나온 도가 많이 있었다. 왈유도와 왈불도
　와 왈선도와 왈기독교 등 여러가지가 있었다. 그 도들은 선천적 사상으
　로써 그 유치한 인간들을 끌어가니만치 모든 반편적 수단으로써 나가
　지 아니할 수가 없었다. 그 도들은 다 각각 자기의 사상으로써 혹은 몸하
　나만을 위하는 이도 있고 혹은 마음하나만을 위하는 이도 있고 혹은 기
　하나만을 위하는 이도 있고 혹은 영하나만을 위하는 이도 있었다. 그리
　하여 그 도들은 스스로 사람의 자연주의를 떠나서 비인간적 딴 방면으로
　다라나는 폐가 없지 아니하다. 여기서 사람과 사람은 서로 각각 나누워
　인간은 스스로 고해가 되고 진세가 되고 지록이 되고 난세가 되었다. 유
　도에서는 배신(拜神)주의오 사대(事大)주의며 왕천하(王天下)의 도(道)로써
　인민을 호령하고 또 화와 이(華와 夷) 중화와 사이(中華와 四夷)(오랑케)
　라[78]

<hr>

77) 李敦化, 『人乃天-要義-』, 개벽사, 1924, p.203.
78) 『새사람과 새한울』, pp.65～66 ; 『全集』 上, pp.389～390.

라고 하여서 이 세상의 어떤 도와는 달리 선천적인 것이 아니고 사대가 아니며 왕천하가 아니라는 것이다. 또한 그 序文에 밝히고 있듯이 왕도주의가 아닌 인도주의, 피생주의가 아닌 차생주의요, 천선주의가 아닌 지선주의, 사후주의가 아닌 차생주의로서 평화의 세상을 만들게 해주는 도임을 내세우는 데까지 진전시켰던 것이라 보여진다.

그러면 이렇게 그가 先天的인 것을 극력 否定하며 現世에서 人道主義의 평화된 세상을 실현해보려고 했던 까닭은 어디에 있는 것일까. 이 점은 아마도 吳知泳 자신의 사회적인 처지 즉 앞서 밝힌 바와 같이 그가 몰락양반 출신으로 경제적으로 대단히 궁핍하였다는 사실과 연결되는 것이 아닐까 싶다. 요컨대 자신이 처해 있던 처지를 벗어나고자 하는 노력으로서 선천적인 것을 끝내 거부하며 현세에서 어떻게든 이상을 실현해보려는 革新的인 태도를 일생동안 견지했던 것으로 믿어진다. 그리하여 사망에 임박하여 최후로 남긴 遺書에서도 '불공평하고 불합이 한 것을 고쳐 …… 조흔 세상을 만들어 살기를 간절히 바라노라'고 하였던 것이라 하겠다.

4. 맺는 말

이상으로 吳知泳의 人物과 著作物에 대하여 살펴보았다. 여기서 얻어진 것을 요약하여 結語에 代身할까 한다.

吳知泳은 1868년에 몰락 양반 출신으로 태어나 83세로 1950년 사망하기까지 東學軍의 봉기 때에는 益山지방의 농민군의 지도부 중 중진으로서 활동했고 그후 主事職에 잠시 있었던 것을 제외하고는 주로 天道敎 중앙총부에서 간부직에 있으면서 활동하였다. 그렇지만 1922년 天道敎聯合會를 결성하여 天道敎의 革新派를 이끌면서 부터는 중앙 총부와는 손을 끊고, 滿州 이주를 통해 자신의 革新的인 土地 均等 分作의 理想을 실현해보려고 하는 등 독자적으로 활동해 나갔다.

그는 天道敎의 歷史書인 『東學史』와 敎理書인 『新人乃天』 및 『새사람과

새한울』을 저술하고 간행하였다.『東學史』의 저술과 간행은 天道教 내에서 자신의 처지를 공고히 하기 위해서 東學軍 조직 내에서의 자신의 활동을 부각시켜 자기 중심적으로 서술하였을 뿐만 아니라 天道教聯合會 결성을 통한 자신의 天道教 革新 運動이 정당하다는 것을 입증하려는 데에 목적이 있었다. 그리고 그런『東學史』의 저술 및 간행에 짝하여 教理的인 면에서 자신의 주장이 온당하다는 것을 밝히기 위해서 教理書인 국한문 혼용의『新人乃天』과 그것의 한글본인『새사람과 새한울』을 저술 간행하였던 것이다.

현재까지 吳知泳에 관한 간단한 약력이나 그의 저작물들에 대한 조사조차 학계에 보고된 바가 없었던 차에 이상과 같은 부족한 내용들이나마 밝혀 이 분야의 연구에 보탬이라도 된다면 다행이겠다.

(『東亞研究』19, 西江大 東亞研究所, 1989. 12)

제2장 吳知泳의 生涯와 그의 著述

1. 吳知泳의 生涯

吳知泳(1868. 8. 13～1950. 3. 1)은, 本貫이 海州로 父 載善과 母 郭氏(家系不明) 사이의 셋째 아들로 全羅北道 高敞郡 茂長縣 德林里에서 태어났다. 그의 家門에 대해서는 잘 알 수가 없다. 다만 자신이 「自敍傳」중 소년시절에 관해 다음과 같이 쓰고 있음에서 몇 가지 점을 헤아릴 수 있을 것 같다.

내 나이 일곱살적의 일이다. 나의 둘째 형님을 따라서 동리 한구석에 있는 한문서당에 글자를 배우러 다니게 되었었다. …… (중략) …… 저 애가 재주가 너무 많아서 아마도 단명할 염려가 있다고 하여 글방에 보내지 아니하고 그대로 내버려두었다. 아홉살로부터 열세살까지 그대로 글자를 놓아버렸다. 나는 사년동안이나 많은 기간에 글공부라고는 힘을 쓰지 아니하고 樵童牧豎들과 벗을 삼아 세월을 보냈었다. 그리하다가 내 나이 열네살 되던 해 신사년봄에 고창내 고촌이라는 곳으로 이사를 하게 되어 그곳 서당에 다시 입학하게 되었다. …… (중략) …… 나보다 먼저 대고풍자리로 있던 자들은 내가 지은 글을 자기네가 지은 글과 한 軸에 너어 고누기를 실어하여 일로써 나와 그자들사이에는 날마다 다툼질이 일어났다. 네가 만일 우리와 같이 한 축에다가 글을 고누고저 하거든 문턱 넘기는 式으로 한턱을 내라고 하였다. 그러나 나는 집안이 가난하여 한턱을 용이히 내일 수는 업고해서 그대로 끌어가며 한 축에 고누기를 강

硬히 主張하였다.[1]

이에 따르면 7세때 잠시 서당에 다니다가 학업이 중단된 후 4년동안이나 樵童과 어울려 지냈고 또 자신의 나이 14歲되던 辛巳年(1881년)에 (德林里에서) '고창내 고촌'으로 이사를 했다고 한다. 그리고 그후 재차 서당에 다니게 되었지만 선배들의 소위 「문턱넘기는式」 요구에 '집안이 가난하여 한턱을 용이히 내일 수'없었다고 술회하고 있다. 이런 사실들로 미루어 그의 家門은 兩班이었다고 하더라도 경제적으로 지극히 궁핍하여 거의 행세할 수 없으리 만치 몰락해 있었던 게 아닐까 싶다.

이같이 몰락해가는 가정 환경 속에서 그에게 깊은 영향을 끼쳤던 것은, 두 兄 河泳·時泳이었던 듯하다. 역시 그의 「自敍傳」을 보면

> 나의 어려서부터 내려온 이야기를 대강이라도 적어보면 이러하다. 내 나이 일곱살적의 일이다. 나의 둘째 형님을 따라서 동리 한 구석에 있는 한문서당에 글자를 배우러 다니게 되었다. …… (중략) …… 나의 큰형님과 서로 말하던 사이에 나의 작은 형님은 글방으로부터 집에 돌아왔다. …… (중략) …… 형님들 하는 말씀이 선생이면 다같은 선생이 아니라 글만 가르쳐 주는 선생의계는 그리까지 할 것은 없으니 너는 집에 돌아가자고 한다. 나는 일로부터 사람가르치는 학문이 차이가 있음을 깨닫게 되었다.[2]

라고 한 바와 같이 자신이 書堂에 다닐 수 있었던 것이 두 兄의 인도에 따른 것이었고, 그들의 가르침으로 '사람가리치는 학문이 차이가 있음을 깨닫게 되었다'고 술회할 정도로 두 兄이 소년시절 吳知泳의 學問 형성등에 미친 영향은 지대하였다.

이와 같이 형의 도움에 힘입어 書堂에 다닐 수 있게 되면서부터 공부한

1) 吳知泳, 「自敍傳」, 『批判』 11-3, 1940년 3월호, pp.43~47 ; 『吳知泳全集』(이하 『全集』으로 약하기로 함) 上, 亞細亞文化社, 1992, pp.406~410.
2) 『批判』 11-3, pp.43~46 ; 『全集』 上, pp.406~409

내용은「自敍傳」중에,

　　그해 봄에 이왕 배우던 모든 책을 다 읽어버렸고 그해 가을과 겨울에
통감 몇권과 四書를 읽었고 그 이듬해 내 나이 열다섯되던 壬午年봄에
詩書를 보았으며 그해 여름에 句글을 짓게 되었는데 初夏에 七言열네句
小古風을 짓다가 6月에 열여덜귀 大古風이라는 글을 짓게 되었다.[3]

　　라고 하였음에서 소상히 알 수가 있다. 즉『通鑑』·四書를 14세(1882년)
때,『詩經』과『書經』을 15세(1883년)에 떼고, 그 이후에는 小古風·大古風
등의 漢詩를 짓기 시작하였던 것이다. 이 때 닦은 漢學 실력은, 전 생애에
걸친 학문적 기틀이 되었던 게 아닐까 싶다. 이런 사실은 훗날『東學史』를
간행하면서 수 편의 漢詩를 넣고 있을 뿐만이 아니라, 鄭瑢根의『學明德尊』
에서 종종 찾을 수 있듯이 天道敎의 중앙 간부 시절에도 漢詩를 즐겨 지었
음에서 잘 알 수가 있다.[4]

　　그러던 그가, 東學에 入敎하게 된 것은 1891년이었다. 그 경위 등에 대해
그의「自敍傳」에는 다음과 같이 쓰여 있다.

　　내가 東學에 들던 때는 내 나이 이십사세되던 해 가을 조선이태왕 즉
위 이십팔년 八月 八日이었다. 그 때를 전후하여 세상은 발서 이미 크게
변경될 조짐이 들어났다. 전재지변과 인괴물타가 년복년으로 늘어가고
전만고에 듣지도 못하던 나라사람들이며 들에나 말에도 업던 기괴한 물
건이며 리언타설이 퍼저 돌아다니기 시작하였다. 이때에 있어서는 재래
로 있던 소위 종교니 도덕이니 정치니 법률이니 경제니 무엇무엇이니 하

---

3) 吳知泳,「自敍傳」,『批判』1940년 3월호, p.46 ;『全集』上, p.409.
4) 이 점은, 그의 益山 이주 후 줄곧 같은 동리에 살면서 의형제를 맺을 정도
　로 절친한 관계에 있었던 鄭瑢根이 日記體 文集인『學明德尊』의 곳곳에서
　『大學』등 儒敎 經典을 탐독했음을 밝혀 놓고 있을뿐더러 東學 入敎 후에도
　여전히 儒學者로서의 생활에 충실하려는 태도를 보이고 있는 것(拙稿,「解題」,
　『全集』上, pp.16~17 ; 同改題,「鄭瑢根의 人物과 著作物」, 本書 pp.107~109)
　과도 불가분의 관련이 있다고 생각된다. 즉 鄭瑢根이 그러하였듯이 東學의
　지도자가 되고 또 훗날 天道敎의 中央總部에서 고위 간부가 되고서도 思想
　的 基底에 儒敎的 素養이 깊게 드리워져 있었다고 하겠다.

는 것등도 그것을 그대로 두고 써볼 것은 하나도 업게될 것같이 보였
다.5)

이에 따르면 24세되던 1891年 8月 8日에 東學에 入教하였는데6), 당시에
「그대로 두고 써볼 것은 하나도 없게 될 것같이 보였다」고 할 정도로 현실
의 개혁을 절박하게 느끼고 있었다. 그 뒤 『東學史』에서 밝히고 있는 바와
같이 同年 同月에 고향 茂長縣에서 발생한 所謂 石佛秘訣事件에 형들과 함
께 연류되어 투옥되었다가 탈출하여 高敞을 떠났다.

그러고는 곧 妻家가 있던 益山으로 가서 民亂이 일어나자 都狀頭로 활약
하는등 東學 조직내에서 본격적으로 활동을 개시하였다.7) 이어 東學軍의 봉
기 때는 益山郡에 설치된 執綱所의 중견지도자로 활약하였다. 이런 사실은,
그와 의형제 사이였던 鄭琯根이 썼다고 믿어지는, 『天道敎月報』제189호(1926
년 9월호)「益山宗院沿革」에 1894년 益山에 執綱所의 大都會所가 설치되었
고 그 지도자 중에 吳知泳이 끼여 있었다고 쓰고 있음을 참고할 수 있다.

그 뒤 東學軍의 봉기에 참가한 이후의 활동상에 대해서는 웬일인지 기록
이 잘 찾아지지 않는다. 다만 『舊韓國官報』, 1901년 6월 3일字 기록에 咸鏡
北道 觀察府의 主事職에 임명되었다고 있다. 그러나 6日後 사직하고 말았
다.8)

1902년에 이르러 다시 益山으로 돌아가 그 지역 東學 지도자로 활약하면
서 종전부터 교류를 맺고 있었던 儒學者와 外國留學生 등과도 긴밀한 관계
를 유지하고 있었다. 이 점은, 『學明德尊』에 보면 泰仁의 武城書院에서 거행
된 詩會에 참가하기 위해 儒學者들과의 교류를 하는 한편 崔東曦 등 日本과

---

5) 『批判』 11-3, 1940년 3월호, pp.42~43 ; 『全集』 上, pp.405~406.
6) 그의 입교 날짜에 대해 天道敎聯合會의 문서인 「還元錄」에는 '布德三十二年
   辛卯(1891年 ; 筆者 註) 3月 12日에 入道하야' 라고 하여, 이와는 달리 기록되
   어 있다. 이러한 입교 날짜의 차이는, 그의 의형제 鄭琯根의 『學明德尊』에
   보면, 鄭琯根도 淵源 즉 入教引導者를 바꾸어서 再入敎했음(「地」, p.61 ; 『全
   集』 上, p. 178)로 미루어, 동일한 이유에서 비롯된 것으로 믿어진다.
7) 『東學史』 1940, p.105 ; 『全集』 上, p.127.
8) 同書 10卷, 亞細亞文化社, 1973, p.426.

美國 등지에 유학하거나 유람하고 돌아온 인사들과도 날을 지새며 대화를 나누었다는 데에서 알 수가 있다.

이런 경로를 통해 세계의 동향을 알게 된 그는, 1904年 孫秉熙가 日本에서 돌아와 東學을 天道敎로 개명하고 재정립을 꾀하자 이에 적극 가담하였다. 그리하여 1907年에는 道號인 源庵을 받았고, 1907年에는 益山敎區長이 되었다. 그 뒤 1909年에는 孫秉熙의 三南地方 시찰시 수행하여 그 소임을 다한 결과 능력을 인정받아 理文觀 書員을 거쳐 1911年에는 典制觀長이 됨으로써 中央總部의 핵심적인 간부가 되었다. 그러자 率家하여 京城으로 上京하여 京城府 壽松洞 43번지에 本籍을 두고 활동하게 된다.9)

그리고 이 무렵부터는 교육문제에도 많은 관심을 쏟았다. 즉 京城에서 湖南學會에 가입하여 『湖南學會月報』에 祝詞를 게재하였고, 鄭瑢根이 운영하고 있던 全州 所在 天道敎系 昌東學校의 學事문제에 관여하여 그 學校의 일을 널리 알리기 위해 『大韓新報』에 게재할 원고를 써주었다. 또한 中央總部에서 발행하던 『天道敎月報』의 編輯員이 되어서는 더욱 敎理 교육의 중요성을 강조하면서 집필에 열중하여 같은 내용의 글을 한문과 한글(한글로 작성된 부분은 『天道敎會月報』의 「언문부」에 실려 있다)로 동시에 발표하기도 했다.(이 당시에 발표된 글들의 목록이 뒤의 <表 2>이다)

이같이 여러 방면에 걸친 활동에 열중하던 중, 1919年 3·1運動은 그에게 큰 변화를 가져오는 계기가 되었던 듯하다. 종전에 중앙총부의 고위직에 머물면서 활동 영역을 넓혀가려던 것과는 달리 1920年부터는 天道敎聯合會를 창설하여 교계의 개혁을 부르짖으면서 독자적으로 활동해 나가기 시작했기 때문이다. 이 같은 데에는, 혹 天道敎 내에서 3·1運動의 뒷수습 방안을 둘러싸고 여러 사람들과 의견 대립이 있었기 때문이 아닌가 한다. 이러한 추정은 다음과 같은 사건기록으로 생각해 보았다.

1920年 2月 27日에 작성된 「崔東昊地方法院預審訊問調書」10)에 의하면, 그

---

9) 이상은 拙稿, 「吳知泳의 人物과 著作物」, 『東亞研究』 19, 西江大 東亞研究所, 1989, p.64 ; 本書, p. . 참조.

10) 市川正明編, 『三·一獨立運動』 第四卷 朝鮮獨立運動 別卷, 1984, p.338.

의 婿인 崔東昊가 1919年 5月 20日경에 자신11)이 관리하고 있던 天道教의 중앙총부에서 滿洲지역의 독립운동을 위해 보내려던 것 같다. 그러나 이 일이 발각되자, 조사 과정에서 자신은 강탈당했을 뿐이라고 진술하였다고 있다.12)

이 같은 태도는, 3 · 1運動 당시에 대대적인 검거 선풍에 의해 고통을 당했던 인물들에게 불만을 주었던 것 같다. 그와 의형제 관계이던 鄭瑢根이 구속되어 수감된 후 혹독한 고문을 받았다고 자신의 日記體 文集 『學明德尊』에 쓰면서도 吳知泳에 대해서는 일언반구도 언급이 없고 또 이 사건이후부터는 둘의 사이가 소원해졌던 것이다.

이런 관계로 많은 사람들과의 반목이 깊어지자, 자신의 결백을 입증하기 위해 教界의 혁신을 주장하면서 그 사람들에게 비난을 퍼붓기 시작했다. 이 당시에 제시된 교계 혁신의 방안은, 자신이 직접 작성했던 의결안 중 다음과 같은 공약장에서 잘 드러나 있다.

　一. 迷信的 宗教式은 打破하고 人本道德을 創明할 일
　一. 偏黨的 淵源制는 打破하고 大衆解放에 努力할 일
　一. 階級的 差別制는 打破하고 平等生活을 令圖할 일13)

이에서 알 수 있는 바와 같이 天道教聯合會 결성의 목적은, 淵源制(天道教에 入教하려면 引導者의 보증이 있어야 한다는 제도)로 말미암아 교인들 사이에 세력이 만들어지게 되니까, 이를 타파하고 地方分權的인 교회를 이루고 또 階級的 差別制를 탈피하여 平等生活을 도모할 수 있도록 하자는 것이었다.

그렇지만 제대로 자신의 뜻이 관철되지 못하자, 그는 滿洲로 집단 이민에 앞장섰던 것 같다. 이 때의 생활은 『東亞日報』 1926年 9月 9日字 기사에 잘 나타나 있다. 이에 따르면 耕作地가 없었던 天道教聯合會의 교인들이 滿洲

---

11) 이 기록에는 그의 이름을 「智泳」으로 쓰고 있지만, 「知」는 종종 「智」로 표기되기도 하여 같은 사람일 것으로 짐작된다.

12) 同書, p.341.

13) 『東學史』, 1940, p.236 ; 『全集』上, 1992, p.258.

에 이주한 뒤 吳知泳 등을 중심으로 집단 농장을 형성하고 農土를 개간하면서 均一한 農土 分配를 목표로 생활하고 있었다고 한다.

그러나 소기의 목적이 끝내 달성되지 못하자, 吳知泳은 1935年 11月에 京城으로 다시 돌아오고 말았다. 비록 실패하고 돌아오고 말았지만 滿洲에서의 농경 생활에 대해 못내 아쉬움을 지니고 있었던 듯하다. 이 점은 在滿시절을 회상하면서 쓴 「滿洲의 풍토」(『野談』1944年 8月號)에서

이상은 다 몇천만쌍 지기로서 장금에도 개간지로 있는 것이오 기타의 것은 몇십몇백쌍이란 토지가 무진당으로 널려있다. 조선서 같으면 아직도 개간할 것이 몇천몇만쌍으로 계산하고도 남음이 있다. 이것은 다 지세가 평탄하고 수리와 관계가 넉넉한 곳을 가르쳐 한 말이오 조선서와 같이 산꼴에 있는 별똥박이나 동리근처에 있는 봉천답류는 계산도 아니 하였다.14)

라고 하여 만주에서의 생활을 미화하고 있음에서 역력히 나타나 있다 하겠다.

한편 京城으로 돌아와 활동을 재개한 그는, 조카 洪根, 同志 柳公三 등의 도움을 받아 1936年에는 『新人乃天』, 『새사람과 새한울』을 그리고 1940年에는 『東學史』를 각각 간행하였다. 또 1940年 3月에도 월간지 『批判』에 「自敍傳」15)을 싣는 동시에 『東學史』의 일부분을 간략히 소개하였다. 그 후 1943年부터 『野談』誌에 글을 써서 발표하는 등의 문필활동을 하였다.

더욱이 『野談』 1943年 3月號에 舊韓末 全羅道 長城 출신의 儒學者인 蘆沙 奇正鎭의 傳記인 「奇蘆沙略傳」을 실었는데, 그 附記를 보면

源庵先生은 여러분도 익히 아시는 바 東學黨의 元老이며 또한 過年에 발행된 東學史의 筆者이시다. 이번 本社는 79의 고령으로 건필을 휘둘은

---

14) 同誌, pp.28~29 ; 『全集』下, 1992, pp.457~458.
15) 이 서문에는 그 작성이 1939年 12月에 이루어졌음이 밝혀져 있고 또 副題는 '東學에 들기이전 어려서 이야기'로 이후 연재하도록 되었던 모양이나, 同誌가 그 직후 폐간되어 더 이상 계속되지는 못했던 것 같다.

선생의 귀중한 옥고를 얻게 된 것을 영광으로 생각하는 바이며 앞으로
매월 계속하여 세상에 발표하겠다.[16]

고 있음에서 당시 79歲의 고령에도 불구하고 『野談』에 글을 매월 연재키
로 약속을 하였던 듯하다. 그러나 조사해보면 매월 연재하지는 못했다. 그렇
더라도 이후 간간이 연재하여 1944年 8月무렵까지 도합 18編의 글을 게재하
였음이 확인된다(이 내용에 대해서는 뒤에서 분석해보도록 하겠다).

그후 8·15 해방이 되고, 특히 1946年 2月 15·16日 民主主義民族戰線이
결성되자 거기서 활동하였다. 「民主主義民族戰線結成大會議事錄」(同戰線宣
傳部, 1946)에 따르면 無所屬으로 참석하여, 臨時執行部의 15人 共同議長 중
의 1人으로 선출되고 있고, 또 中央委員도 되어 있었다.[17] 그리고 『解放以後
朝鮮內主要日誌』에는 '8月 4日 東學黨聯盟結成後 準備委員會開催'[18]라 했
는데, 『韓國政治年表』(1945~1979)에 보면, 위와 같은 달에 '東學黨聯盟準備
委員會 開催(吳知泳중심)'이라 하였음을 알 수 있다.[19] 이는 民主主義民族戰
線 내에서 자신의 위치를 공고히 하기 위해, 자신의 예하 조직인 東學黨을
결성하였던 게 아닐까 싶다.

하지만 그 활동도 자금난 등으로 지속되지 못한 듯하다. 그 후 고령인데
다가 1948年경 교통수단이 원활하지 못함에 트럭을 타고 가다가 허리부상
까지 당해 정상적인 생활이 어렵게 되면서부터(후손들의 증언에 따름) 더욱
그 활동이 위축되었다. 그래서 1949年 5月 3日 益山 咸悅에서 개최된 天道教
聯合會 臨時總會에도 참석치 못했다. 그러나 同 聯合會측의 제안을 받아들
여 그해 가을 서울 龍頭洞 전셋집에서 益山 咸悅 所在 同 聯合會의 건물로
이주해버렸다. 그 후 심해진 병환으로 결국 1950年 3月 1日 오전 2時에 영면
하고 말았다. 향년은 83歲였다.

---

16) 同誌, p.24 ; 『全集』 下, 1992, p.395.
17) 同書, p.14, p.22 및 p.104. 그리고 이 사실들은 民主主義民族戰線 編輯, 『朝鮮解
　　放年報』 10, 1946, p.130에도 보인다.
18) 朴熙永編, 1946, 권10, p.37.
19) 국가보위입법회의도서관 입법참고자료 第218號, 1980, p.25.

2. 吳知泳의 著書

吳知泳의 著作物 중 著書로 먼저 『東學史』의 草稿本 및 刊行本, 『新人乃天』, 『새사람과 새한울』이 있다.

『東學史』의 草稿本은 全四冊으로 현재 國史編纂委員會에 所藏되어 있다. 그 第一冊은 裏面紙를 사용하여 製冊된 것으로, 그 이면에 洽彌賓 馬車協會의 선전문구가 인쇄되어 있다. 이로 미루어 吳知泳이 滿洲로 이주갔던 1926年이후에 그 지역에서 정리되었던 것으로 보인다. 그리고 각 책의 표지에는 朝鮮總督府 朝鮮史編修會의 구입 도장이 찍혀 있고, 구입날짜가 1938年 9月 9日로 되어 있으므로, 吳知泳이 滿洲 거주 시에 작성했던 것을 朝鮮史編修會에서 구입하였던 것 같다.

내용을 刊行本과 비교해보면, 草稿本을 토대로 해서 刊行本이 출판되기는 했으나 또 草稿本을 그대로 간행한 것 같지 않고 내용을 수정한 것임을 알 수 있다. 이와 관련하여서는 『批判』 1940年 3月號에 『東學史』의 일부를 전재하면서 편집자가 그를 소개하는 글에서 다음과 같이 쓰고 있음이 주목된다.

> 先生이 <東學史>를 執筆하기 爲하여 三個星霜을 昔日의 戰場을 일일이 歷巡하여 지나간 記憶을 새롭게 하며 感興을 强烈케 執筆한 것이다.[20]

이를 보면 만주에서 돌아와 3년에 걸쳐 현장 답사를 새로이 하고 '지나간 기억을 새롭게 하며 감흥을 강렬케 하여'라고 있어, 草稿本을 재정리해서 『東學史』를 간행하였음이 틀림없다고 하겠다. 또 이같이 자신의 '감흥을 강렬케 하여' 서술했음으로 해서, 刊行할 때 『歷史小說 東學史』라 했지 않았을까 생각되므로, 인용할 적에는 신중을 요한다.

실제로 草稿本의 내용을 刊行本의 그것과 대조해 보아도 草稿本에 비해 刊行本에서는 자신의 활동과 관련된 대목에 있어서는 특히 자신을 부각시

---

20) 『批判』 11-3, 1940年 3月號, p.14 ; 『全集』 上, p.393.

켰고, 또 天道敎내에서의 자신의 위치를 손상시킬 우려가 있는 사실은 누락
시키거나 사실과 다르게 서술한 부분도 상당수가 있음을 알 수 있다.[21]

그것은 무엇 때문이었을까. 그것은 당시에 天道敎내에서 그가 직면해있
던 처지와 불가분의 관계가 있는 것 같다. 즉 1935年에 만주로부터 京城에
돌아왔을 때, 그와 대립되어 있던 李敦化를 비롯한 舊派들은 이미 『天道敎
創建史』 등을 간행함으로써 天道敎내의 新·舊派간의 대립과 분파의 책임
이 오로지 吳知泳 등 이른바 新派에게 있는 것으로 서술하여 곤경에 몰아넣
고 있었다. 이 같은 天道敎내 舊派들의 공격은 그와 天道敎聯合會 회원들을
자극하였던 것 같다.

이 때문에 『東學史』의 간행을 서두르게 되어 自序를 쓰는 등의 작업을 마
쳐 1940年 『東學史』를 간행하기에 이르렀던 것이다. 말하자면 吳知泳이 『東
學史』를 간행하게 되는 목적은, 자신의 주장이 지극히 온당한 것임을 밝힘
으로써 天道敎내의 반대파의 주장에 대해 반박하고자 함에 있었다고 생각
된다. 특히 이 점은 그의 自序 가운데,

> 東學의 도가 이 세상에 나온지 기십년동안 그 도를 하느라고 칭하는
> 자 수십종의 각파를 통하여 그수 자못 누백만인구에 달하였다. 말로는
> 비록 그 도를 하느라고 과장하는 자 많으나 그 도의 정체를 알고 육신적
> 윤리만을 말하는 자도 있고 혹은 불의 재생으로 알고 영적 생명만을 말
> 하는 자도 있고 혹은 선의 부흥으로 알고 기적 환상만을 말하는 혹은 어
> 떤 정치설로 알고 말하는 자도 있어 천태만상의 기괴한 현상으로써 만언
> 사람을 유혹한 폐가 없지 아니하였다. 그것을 다 도라고 이를진대 東學
> 의 도는 그 정체를 어느 곳에서 찾일는지 그것이 걱정이다.[22]

라고 한 데에서 잘 알 수가 있다. 그러니까 吳知泳은 『東學史』의 간행을
통해서 天道敎 舊派쪽의 주장에 끌린 신도들에게 자기의 주장이 무엇인지
를 알려 자신의 주장이 온당하고 또 자신의 활동이 정당하다는 것을 나타내

---

21) 자세한 대조는 拙稿, 「吳知泳의 人物과 著作物」, 『東亞研究』 19, 1989, pp.79 ~
   94 ; 本書, pp.33~72를 참조해주길 바란다.
22) 『東學史』, 1940, pp.4~5 ; 『全集』 上, pp.10~11.

려고 했던 것이라 여겨진다.

그렇지만 이 같은 목적은『東學史』자체의 간행만으로는 충족되기가 어려 웠다. 특히 敎理面에 있어서 자신의 주장을 충분히 입증했다고 보여지지 않 았다. 이런 점을 보완하기 위해『東學史』에 짝해 敎理書의 저술과 간행을 꾀하였다. 바로 그것이『新人乃天』과『새사람과 새한울』이었다.

『새사람과 새한울』의 서문은 1927年에 썼으며, 또『新人乃天』의 간행은 1936年에 이루어진 것으로 보인다.23) 이같이『새사람과 새한울』의 저술 및 『新人乃天』의 간행이 『東學史』의 草稿本 저술(1925年)과 刊行本의 간행 (1940年) 시기에 근접하여 이루어졌음은, 天道敎 歷史書로서의『東學史』에 짝하여 敎理書로서 그것들이 저술되고 간행되었음을 보여주는 것 같다. 물 론 이들의 저술 및 간행은, 吳知泳이『天道敎月報』의 편집원으로서 게재하 였던 天道敎 敎理관계의 140餘編의 글을 토대로 하여 이루어진 것이었다. 따라서 제목에서 가늠할 수 있듯이『새사람과 새한울』은, 국한문 혼용본인 『新人乃天』의 한글본이라고 할 수 있을 것이다. 그리고 국한문 혼용본인 『新人乃天』과 별도로 한글본『새사람과 새한울』을 간행한 이유는, 漢文에 익숙치 못한 이들도 쉽게 그 敎理를 이해할 수 있도록 하기 위한 것이라고 여겨진다.24)

이같은『새사람과 새한울』과『新人乃天』의 저술과 간행 목적은, 그 자신이

> 우리 도에서 마땅히 고쳐야 할 것이 무엇이냐. 수운선생은 낡은 도를 고쳐 새도를 만들고져 천지개벽설을 주장하였고 해월선생은 낡은 법을 고쳐 새법을 만들고자 행아설위설을 주장하였고 의암선생은 낡은 습관 을 고쳐 새 습관을 만들고자 무천유천설을 주장하였고 우리들은 낡은 제 도를 고쳐 새제도를 만들고져 청수와 기도식을 폐지하고 연원제를 없애 였다. 청수식과 기도식은 선천적 미신적이라 인내천주의에 맞지 않는 것 이오 연원제에 있어서도 선천적 편당적이라 인내천사상에 합치 못한 것

---

23)『全集』, 1992. 所收의 각기 序文 참조.

24) 이 점은 拙稿,「吳知泳의 人物과 著作物」,『東亞研究』19, 1989, pp.99~101 ; 本 書, pp.36~38에 두 책의 목차를 비교해서 表로 제시하고 자세히 언급하였으니 이를 참조하기 바람.

이다.25)

라고 하였음에서 알 수 있을 것 같다. 즉 水雲 崔濟愚는 道를, 海月 崔時亨은 法을, 義庵 孫秉熙는 習慣을 개혁해야 한다고 주장해온 것과 같이 종전의 制度를 새롭게 하여 '선천적 미신적'인 淸水와 기도식을 폐지하고, '선천적 편당적'인 淵源制를 없애자고 하는 자신의 주장이 온당함을 표방하려는 데에 있었던 것이라고 생각된다.

그러면 이같이 그가 선천적인 것을 극력 부정하며 혁신을 부르짖었던 까닭은 어디에 있었을까. 이 점은, 아마도 그 자신의 사회적인 처지─요컨대 앞서 밝힌 바와 같이 그가 몰락 兩班 출신으로 경제적으로 대단히 궁핍했다는 것과 깊은 관련이 있는 게 아닐까 싶다. 이런 추정은, 다음에서 언급하는 바와 같이 1943~1944년에 『野談』에 게재한 글에 등장하는 인물들이 한결같이 그와 같은 사회경제적인 처지에 있었다는 점으로 뒷받침될 수 있지 않을까 한다. 말하자면, 野談의 형식을 빌어, 자신과 유사한 처지에 있는 주인공을 등장시켜 그를 통해 바로 그 자신이 하고픈 이야기를 했다고 생각되는 것이다.

3. 吳知泳의 雜誌 寄稿文

吳知泳의 저술에는, 지금까지 살펴본 著書외에도 『天道敎會月報』에 실린 글과 『野談』에 실린 글들이 더 있다.

이 중에서도 『天道敎會月報』에 실린 글들은, 앞서 잠시 언급한 바대로 『새사람과 새한울』과 『新人乃天』의 저술 및 간행에 토대가 되었던 것 같다. 『天道敎月報』14輯 (1911年 9月號)에 보이는 「광제창생하는 약」과 『新人乃天』의 「廣濟蒼生」을 비교해 보면 제목은 물론 내용도 大同小異함을 알 수 있으므로 『새사람과 새한울』과 『新人乃天』의 각 章에 편제된 내용들이 대부분 『天道敎月報』에서 이미 다룬 것들이라고 보여지기 때문이다.

---

25) 『새사람과 새한울』, pp.64~65 ; 『全集』上, pp.388~389.

이외에 또 하나의 주목해야 할 사실은, 『天道教月報』104輯(1919年 4月號)에 「정성이 지극하면 한우님이 감동」이란 글이 한글로 게재됨과 동시에 그것이 「至誠은 感天」이란 題名으로 국한문혼용체로 재차 게재되고 있다는 것이다. 이러한 예를 통해 한문으로 서술한 글을 싣는 동시에 「언문부」에 동일한 내용을 한글로도 게재하고 있음을 지적할 수 있다. 이는 아마도 한문에 익숙치 못한 이들에게까지 자신의 주장을 전파하기 위해서였던 듯하다.

한편 『野談』에 게재한 글들의 내용을 알기 위해 우선 그 내용 목록을 表로 작성하여 보면 다음의 <表 1>과 같다.

이 <表 1>을 토대로 살펴보면, 『野談』에 게재했던 글들의 특징으로는 우선 주 관심이 天道教 教理의 전파에 있음을 들여야 하겠다. 이런 의도를 단적으로 드러내주는 대목은 특히 「至誠이면 感天」중에서도

<표 1> 吳知泳의 『野談』 揭載文 目錄

일렬번호	年·月號	編輯上의 區分	題目
1	1943年 3月號	儒道逸士	奇蘆沙甼傳
2	1943年 4月號	源庵野乘集	人品은 것보다 안에 있다
3	1943年 4月號	源庵野乘集	至誠이 感天
4	1943年 5月號	源庵野乘集	宰相의 遺言
5	1943年 5月號	源庵野乘集	奇椽奇遇
6	1943年 7月號	特選野談	花盆大破
7	1943年 7月號	卷間民譚	酒幕의 烈女
8	1943年 8月號	中國異說	陸地仙經
9	1943年 9月號	近世野談	수문영웅
10	1943年 10月號	源庵野乘	怨鬼가 援助
11	1943年 10月號	源庵野乘	精誠의 結實
12	1943年 11月號	羅州民譚	傑物은 아니다
13	1943年 11月號	中國奇談	人化 駒變
14	1944年 1月號	明朗野談	실없는 양반
15	1944年 6月號	短篇譚物	路上奇談
16	1944年 7月號	傳說	路上奇談(續)
17	1944年 7月號	特選野談	三僧一女
18	1944年 8月號	隨筆	滿洲의 風土

정성은 하누님께 들이되 축원은 수, 부, 귀, 다남자 네가지로써 하고
우리 양주 일평생을 두고 매일 한밤중마다 정화수 한동의를 지러다 놓고
한울님게 비로보기로 하자26)

라고 한 것이라 하겠다. 이외에도 「奇緣奇遇」(5 : 이하 괄호안의 숫자는
<表 1>의 일련번호를 가리킴)이나 「精誠의 結實」(11)등에서는 정화수를
떠놓고 열심히 지성을 드려 효험이 나타났음을 강조하고 있음은 물론 「陸
地仙經」(8), 「人化駒變」(13), 「三僧一女」(17) 등에서는 道士라든가 僧侶를 등
장시켜 儒·佛·仙 合一을 설명하고 있음을 들 수 있다. 이 같은 대목들은
모두, 이 글의 저술이 天道敎 敎理의 전파에 목적을 두고 있었음을 엿보게
해주는 것이라 하겠다.27)

이 같은 天道敎 敎理관계외에『野談』에 게재한 글 중에는, 자신의 思想的
基底등에 관해 언급하고 있는 대목들이 주목된다. 우선 자신의 思想的 基底
와 사회적 처지를 드러내주는 글로 「奇蘆沙略傳」(1), 「수문영웅」(9), 「실없는
兩班」(14) 등을 들 수 있지 않나 한다. 이 중 「奇蘆沙略傳」에서는 全羅道 長
城 출신의 儒學者인 奇正鎭의 一代記를 쓴 뒤,

과연 기노사선생은 다만 글만 읽은 선비가 아니라 자기의 자각으로
얻은 바가 있는 큰 학자라고 본인은 그렇게 생각하는 바이다28)

라 하여 자신의 견해를 덧붙이고 있다. 이같이 奇正鎭을 높이 평가했던 것
은 그가 東學 入敎이전에 儒學을 공부했고 또 그 후에도 儒學者들과 긴밀한
관계를 유지하고 있었던 점으로 미루어 자신이 奇正鎭의 학문적 영향을 깊

---

26)『野談』1943年 4月號, p.43 ;『全集』下, p.401.
27) 다만 이 당시의 天道敎 敎理 설명에서 1920年代의 그의 주장과 비교해서 한가
지 변화된 것은, '淸水'즉 정화수를 떠놓고 기도를 올리는 것을 처음과는 달리
적극 옹호하고 있다는 점이다.『새사람과 새한울』에서 그토록 '선천적 미신
적'인 것이라고 하여 폐지를 주장하였던 이 '청수'를 이 때에 와서는 적극 옹
호하고 있음은, 민간에 접근하기 쉬운 방법을 택해서 傳敎를 보다 원활히 하
기 위함이었던 듯하다.
28)『野談』1943年 3月號, p.24 ;『全集』下, p.395.

이 받았던 때문이 아니었을까 싶다.

더욱이 「수문영웅」(9)에서 상민 신분의 김돌석이란 인물을 등장시켜

오성(이항복)하는 말이 '그 일은 어찌하면 좋을까' '세운이라 할 수 없네. 그 兩班으로 인해서 망하네. 자네가 그와 같이 애를 쓰니 이 앞으로 이렇게나 하여보게'하고 몇마디를 첨부하고 그대로 어데로인지 다라나고 말었다.29)

라 하여서 兩班에 대해 비난을 퍼붓고 또 『野談』1944年 1月號의 「실없는 兩班」(14)에서 상민인 김동지가 兩班인 이화백에게 빼앗겼던 토지를 되찾게 된다는 얘기를 통해서 경작자인 상민들이 토지를 소유케 해야 한다는 주장을 드러내고 있다. 즉 兩班들 대신 실제 경작자인 상민들만이 소유케 함으로써, 자신의 토지 개혁 방안인 '土地의 平均 分作'을 이루려는 것이었다.30)

특히 『野談』에 실린 글에서 주목을 끄는 것 중의 하나는, 1944年 7月, 8月號에 연속해서 실었던 「路上奇談」(16)이라 하겠다. 이 글에서는 1894年 東學軍 진압을 사명으로 띠고 파견된 魚允中이 주인공으로서, 路上에서 만난 노인과 대화를 나누는 대목이 나온다. 이 얘기의 맨 끝에서 노인이

이윽고 한노인이 드러오며 하는 말이 '그렇게도 잊었단말인가 아무해에 아모데서 작별할 때 하든 말을 잊었는가 오늘 이시간이 그때 말하든 그 시간이 안인가'한다. 안렴사는 일변은 반가웁고 일변은 놀라워서 항망히 이러서며 절을 하고 그동안 적조한 인사를 한 후 '이 일을 장차 어찌하면 좋는지요'라고 무렀다. '내임이 이일을 있을줄을 아렀다. 이것이 모다 천운이니 그리알고 부대경솔이 하지말라'한 말을 부탁할 뿐 그리고는 나는 가노라하고 작별하는 것이다31)

라 하여, 東學軍의 봉기가 천운이니 진압에 경솔히 대들지 말 것을 요구

---

29) 『野談』1943年 9月號, p.80 ; 『全集』下, p.428.
30) 拙稿, 「吳知泳의 人物과 著作物」, 『東亞研究』 19, 1989, pp.93～94 ; 本書, pp.73～74 참조.
31) 『野談』1944年 7月號, p.33 ; 『全集』下, 1992, p.455.

하고 있음에 주의할 필요가 있을 것 같다. 이 노인의 입을 빌어 한 이 얘기는 『野談』의 여느 글에서와 마찬가지로 자신의 견해였을 듯싶기 때문이다.

이를 통해 자신이 東學軍의 일원으로 1894年의 봉기에 가담했으나 東學軍이 패배한 후 정부측에 의해 많은 사람들이 가혹한 처벌을 받지 않기를 바라고 있었던 게 아닐까 한다. 요컨데 이러한 『野談』 揭載文들은 비록 뒷날에 쓰여진 것이긴 하나 東學軍 執綱所 실무진의 일원으로 활약한 바가 있던 吳知泳의 일생의 한 단면을 잘 나타내주고 있는 것이라 생각된다.

(『吳知泳全集』上, 亞細亞文化社, 1992)

〈表 2〉『天道敎月報』揭載文 目錄

일련 번호	호수	발행 연월일	제 목	페이지
1	1	1910, 8	祝辭	2下
2			次韻 源庵 吳知泳	42下
3	2	9	道者心之正理(도는 마음의 바른 리치)	32下
4			侍者問答(시자문답)	35上
5	3	10	상동	22上
6	6	1911, 1	상동(續)(시즈문답)	31下
7	7	2	부인계에 디하야	39上
8	10	5	(講演)포덕텬하는 말삼	27下
9			源庵 吳知泳	40下
10	11	6	입교하는 처음날 싱각 홀 일	55上
11	12	7	마옴 직혀야 포텬되는 법	46下
12	13	8	祝辭	8下
13			텬디간에 귀신은 하나쑨	68下
14	14	9	광졔계챵싱하는 약	53上
15	16	11	내마옴을 속히면 흐울님을 속힘	62下
16	17	12	한우님게 들이는 졍셩을 스룸에게 들임	67上
17	18	1912, 1	연원과 연비	56上
18	19	2	詞藻	49上
19	20	3	쯧과 일이 갓지 못흔 리유	52上
20	21	4	종교의 통일	53下
21	22	5	포덕홀 방침	54下
22	23	6	식코에 도통하는 리치가 잇슴	45下
23	24	7	세계극낙셜	45下
24	24	7	흔우님은 지공무 스홈	36上
25	25	8	(詞藻)三淸洞占韻	50下
26	26	9	내 병은 내가 곳쳐야 홀 일	48下
27	27	10	도직히는 스룸	50下
28	28	11	한울도를 하는 쟈는 한울리치를 순히 흠	
29	29	12	도에 말슴	54上
			한우님으로 보면 세계가 한집(한우님눈으로 보면 온 세상이 다 한집안)	
30	30	1913, 1	시히 시복은 시사룸 시졍셩	50下
31	31	2	스십구일 긔도하는 마음	3上

32	32	3	화복의 이야기	1上
33	33	4	열석ᄌ 지극ᄒ면	22上
34	34	5	교셩 속에셔 희락이 싱기ᄂ 일	5下
35	37	8	3주기 축사	17 .
36			ᄆᄂᄌ마에서 더 큰마가 엄슴	6上
37	38	9	한우님 덕과 스승의 은혜	6下
38	39	10	한울의 도ᄂ 한아쑌	6上
39	41	12	긔도ᄒ던 마음	4上
40	42	1914. 1	당당졍리 발켜너여	5上
41	43	2	녯젹 습관을 바리지안이 ᄒ면 싀복을 어이ᄒ리	5上
43	44	3	한우님은 츰 가히 무셔워	6下
44	45	4	대신ᄉ와 내가 본러 둘이 안임	5下
45	46	5	교잘밋ᄂ 사롬을 무엇으로써 보냐뇨	4下
46	47	6	신사의 영긔를 가히 알 일	14下
47	48	7	대교구 셜시에 ᄃᄒ야	1上
48	49	8	교인된 쟈-스승의 훈계를 억의면	5下
49	50	9	마음으로써 마음을 밧구어	5下
50	51	10	븩오일 긔도에 ᄃᄒ야	5下
51	52	11	츰 이라야	5下
52	53	12	마음을 잘 먹어야 홀 일	5下
53	54	1915. 1	조화	4上
54	55	2	밋기만 밋을진더	5上
55			한우님 쑷을 알아야 한우님 말숨을 들어	5下
56	57	4	턴민보록에 ᄃᄒ야	5上
57	58	5	한우님이 인증홀 만한 신쟈	7上
58		6	시험밧아 보시여	6上
59	60	7	우리의 셔로 화합ᄒᄂ 방법	6下
60	61	8	南州教況一斑	38下
61			三淸洞	45上
62			교 밋ᄂ 법을 한가지로	7上
63	62	9	싄고가 지극ᄒ여야 한우님을 보아	6上
64			弔嗚呼 金煉九氏	39上
65	63	10	특별흔 졍셩으로	5上
66	64	11	한우님을 허락을 밧을만흔 신쟈	1上
67	65	12	너가 나를 못속이여	5上

68	66	1916, 1	시회에 시마음은 오만년의 정신	5下
69	67	2	우리 교는 세계에 큰 상셔	5上
70	68	3	죽게 될 쎄에 한우님 아니불으는 이 업셔	5上
71	69	4	텬훈을 밧는 사룸	4下
72	70	5	사룸이 사룸된 근본을	5上

제3장 鄭瑢根의 人物과 著作物

1. 鄭瑢根의 人物

鄭瑢根(1873~1938)은 1894년 東學軍의 봉기 때 益山地方 執綱所의 실무 담당자로 참가하고, 東學의 首接主·大接主를 역임한 인물이었다. 그후 昌東學校 設立에 참여하고 天道敎의 益山 敎區長 및 中央摠部 監査正을 지냈다.

鄭瑢根의 字는 文振, 天道敎의 道號는 槩菴이었다. 그리고 戶籍에는 斗采, 東學에서는 亮采라는 이름을 사용하였다. 瑢根이란 이름은 1900년 宮內府 主事職에 나가면서 새로 지어 사용하였던 것 같다. 1873년 陰曆 11월 1일에 全北 益山郡 北一面 新里 387番地에서 父 淳敬과 母 南陽洪氏 夫人(父名 : 鍾直) 사이에 장남으로 태어났다.

本貫은 河東으로, 始祖 鄭道正의 27代孫이었고 朝鮮初의 大學者 鄭麟趾를 중시조로 하는 文成公派 중에서도 參判公派에 속하였다. 그의 祖上 중 鄭麟趾가 文臣이었던 것을 제외하고는 17代子孫까지 모두 武科及第를 하여 武臣으로 活躍하고, 그 이후로 18代孫 澤雷는 壯元及第한 進士, 19代孫 壽世는 成均館 進士를 지내는 등 文臣을 배출한 家門이었다. 그러나 그의 5代祖인 遂斌은 官職을 지내지 못했던 것 같고, 이후 그의 高祖 富烈은 贈通政大夫軍資監正, 曾祖 枉(在)成은 贈工曹參議, 祖 周鉉은 贈朝奉大夫·童蒙敎官을 지내 모두 贈職을 받았으며 父의 관직이 前部正에 머물던 것으로 미루어

後代로 내려올수록 中央 高位官職者를 배출하지 못한 兩班 家門이었던 것 같다.

그럼에도 불구하고 鄭瑢根은 자신의 家門에 대해 항상 대단한 자부심을 지니고 있었다. 그러기에 1930년『益山郡邑誌』가 編纂될 때, 자신의 8·7·6代祖의 陰仕와 逸行, 高祖·祖·父의 孝行 그리고 祖母의 烈行 등의 사실을 삽입하였을 뿐만 아니라 1927년「河東鄭氏文獻抄略」을 만들어서 聞菴 吳世昌의 篆字를 받아 題名할 정도였다. 鄭瑢根이 이토록 양반 출신인 先祖들의 업적을 선양하려는 데에 애착이 강했다는 것은 그의 신분의식 때문이라고 생각된다. 따라서 자신이 兩班出身이라는 점을 늘 자랑스럽게 여기면서 활동하는 그의 例를 통해 東學 지도자의 신분관 혹은 신분의식의 一端을 가늠해 볼 수도 있지 않나 한다.

그는 자신이 1894년 3월 13일에 東學에 入敎하였다고 日記인『學明德尊』에서 스스로 밝히고 있다. 그러니까 20세가 되기 이전 즉 1893년까지는 儒學만을 공부하면서 立身揚名에 주력하다가, 반발하는 民亂을 직·간접적으로 체험하게 되면서 현실 문제에 눈을 뜨고 東學에 入敎하였던 것으로 보여진다. 그가 東學에 入敎하게 된 것은, 이미 東學에 있던 外堂叔 金國炫, 父 淳敬 그리고 源菴 吳知泳의 영향이 컸던 것같다.

金國炫은 뒷날, 1905년 益山 進步會 사건의 주모자로 絞首刑에 처해질 때까지, 鄭瑢根을 이끌어 주었던 인물이었다. 父 淳敬은 1894년 8월 이미 東學 내에서 敎長職을 맡고 있었던 것으로 미루어, 먼저 入敎하여 자 瑢根에게 큰 영향을 끼쳤을 것이다. 그리고 源菴 吳知泳은, 1892년 고향인 高敞에서 民亂 주도 혐의로 추적받게 되자, 妻家가 있던 益山郡 北一面 新里로 와 活動하게 되면서 같은 동리에 거주하게 되었고 5세 연상이어서 鄭瑢根을 보살펴 주었다. 두 사람은 1922년 吳知泳이 天道敎聯合會를 결성하기까지 거의 매일같이 만났고 혹 떨어져 있더라도 수시로 편지를 주고 받을 정도로 밀접한 관계를 유지하였다. 이러한 人物들의 영향으로 東學에 入敎한 그는 東學軍의 봉기 때 北接 소속의「前部接兼接司」를 지냈고 益山地方 執綱所의 실무를 담당하였다. 東學軍의 봉기가 비록 실패했으나, 피신을 다니면서 東學

세력의 재규합등에 힘써 수많은 教徒를 확보하게 되었으며 이 때문에 1902년에는 首接主, 1904년에는 大接主가 될 수 있었다.

東學에 入教하기 전후하여 泰仁의 武城書院의 중추적 인물이었던 柳興洙·柳鍾奎 등과 긴밀한 관계를 맺고 있었다. 그러기 때문에 武城書院의 薦學를 받아, 1900년 12월 15일 宮內府 輪輪課主事·判任官 八等에 임명되었다. 당시 判書였던 李址鎔등과 밀접한 交流를 맺고 있었던 것으로 미루어 보아, 宮內府 主事에 임명될 수 있었던 것은 武城書院의 천거도 있었지만 이들의 도움으로 가능했던 것이라 생각된다. 그러나 『舊韓國官報』의 記錄에 의하면 임명된 다음날 依願免職하고 있다. 그 이유는 자세히 알 수 없지만 하루만에 主事職을 그만둔 것은, 官職에 적응하기 어려웠거나, 東學에 가담한 前歷이 문제시되었던 때문이 아니었던가 생각된다.

1901년 崔益鉉, 李容憲(元)이 座長으로 초빙된 臨陂 樂英堂의 講會에 舍弟 泓根(族譜名 ; 原采) 徒弟 壽根(族譜名 ; 浚采)과 같이 참석하여 儒學者들과 交流를 맺었고 1904년 9월에 泰仁에서 進步會를 조직하면서 領首가 되어 초기의 一進會에까지 관여하였다. 이처럼 進步會 및 一進會 결성에 참가하게 된 것은, 義菴 孫秉熙 門下에 소속되어 있었던 때문이 아니었나 생각된다. 孫秉熙는 당시 일본에서 돌아와 세력 규합에 주력하고 있었던 것이다. 그러나 1905年 3月 外堂叔 金國炫이 進步會와 관련되어 絞首刑에 처해지게 되자 그는 좌절하였다.

그 뒤 6개월여간 活動을 중지하고 있는 동안 그는, 益山·全北 地域 東學徒들과 時局을 논의하면서 오늘날 한국에서 가장 急히 해야 될 일은 교육이라 하고 學校의 設立을 결정토록 하였다. 당시 鄭瑢根은 紙貨 二百圓이란 거금을 기부하여 昌東學校 設立을 돕고 그 학교 設立 後에는 學校의 運營에 깊이 관여하였다. 校長職을 맡기도 하고 學父兄들로 구성된 學事研究會의 會長에 취임하기도 하였던 것이다.

한편, 鄭瑢根이 中央으로 나아가 活動하기 시작한 것은 1914년의 共同傳授心法에 참석할 무렵부터였다고 보여진다. 그 이전에도 中央總部의 집회에 참석하기도 했으나, 共同傳授心法 참석은 특히 중요한 계기가 되었다. 그것은 天道敎 전체의 의결기관인 叢仁院의 議事員이 되어, 이를 통해 中央總部에서 본격적으로 活躍하게 되었기 때문이었다. 여기에는 1908년부터 孫秉熙의 휘하 조직인 同志社에서 理事兼書記로서 일했던 점이 감안되었던 것이 아닐까 하는 생각도 든다.

1919년 3·1運動은 그에게 일생일대의 중요한 획을 그어주었다. 그는 그 해 5월 3일 日本 헌병대에 동료 29명과 함께 끌려가 西大門 감옥에 (수감번호 3742로) 수감되었다가 다음달에 석방되었다. 이러한 사건이 있었으나 천도교에서의 그의 활동은 꺾이지 않았다. 1922년 吳知泳 등과 함께 全國 敎區 代表의 회의 기구인 議正院 制度를 개선하여 地方 敎區의 의견을 적극 반영할 것을 요구하였고, 同年 2월 4일 宗法院의 布德師가 되어(年俸 200圓 상당) 중앙총부에서 자리를 굳혔다.

이 때문에 그는 서울에 거주하게 되었다. 그러나 吳知泳이 新派勢力을 규합하여 天道敎聯合會를 창설하고 地方敎區의 分權的 自治 주장을 펼치는 데에는 동참하지 않았다. 오히려 吳知泳등 新派勢力을 철저히 배격하려 했던 春菴 朴寅浩의 지지파로 변신하였던 것이다.

그 후 1925년 中央總部의 常任委員으로 피선되고 宗法師에 취임하였다. 1930년 天道敎 敎界 指導者들의 모임인 司觀會 顧問에 취임하고, 1933년 監査官正으로 피선되었다. 그러나 1938년 가을 湖南地方 시찰 도중 병을 얻어 益山郡 北一面 新里 소재 고향집에서 요양하다가 同年 11월 24일(陽曆 ; 陰曆으로는 10月 3日) 午後 7時에 還元하였다.[1] 향년 65歲였고 故鄕 부근 共同墓地에 임시로 안장되었다가 뒷날 益山郡 王宮面 岩狗頭峙 先塋에 移葬되었다.

2. 鄭璿根의 思想的 基底

그가 東學 入敎 이전 漢學을 통해 닦은 儒敎的 소양은 東學思想을 理解하고 수용할 수 있는 토대가 되었다. 그리고 東學軍의 봉기에 참가, 進步會 결

---

1) 총독부 기관지 『每日申報』1933년 11월 26일 朝刊의 人事欄 참조.

성 등을 주도하였다가 모두 실패로 돌아가자 또 다시 儒敎 經典을 誦讀하였다. 그의 『學明德尊』에서

> 余之受讀是大學 而大學之道 在明明德 明明德之義 以淺見薄識 豈足以盡發蘊奧 大抵所得乎天而虛靈不昧 以具象理而應万事者 是明德也 使天下之人皆有以明 其明德也 是明德也[2]

라고 하여 『大學』의 道는 '明德'임을 밝히는 데에 있다고 하면서 '明德'에 대해서 특히 주목하고 있었다. 그것은 東學軍의 봉기에 실패 뒤였다. 그가 주목했던 '明德'은, 東學의 經典인 『東經大典』에서 東學敎徒가 반드시 지켜야 할 규범으로서 제시하고 있는 「八節」중 가장 중시되는 항목이 바로 '明'과 '德'이었다는 것과 일치하고 있다. 또한, 『大學』을 그토록 열심히 읽었던 이유는 자신이 日記體 文集을 만들면서 題名을 『造詣得正』과 『學明德尊』이라 했던 것과도 밀접한 관련이 있다고 믿어진다. 이처럼 그가 『大學』에 깊은 관심을 경주하고 있었던 것은, 혹 東學思想이 儒敎 經典 중 『大學』의 내용을 적극 수용했음을 입증시켜 주는 예가 되지 않을지 모르겠다.

한편 煉性을 僧侶와 寺刹에서 宿泊을 같이 하기도 하였다. 그 예로 中央總部의 幹部들과 함께,

> 見性 其性也 空其光如 如物無不始 無處不接無時不化也 其心也 晴其色融融物 無不生 無處不聲無時不動也 …… (중략) …… 故動靜變化 部在於自體自化也 往昔 季多에 三角山道詵寺의셔 煉性中에 記明한 抄本이 簡篇中의 在한 故로 記爲膽載하였다.[3]

라고 하여 三角山 道詵寺에서 煉性하기도 했다. 이렇듯이 煉性에 깊은 관심을 기울였던 것은, 각자 心性을 修練함으로써, 人乃天의 道를 깨우칠 수 있다고 해서, 煉性 수행을 강조하는 天道敎의 敎理에 따른 것이었다고 보여

---

2) 『學明德尊』, 「天」, p.45, 1895年 6月 6日 ; 『東學接主 鄭璿根全集』(이하 『全集』으로 약하기로 함) 上, 亞細亞文化社, 1990, p.50.

3) 「法」, p.107, 1931年 3月 16日 ; 『全集』 下, p.109.

진다.

한편 儒學者 柳鍾奎나 柳興洙를 찾아가 東學思想의 우월성을 설명한다든 가, 우리나라의 독립형세를 지키기 위해 天道教를 믿어야 한다고 주장하고 있는데 그것은 자신의 思想의 터전이 東學이었기 때문일 것이다. 『學明德尊』에서

> 抵此吾國文明宗教 無誠力難以成立也 明心注務 合心同力 保國安民之方 針實心動勉焉[4]

라고 하여, 우리나라의 文明 宗教인 東學(天道教)이 '保國安民之方針 '이 라고 주장하고 있는 것이 그 一例이다.

이처럼 東學思想이 다른 思想에 비해 우월하다는 認識을 갖게 되었던 것 은 崔東曦·李祥宇·高石柱 등 그의 知己들과의 교류를 통해서였다. 崔東曦는 日本 留學生으로, 崔時亨의 子였고 그의 동생 東昊는 吳知泳의 女壻였 다. 李祥宇도 같은 益山 地方 出身이었고 그 역시 일본 유학생이었다. 高石柱는 그와 義兄弟를 맺을 정도로 막연한 사이로 美國 유학을 하고 돌아왔었 다. 이들 중에서 특히 崔東曦와는 수 차례에 걸쳐 밤새워 東西 文明에 대해 토론할 정도였다. 이런 討論 과정을 통해 그는 東學思想이 어느 宗教보다도 우월하다는 생각을 확고히 갖게 되었던 것 같다.

앞에서 지적한 바와 같이 그는 天道教 계통의 昌東學校를 設立하는 데 힘 썼다. 그리고 학생들을 이끌고 純宗의 탄신일에 지방 정부에 가서 사진을 참 배하고 만세 삼창을 부르는 등 王政의 회복이 곧 國權 회복이라는 생각을 갖 고 있었다. 또 天道教 中央總部의 高位 教役者가 된 이후에는 教規를 엄격히 준수할 것을 강조하는 한편 王政 복고를 바랬던 것 같으므로 그는 共和政 體 制보다 立憲君主制를 선호하였던 것이 아닐까 싶다. 그러기 때문에 地方教 區 中心으로 地方分權的인 自治를 주장하던 吳知泳의 天道教聯合會가 地方 分權的인 共和政을 선호하는 듯한 立場을 보이는 것과 대조를 이뤘다.

---

4) 「地」, p.93, 1908年 9月 28日 ; 『全集』 上, p.209.

3. 鄭瑢根의 著作物

鄭瑢根은 激動期를 살면서 매일같이 日記를 쓰고 漢詩를 지으며 자신이
쓴 글들을 모아 整理하던 文筆家이기도 했다. 日記를 중심으로 자신이 쓴
글들을 스스로 정리해 놓은 文集이 바로 『學明德尊』이다. 『學明德尊』에 등
재되어 있는 그의 日記는 1895年 1月 1日부터 1936年 말까지 걸쳐있다. 이
내용을 통해 그의 인물과 활동을 살필 수 있는데, 이해를 돕기 위해 이 日記
의 권수, 시기, 특기사항 그리고 각 권의 분량 등을 일람표로 작성하여 보이
면 <表 1>과 같다

이 일기는 언제부터 쓰기 시작하였을까? 이 문제와 관련하여 다음의 구절
이 주목된다.

<表 1> 『學明德尊』의 내용 目錄

일련 권수	卷名	서술내용의 시기	특기사항	분량
一	天	1895. 1. 1~1895. 7	誠作漢詩 203首 수록 自	104
二	地	1895. 7~1908. 12. 4	聖師漢詩 2首, 自作漢詩 82首 수록	187
三	人	1909. 11. 6~1911. 12	誠米수납 영수증 및 교구운영 내역 吳知泳등의 漢詩 4首, 自 作漢詩 67首 수록	192
四	誠	1 19 一1 일일 일 1912. 8. 13~1914. 12. 31	「全州教區職員室記」, 「全州教 區室修理記」, 「全州教城各面傳 敎師案記」등 수록	177
五	敬	1915. 1. 1~1918. 2. 29	「井邑傳教室記文」, 吳世昌등 의 漢詩 61首, 聖師詩 11首, 自作詩 49首 수록	233
六	信	1918. 2. 29~1927. 12. 31	自作漢詩 2首 수록	191
七	法			152
八	知			196
九	元			248

歲昭陽大荒落社文章草閣 寒月中旬題造詣得正

이 구절은『學明德尊』제1권인「天」의 겉표지에 적혀 있다. 이를 보면 자신이 기왕에 쓴 글들을 초해『造詣得正』이란 책을 만들었다는 사실을 알 수 있다. 그 시기는, '昭陽'이 十干의 '癸'에 해당되고, '大荒落'이 十二支 중 '巳'에 해당되므로 癸巳年이 된다. 따라서 그의 생존 기간 중에 癸巳年을 찾으면 나이 20세였던 1893년이다.

또 위 귀절 중 '社'는 立春이나 立秋 후 제5의 '戊'字가 들어간 날을 가리키므로 1893년의 立春이 陽曆으로 2월 3일, 그로부터 '戊'字가 들어간 다섯 번째 날이 陽曆으로 3월 26일이 된다. 또 그해의 立秋는 陽曆으로 8월 7일이 되고 다섯 번째 '戊'字가 들어가는 날이 陽曆으로 10월 4일이 된다.

題名을 정한 날이 寒月 中旬이라고 했는데, '寒月'은 8월을 가리키니『造詣得正』은 8月 中旬에 정한 것이라 할 수 있다. 물론 題名하기 이전에 草를 끝낸 날은, 그 이전이 될 것이므로 '社'인 3월 26일과 10월 4일 중 자연히 3월 26일이 되는 셈이 된다. 따라서 이 구절을 종합하여 따져보면 癸巳年 즉 1893년 이전에 자신이 썼던 글들을 草해서『造詣得正』이란 題名으로 整理한 것이 1893년 8월 中旬이었다.

그러므로『造詣得正』은, 1893년 鄭瑢根이 20세가 되기 전에 썼던 글을 20세가 되면서 정리해서 묶은, 日記 형식의 文集이었을 것이다. 다만,『造詣得正』의 편찬과 관련된 내용을 적은 이런 구절이『學明德尊』의 겉표지에 삽입되어 있다는 사실은『學明德尊』의 성격과 깊은 관련이 있는 듯하다. 즉, 기왕에 매일같이 자신이 써 나갔던 日記를 1895년 1월 1일부터 자세히 쓰면서 후에『學明德尊』이란 題名으로 정리하였던 것이 아닐까 생각된다.

그러면 언제쯤 鄭瑢根이 자신의 日記를『學明德尊』이란 題名으로 바꿨을까? 이에 대해서는『學明德尊』의 기록에

余日記去乙未周年詳細記明也 自丙申至千今年今日 略抄以記載 是亦日記者之所懈怠之心也 以然則今玆開悟更惺快心平生做去之經綸 故又爲日記之營繕不負心盟也5)

라고 해서 乙未年(1895) 일년 동안은 상세히 적고 丙申年(1896) 이후 금년 금일 즉 1908년 10월 1일까지는 '略抄'해서 적었다고 하고 있다. 이런 사실로 적어도 1895년분은 1896년경에 『學明德尊』이란 題名으로 정리한 것 같다.

그리고 同上書의 1916년 1월 8일의 기록을 보면

夜雨 客年度 日記抄本謄引焉[6]

라고 하여, 1915년 일년 동안의 기록을 1916년의 1월 8일에 정리하여 『學明德尊』에다가 옮겨 썼다고 했으므로 이것도 참고 할 수 있다.

4. 『學明德尊』의 내용상 특징

그러면 『學明德尊』이 담고 있는 내용의 특징은 무엇일까. 첫째로 東學의 接主·首接主·大接主를 지낸 사실을 날짜별로 적고 있으니 東學史硏究에 있어서 귀중한 資料가 될 것이다. 즉 자신의 東學入敎日이 1894년 3월 13일 이며, 淵源(傳道者)이 金昌奎였다는 사실[7], 倭軍의 패주에 관한 기록[8], 京軍이 東學徒들에 부과한 세금에 관한 기록[9] 등 단편적이긴 하나 東學에 관한 여러 가지 사실들을 생생하게 전해주고 있다. 그외에도 進步會·一進會에 관계된 기록[10], 자신이 淵源을 바꾸어서 再入敎하여 義菴 孫秉熙의 휘하 勢力으로 들어갔음을 기록하고 있고, 孫秉熙의 勢力 확대 과정을 보여 주는 기록[11] 등, 다양하므로 東學史 및 初期 天道敎會史를 硏究할 때 크게 참고될 많은 사실을 전해주고 있다 할 것이다.

---

5) 「地」, p.86, 1908年 10月 1日 ; 『全集』上, p.202.
6) 「敬」, p.91 ; 『全集』中, p.270.
7) 「地」, p.57 ; 『全集』, 1990, p.173.
8) 「天」, p.87 ; 『全集』, p.92.
9) 「天」, p.11 ; 『全集』, p.16.
10) 「地」, pp.68~70 ; 『全集』, p.184~186.
11) 「地」, p.62 ; 『全集』, p.178.

둘째는 東學接主나 初期 天道敎會 高位 敎役者들의 思想이 무엇인가를 밝히는 데에 긴요한 대목들이 많이 적혀 있다. 그 중 몇 개만 예로 들어 보이면, 斷髮令에 대한 강경한 반발을 보이는 대목[12], 國王에 대한 충성을 다짐하는 대목 등이 있다. 특히 1895年 1月 2日(甲戌)의 경우를 보면,

是日 仁順王后沈氏昇遐日也(細註 ; 籍靑松靑陵府院君鋼女) 追遠未逮之痛
罔極也[13]

라 한 것처럼 王室의 忌日에 대해 쓰고 이를 매우 애통하게 여기는 記錄들도 주목해 보아야 할 것이다.

이러한 내용들은, 所藏 文件─現在 그의 子婦가 보관하고 있다─중에 어찌해서 「本朝國忌」라 하여 國家의 忌日을 整理해 놓고 있고 皇帝陛下에 대한 忠誠을 요구하는 내용의 애기책『경션미젼권자ㅎ』와 같은 책이 있었던가를 헤아릴 수 있게 해준다. 요컨대, 이런 사실들은 그가, 共和政體制보다 復僻主義的인 政治 性向을 강하게 지니고 있었다는 점을 드러내 주는 것이라 하겠다.

셋째는 全北地方 鄕土史 硏究에 있어서 지금까지 알려진 바가 없는 여러 사실들이 기록되어 있다는 점이다. 그는 益山郡 北一面 新里 出身 때문이기도 하였지만 그와 交流한 수많은 人物들에 관한 사실, 泰仁鄕校나 武城書院 관련 사실[14], 道內 行政에 관한 사실[15], 昌東學校 講習生 募集[16]과 育英學校·函育學校 등 全州地域 學校 運營에 관한 기록[17], 益山邑誌 刊行에 관련

---

12) 「天」, p.42 ; 『全集』, p.47.

13) 「天」, p.3 ; 『全集』, p.5.

14) 이와 관련하여서는 여러 군데에 기록이 찾아지는데, 「地」, p.61 ; 『全集』 上, p.174와 「人」, p.150 ; 『全集』 上, p.458 등이 대표적인 예가 될 것이다.

15) 道政에 관하여서는 일일이 열거하기 힘들 정도로 많은 기록이 보인다. 「人」, p.98 ; 『全集』 上, p.406 등이 그러하다.

16) 「人」, p.48 ; 『全集』 上, p.356.

17) 그가 교육 활동을 활발히 전개하였기 때문에 學校의 건립 및 운영에 관한 기록들이 적지 않이 보이므로 敎育史의 정리에도 크게 참조될 수 있다. 「地」, pp.81~82 ; 『全集』 上, p.198 및 「人」, p.130 ; 『全集』 上, p.438 등.

된 사항[18] 등이 명기되어 있어 全北 地方史를 研究하는 데에 크게 도움이
되리라 여겨진다.

넷째로 자신이 益山 教區長 및 天道教 中央總部의 監査觀正 등을 歷任하
였기 때문에 全北 地方의 天道教는 물론 天道教會 중앙총부의 운영에 대해,
지금까지 공개된 기록들에서 확인할 수 없었던 대목들이 찾아진다. 가령
3·1運動 당시 天道教의 동향에 관한 기록[19]을 필두로 하여 中央總部의 制
度 改正에 관한 사실[20], 女教人에게 國文을 教授하라는 宗令의 하달[21]등 中
央總部에서 地方教區에 대한 영향력 행사의 내용[22], 新派와의 결별이후 中
央總部의 運營狀況에 대한 내용[23], 『天道教創建史』·『天道教創建錄』의 編
纂 과정과 출판 과정에 관한 기록[24] 등은 天道教에서 공식적으로 간행한 資
料들에서 찾아볼 수 없는 기록들이다.

그리고 마지막 특징으로, 『學明德尊』이 文學史的 側面에서도 그 가치가
대단히 높은 것으로 보여진다. 자신의 自作 漢詩가 400여수나 될 뿐만 아니
라 聖師 漢詩가 40여수, 吳世昌·吳知泳·鄭廣朝 등 여러 人物의 漢詩 80수
정도를 일일이 적어 두고 있고, 때로 자신의 紀行文도 적고 있다. 따라서 여
러 방면의 연구자들에게 도움이 되는 면면들이 적지 않다고 하겠다.

(「解題」, 『東學接主 鄭瑢根全集』上, 亞細亞文化社, 1990 ; 同改題)

---

18) 「法」, p.122 ; 『全集』 下, p.124.
19) 「信」, pp.56~58 ; 『全集』 中, pp.473~476.
20) 「人」, p.42 ; 『全集』 上, p350.
21) 「人」, p.63 ; 『全集』 上, p.371.
22) 「人」, p.25 ; 『全集』 上, p.333.
23) 「信」, p.175 ; 『全集』 中, p.592.
24) 「元」, p.38 ; 『全集』 下, p.393.

제4장 鄭瑢根의 생애와 동학사상

1. 머리말

全北 益山에서 東學 接主로서 활약한 鄭瑢根(1873~1938)이란 人物에 대해 알려진 바가 거의 없다. 全北地方의 鄕土史에 관심을 갖고 있는 硏究者들도 대체로 그에 대해 잘 알지 못하고 있음은 물론이고, 그의 후손들조차도 天道敎 中央總部의 監査正이나 益山敎區의 敎區長을 지낸 사실만 단편적으로 알고 있을 정도에 불과하다. 著者도 東學史에 대해 공부를 시작하면서 애초에 가졌던 관심이 주로『東學史』의 著者 吳知泳와 東學軍의 執綱所에 관한 것이었기 때문에, 鄭瑢根에 대해서 거의 아는 바가 없었다고 함이 옳을 것이다.

그런데 吳知泳 關係의 記錄을 조사하던 중『天道敎月報』139호(1926년 9월호)에 실려있는「益山宗院沿革」이란 글이 吳知泳보다는 鄭瑢根 중심으로 엮어져 있음을 보고 그가 과연 어떤 人物이었을까 궁금히 여기게 된 것이 최초의 관심이었다. 그래서 吳知泳의『東學史』나『天道敎會月報』,『新人間』등 天道敎 계통의 雜誌를 읽어가면서 그의 활동상도 눈여겨 보게 되었다.

그러던 중 鄭瑢根의 子婦[1]가 文件을 다수 所藏하고 있고, 그 내용 중에

---

1) 朴應順氏(1919年生)로, 1989년 현재 서울 구파발에 거주하고 있었다.

吳知泳과의 交流 관계기록이 꽤 나온다는 사실을 알게 되었다.[2] 보고 참고
해야겠다는 생각에 그 子婦를 만나 열람할 수 있도록 해줄 것을 요청하여
비로소 그 文集 전체를 직접 대할 수 있었다. 그 文集이 바로 本稿의 주된
史料로서 인용하게 될 『學明德尊』 全9卷이었다.[3] 『學明德尊』을 처음 대하
고 몇번을 뒤적이던 끝에, 거기에 쓰여있는 내용이 東學史를 연구하는 데
대단히 중요한 記錄들이라고 여겨져 著者는 점차 자신도 모르는 사이에 흥
분되기 시작했던 것으로 몇 년이 지난 지금도 기억하고 있다. 그리하여 所
藏者인 子婦에게 다른 자료들이 더 없는지를 조심스럽게 물었더니, 뭉치로
종이 박스 속에 넣어둔 文件들을 펼쳐보여 주었다. 이어서 여러 시간 동안
면밀히 조사한 끝에 비로소 이 문건들 중에 귀중한 자료들이 다수 포함되어
있음을 알게 되어 著者는 所藏者인 그의 子婦에게 복사할 수 있도록 허락해
주길 간청하였다. 그의 子婦와 동행하여 그 길로 자료를 들고 가서 복사를
한 뒤 자료들을 검토하기 시작하였다.

　이렇게 얻은 자료들을 통해서 吳知泳에 대한 연구에 중요한 진전을 보게
되어, 著者는 그 결과를 학계에 보고 할 수 있었다.[4] 그러면서 정작 鄭瑢根
에 대하여 한번 정리해 보아야겠다고 생각하여 그 직후부터 써두었더랬는
데, 여러 사정으로 인해 발표를 차일피일 미루다가 이제야 드러내게 된 것
이다.

2. 鄭瑢根의 出身과 經濟的 基盤

　鄭瑢根이란 人物이 과연 어떤 사람인가 알아보고자 했을 때, 처음에는 鄭
瑢根의 生歿年月日조차 명확히 확인하기 쉽지 않았다. 단지 그의 生年만을,

---

2) 天道敎 中央總部 常住宣道師 表暎三氏가 귀뜸해 주었다.
3) 이는 『東學接主 鄭瑢根全集』(上,中,下), 亞細亞文化社, 1992로 간행되었다. 이
　全集의 上卷 첫머리에 鄭瑢根의 生涯와 『學明德尊』에 관해 著者가 개략적으
　로 「解題」(同改題「鄭瑢根의 生涯와 그의 著述」, 本書 所收)를 한 바가 있다.
4) 拙稿, 「吳知泳의 人物과 著作物」, 『東亞研究』 19輯, 西江大 東亞研究所, 1989 ;
　本書 所收 및 「吳知泳의 生涯와 그의 著述」, 『吳知泳全集』 上 ; 本書 所收.

그의 子婦가 所藏하고 있는 그의 東學 및 天道敎 關係 名帖에서 알 수 있었을 뿐이었다. 여러 종류의 名帖 중에서도 壬寅 즉 1902년 3월에 北接法大道主에게서 받은 名帖에만 유독 그의 本貫이 河東이며 그의 生年이 甲戌生(1873년)이라 적혀 있었던 것이다. 이리하여 그의 生年은 확인할 수 있게 되었지만, 그 정확한 月·日은 여전히 알 수가 없었다.

혹 그의 戶籍에는 明記되어 있지 않을까 하여 다음으로는 그의 戶籍들을 조사해 보기로 하였다. 그의 子婦가 所藏하고 있는 여러 종류의 수많은 文件 중에는 요행히도 鄭瑢根의 自筆임에 틀림이 없다고 믿어지는 戶籍이 들어 있었다.5) 하지만 이것에도 그의 生年의 月·日은 밝혀져 않아서, 그의 戶籍을 조회해 보았다. 그의 子婦에게 물어 本籍이 全羅北道 益山郡 北一面 新里 387番地임을 확인하고, 그 번지의 현행 관할 기관인 裡里市廳에서 그 후손의 除籍謄本을 발부받아 보았다. 그러나 이 戶籍謄本에도 前戶主로만 鄭瑢根이 보일 뿐이지, 그에 관한 記錄이 상세히 記錄이 되어 있지 않았다.

그가 태어난 月·日이 언제일까를 여전히 궁금해 하면서 그의 『學明德尊』을 읽어가다가, 그 맨 마지막 卷에서

(布德七十五年 十二月) 七日 金曜 陰十一月一日壬子 日俟淸和 是日은 則 余之回甲日인 바 ……6)

라고 하여서 布德 75年 즉 1934년 12월 7일(陰曆 11월 1일 壬子)이 자신의 回甲日이었음을 적어 놓은 대목을 찾았다. 따라서 그의 生年月日이 1873년 11월 1일 壬子(陰曆)임을 비로소 알 수 있게 되었던 것이다.

이러한 지식을 토대로 河東鄭氏의 族譜를 조사해 본 결과, 그가 『河東鄭氏 文成公派譜』에 등재되어 있음을 알 수 있었다. 그가 河東鄭氏 文成公派의 일원이란 사실은 애초에 그의 子婦로부터 들어서 알 수 있었던 것이긴 하지만, 族譜에서 확인하는게 용이한 것만은 아니었다. 왜냐하면, 『河東鄭

---

5) 『東學接主 鄭瑢根全集』(이하 『全集』이라고 간략히 표기하기로 한다) 上, <資料 1> 鄭瑢根의 自筆戶籍 참조.

6) 「元」, p.124 ; 『全集』 下, p.478.

氏 文成公派譜』에서 그의 祖父代부터만 보더라도

> 周錫 字光巨 辛卯生 乙卯正月二日卒 贈朝奉大夫童蒙敎官 …… 淳太 初
> 諱淳敬 字浩卿 憲宗戊甲生 五月二十一日卒 墓完州郡 靑心山癸坐 …… 配密
> 陽朴氏 乙卯生 正月二十一日卒 …… 斗采 字文梔 甲戌生 宮內府主事 西紀
> 一九三九年十月三日卒 墓王宮面鳳岩狗頭峙先塋下 配南陽洪氏 癸酉生父鍾
> 直 …… 7)

라 하여 그의 祖父名이 周錫, 父名이 淳太로 되어 있지만 그의 自筆 戶籍
에는 그의 祖父名이 周鉉, 父名이 淳敬으로 되어 있기 때문이다. 다만 그의
父名의 경우 族譜에서는 淳敬이 初諱였음을 밝혀 놓아서, 그 淳敬의 여러
子 중에서 하나가 鄭瑢根이리라 여길 수 있었다. 그리고 族譜에서 淳敬의
여러 子 중에 宮內府 主事를 지낸 甲戌生은 斗采 하나뿐이었으므로 斗采가
다름아닌 鄭瑢根의 族譜上의 名인 셈이었던 것이다. 그의 族譜上의 名이 斗
采였다는 사실은,『學明德尊』에서

> 己亥年 事半凶半登 是年春 余則 以修譜次 …… 余爲繕書之任 …… 余之
> 名以斗采載錄8)

이라 있음에서도 확인이 된다. 鄭瑢根의 族譜上의 이름이 斗采임을 이렇
게 확인하고 보니 한 가지 이상스러운 것은, 甲午年(1894) 10月에 北接大道
主로부터 前都執兼接司로 임명되면서 그가 받은 名帖에는 鄭瑢根으로 改名
하기 이전의 이름이 亮采라고 했던 점이었다.9) 그러면 그의 이름에는 族譜
의 斗采외에도 亮采라는 이름이 또 있었던 셈인데, 어떤 이유에서 이름을
두가지씩이나 가지게 되었던 것일까 하는 의문을 지울 수 없었다. 다행히도
이 의문은 그의『學明德尊』을 읽다보니 자연스럽게 풀려갔다. 그가『學明德
尊』에서

---

7)『河東鄭氏文成公派譜』卷三 參判公派, pp.308~311.

8)『地』, p.59 ;『全集』上, p.175.

9)『全集』上, <資料 2> 참조.

余之名以亮采 行于敎門焉[10]

라고 했음에서 東學내에서의 그의 이름은 亮采이고 族譜上의 이름은 斗
采였음을 알게 되었던 것이다.[11]

한편 그의 家門에 대해서 알기 위해 우선 그의 自筆戶籍과 族譜상에 나타
나는 그의 家系를 表로 작성하여 보이면 다음의 <表 1>과 같다. 이 <表
1>을 통해서 鄭瑢根은 文成公 鄭麟趾의 遠孫임을 알겠다. 그가 속한 參判
派는 <表 1>에 보이듯이 그 중시조인 承廉이후 4代에 걸쳐서는 武科及第
者를 배출하고, 임진왜란 이후에는 文科 壯元及第者등이 때로 배출되기도
했었지만, 鄭瑢根의 4代祖 富烈때부터는 贈職에 머물던 家門이었던 것이다.
더욱이 그의 祖父 周錫은 贈朝奉大夫童蒙 敎官을, 父 淳敬은 都正을 지낸
적이 있다고 하는 것으로 미루어서 후대로 내려올수록 별반 中央의 高位官
職 進出者를 배출하지 못했던 것같다. 따라서 鄭瑢根의 祖父代 이후가 되면
이미 高位 官職進出者를 더이상 배출하지 못할 정도로 몰락하기 시작한 가
문이 되었던 것이 아닐까 한다. 鄭瑢根은 그러한 몰락 양반 즉 殘班 출신이
었다고 생각되는 것이다.

그렇지만 그의 家門이 이와 같이 점차 몰락하긴 했어도 鄭瑢根이 자신의
家門에 대해 지니고 있었던 자부심은 대단했던 것으로 보인다. 즉

余則昨春로 寬勳洞一O六 萬興旅館(主人은 裵雲堂)에서 吾鄭文獻事績을
國史及野史에 抄略하야 家圖書籍을 成할가함애 粧册題目은 間菴吳世昌氏
가 以篆字로 河東鄭氏文獻抄略이라 簽書하시다[12]

라고 해서 河東 鄭氏에 관한 記錄을 國史와 野史 등 여러 文獻에서 찾아

---

10) 「地」』, p.57 ;『全集』上, p.173.
11) 東學내에서의 이름을 평시와 다른 것으로 하였던 근본적인 이유는, 아마 정체
   를 잘 드러내지 않으려던 데에 있었고, 만약 발각이 되더라도 피해를 당하지
   않기 위한 것이 아니었나 생각된다. 이 점은 후술하듯이 官內府 主事로 발령
   받을 때에 또 한 차례 개명하는 데에서도 엿볼 수 있을 듯하다.
12) 「信」, p.132 ;『全集』中, p.549. 1927년 1월 1일의 기록.

<表 1> 鄭瑢根의 家系
<河東 鄭氏 文成公派 중에서 參判派>

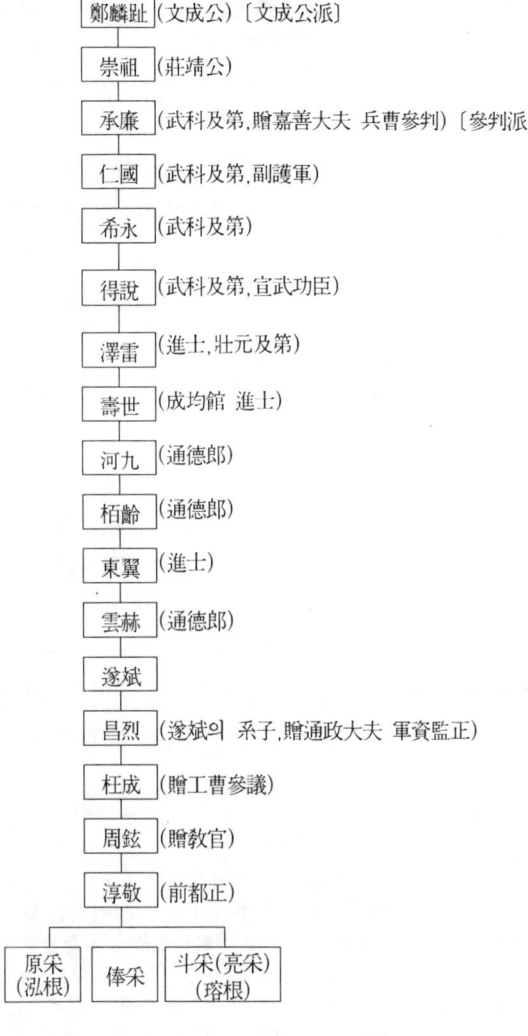

鄭麟趾 (文成公) 〔文成公派〕
崇祖 (莊靖公)
承廉 (武科及第,贈嘉善大夫 兵曹參判) 〔參判派〕
仁國 (武科及第,副護軍)
希永 (武科及第)
得說 (武科及第,宣武功臣)
澤雷 (進士,壯元及第)
壽世 (成均館 進士)
河九 (通德郎)
栢齡 (通德郎)
東翼 (進士)
雲赫 (通德郎)
遂斌
昌烈 (遂斌의 系子,贈通政大夫 軍資監正)
枉成 (贈工曹參議)
周鉉 (贈敎官)
淳敬 (前都正)
原采 (泓根)　俸采　斗采(亮采) (瑢根)

서 冊으로 묶고, 吳世昌에게「河東鄭氏文獻抄略」이란 제목을 篆字로 써주
록 했을 정도이며, 또

> 是午에 古縣里住前同視이던 金友榮準甫가 來訪이라 果迎接則 本郡 邑
> 誌를 改始則 上世知某位를 入參케하라하니 敬以許之하며 午料後에 八代
> 祖考同樞公·七代祖考府使公·六代祖考參奉公蔭仕와 逸行과 高祖考承旨
> 公·租考敎官公·先考都正公 孝行과 祖批烈行嫂李氏烈行을 次第로 入單
> 케 하였다[13]

라고 해서 益山郡의 邑誌 編纂時 자기 家門의 先祖들이 官職을 지낸 사실
은 물론이고 孝行과 烈行을 모두 상세히 삽입시키려고 할만큼 양반 가문이
라는 사실에 대한 강한 긍지를 지니고 있었음을 알 수 있는 것이다.[14]

그러면 그의 家門의 經濟的 基盤은 어떠했을까. 그의 家門이 얼마만큼의
土地를 소유하고 있었는지 등에 관해서는 명확히는 알 수 없지만, 대체로
대대로 대규모의 土地를 소유해 내려오지 않았나 싶다. 그가 土地 문제로
訴訟을 제기한 적이 있었는데,

> 是向 余與閔泳一·金兄(奉年)·吳兄(知泳)同往辯護事務所宋守憲 訴訟代
> 理委任而實費金二百五十圓 訟理判決後謝金三百三十圓作定契約焉[15]

라고 해서 변호사를 선임하고는 그 선임비로 250圓을 내냈을 뿐만 아니
라 소송에서 이긴 후에는 사례비조로 330圓을 주기로 계약할 정도로 土地
문제 소송의 규모가 컸던 것으로 미루어 그 土地 소유량이 대단히 컸으리라
짐작되기 때문이다.

---

13) 「法」, p.122 ; 『全集』下, p.124. 1930년 8월 12일의 기록.
14) 이러한 그의 가문에 대한 자부심은 東學 接主들이 지니고 있었던 身分觀의 뚜
   렷한 例다. 즉 東學軍의 봉기 때 제기했던 소위 弊政改革에서 身分制의 철폐까
   지는 주장하지 않았던 것은, 이와 같은 東學 接主層의 身分觀에서 말미암은 것
   이 아니었을까 싶다. 요컨대 東學徒의 규합과 세력 확장을 위해서는 身分에
   상관없이 자리를 같이 하고 서로 같은 조직의 일원으로서 지낼 수 있다는 점
   을 강조하였지만, 여전히 이러한 신분상의 차이에서 오는 간격을 양반 출신
   接主들부터 적극적으로 해소하려고 힘기울이지는 않았음을 보여주는 것이라
   생각된다고 하겠다.
15) 「地」, p.144 ; 『全集』上, p.260. 1909년 4월 29일의 기록.

비단 소송이 제기된 土地의 경우 외에도 그 밖에 많은 土地를 여러 군데에 소유하고 있었다고 보여진다. 즉

是日 余則區長吳河泳氏·吳東根 店坪太田一座三分耕作試 其農務[16]
四日 如昨今年太穀作物 收入而今年旱魃餘生中最上也云 二斗落太十斗所
出而稅 太四斗卽級也 五日 …… 斧嶺峙北片田五斗[17]

라고 한 데에서 그가 店坪이나 斧嶺峙 북편 등지에 田畓을 갖고 있었고 그로부터 적지 않은 양의 稅를 받고 있었음을 알겠다. 물론 여러 군데의 土地들을 모두 직접 경작하거나 감독할 수 없으니까, 때로는 관리인을 두고 小作도 주었던 것같다 全北 參禮의 石田坪에 있던 土地의 경우가 그러했다. 石田坪의 土地의 경우에는

余往參禮 訪徐華性 論石田坪小作人 李南洙處還定事 則右氏期圓云 卽還
第也[18]

라 한 데에서 관리인으로는 徐華性을 두고 小作은 李南洙에게 주었던 사실을 분명히 알 수 있는 것이다. 이와 같이 대토지를 소유하고 있던 가문출신이었으므로 鄭瑢根은 經濟的으로 넉넉한 생활을 했었다고 보여진다.[19]

---

16) 「誠」, p.74 ; 『全集』上, p.75. 1913년 7월 15일의 기록.
17) 「誠」, pp.94~95 ; 『全集』中, pp.97~98. 1913년 11월 4일의 기록.
18) 「誠」, p.129 ; 『全集』中, p.133. 1914년 4월 27일의 기록.
19) 東學接主이면서도 대토지를 소유하고 있던 鄭瑢根의 이런 예에 비추어서도, 東學軍이 설치한 執綱所에서 실제로 추진했다고 하는 소위 弊政改革案 중에 '土地는 平均으로 分作케할 事'란 조목이 포함된다는 것이 과연 가능했을까 싶다. 이 조목은 실제로 東學軍의 執綱所에서 표방된게 아니라 경제적으로 월등히 곤궁했던 吳知泳이 만주에 이민을 가면서까지도 실현시켜 보려고 했던 그 나름의 현실 개혁 방안이었을 것으로 여겨진다. 拙稿, 「吳知泳의 人物과 著作物」, 『東亞硏究』 19輯, 1989, pp.93~94 ; 本書, pp.73~74 참조. 특히 이 점과 관련하여 주목해볼 것은 뒤에서 상론할 바이지만, 경제적으로 부유했던 鄭瑢根이 그토록 절친한 사이였음에도 불구하고 자신과는 상반된 처지에 있던 吳知泳이 뒷날 天道敎聯合會를 결성하여 革新運動을 전개해 갈 때부터는 이에

그러하였기에

九月分 吾敎會中 觀此時局 則敎育先務最大 故各頭領議決 數萬金募集然
後學校北門內買家修理設置　生徒一百八十餘名　余則紙貨二百圓　收合義助
也[20]

라고 하였듯이 훗날 全州 북문내에 天道敎에서 學校를 세울 때에 일시불
로 紙貨 200圓을 냄으로써,(후술할 바대로) 그 學校의 校長으로 취임하는등
학교 운영의 실권자로서도 활약할 수 있었던 것이라 생각된다.

3. 東學 入敎의 動機와 東學接主로서의 活動

鄭瑢根이 東學에 입교한 시기와 그 동기에 대해서는 그 자신이,

丙申年事大登風災大損也　是年 余從遊於他石丈師門下 誦讀經學矣 而是
冬 遇逢張成菴 吾敎門相從其同議員 陳外堂叔金國炫氏及吳兄知泳氏也 恒論
玄機秘評時局 余之名以亮采 行于敎門焉 本是入敎甲午三月十三日 其時淵源
鰲菴金昌奎氏也[21]

라고 밝혀 놓은 데에서 헤아릴 수가 있다. 즉 자신이 1896년(丙申) 당시에

가담하지 않고 中央總部의 일원으로 남는다는 사실이다. 사회신분상으로는 같
은 殘班출신일지라도 경제적 기반에 따라 그 사회적 활동의 방향은 얼마든지
달라질 수 있었음을 실증적으로 보여준 것이라 하겠다. 東學軍의 執綱所 내의
執綱들 사이에도 경제적인 처지의 차이에 따라 그 의견은 달랐을 것이며, 그
러므로 '土地의 平均 分作'과 같은 실로 革命的인 일이 일제히 시행되었을리가
만무하다고 여겨지며, 또한 東學軍내에 執綱所가 설치되어 본격적으로 기능하
게 되는 음력 5월부터 9월사이는 이미 논과 밭에 씨를 뿌리고 경작하고 있는
중이기에 그러한 일이 마치 실행되었다고 하는 주장은 농민의 賭地權 등을 전
혀 고려치 않은게 아닌가 생각된다.

20) 「地」, p.71 ; 『全集』上, p.188. 1905년의 기록.
21) 「地」, p.57 ; 『全集』上 p.173, 1896년의 기록.

는 外堂叔인 金國炫 그리고 吳知泳과 항상 의논하고 비밀스럽게 時局을 평하면서도 經學을 誦讀하는 한편 亮采란 이름으로 東學 敎門에서 활동하고 있었다고 하였는데, 여기에서는 또한 자신이 본시 동학에 입교한 것은 甲午年(1894년) 3월 13일이며 당시의 淵源(傳敎人)[22]이 金昌奎라는 사실을 써놓은 게 실마리가 되는 것이다. 입교 당시의 그는 生年이 1873년였으므로 계산해 보면 21세였다.

그러면 그는 어떤 생각으로 東學에 입교했던 것인가. 東學에 입교하게 된 동기에 대해서 그 자신이 명확히 기록해 둔 바가 없으므로 잘 알기는 어렵다. 하지만 당시 자신의 활동에 대해 적어 놓은 내용에서 그 동기를 엿볼 수 있지 않을까 싶다. 먼저 그의 東學 입교 동기와 관련하여 먼저 살펴야 할 점은, 그가 입교하기 직전인 1893년에 『造詣得正』이란 題名으로 자신에 관한 기록을 정리하기 시작했다는 사실일 것 같다. 이는 『學明德尊』의 첫째 권인 「天」의 겉 表紙 바로 뒷장의 間紙에는 『學明德尊』과는 다른 題名으로 『造詣得正』이라 쓰고 있는데[23], (뒤에서 상론할 바이지만) 그 시기가 바로 1893년였음에서 알 수가 있는 것이다.

『造詣得正』이란 제목에서 살펴지듯이 그가 이루려 했던 '得正'과 그의 東學 입교 動機와는 밀접한 관련이 있지 않나 한다. 물론 그가 뒷날까지도 여전히 『大學』을 비롯한 여러 儒敎 經典을 공부하고 있었다고 『學明德尊』의 곳곳에서 여러 차례 밝혀놓은 것이 있으므로 이 '得正'이 다름이 아니라 心性의 得正을 강조하는 『大學』에서[24] 따온 것이며, 따라서 1894년 3월 13일 東學 입교 이전의 '得正'이란 儒敎的 德目의 실현이라고 할 수도 있겠다.

그러나 이러한 유교적 덕목의 실현이란 데에 만족치 못하고 말았기에 그는 東學에 입교하기에 이르렀던 것 같다. 앞서 인용한 글에서 그 자신이 金

---

22) 東學의 淵源制는 傳敎人 중심으로 接을 조직케 하고 그 接主가 布德과 敎化를 담당케 한 것이 그 시작이라 한다. 趙基周 編著, 「淵源의 由來」, 『天道敎宗令集』, 天道敎中央總部 出版部, 1983, p.189 참조.

23) 『全集』 上, p.3 참조.

24) 勞思光, 『中國哲學史』 漢唐篇, 鄭仁在譯, 探求堂, 1987, pp.54~63 참조.

國炫・吳知泳 등과 항상 '玄機'를 논하고 비밀리에 時局을 평하고 있었다고 함에서 이를 엿볼 수 있지 않나 한다. 즉 時局을 비밀스럽게 평하는 한편으로 吳知泳등과 논의한 '玄機'란 字典的 의미 그대로 현묘한 기틀로서 당시로서는 東學의 敎理를 가리키는 것이 아닐까 하는 것이다. 따라서 유교적 덕목의 실현이라는 修身的 思想體系의 體得 단계에서 진일보하여 현실적인 제반 문제들에 관심을 갖게 되면서, 그는 東學思想을 수용하여 東學에 입교하였던 것같다고 생각한다. 더군다나 東學에 입교한지 얼마되지 않아 이루어진 東學軍의 봉기 때에, 그가 執綱所의 중견급 실무자로 참가하게 된다는 점은 이같은 그의 思想的 轉回의 동기를 무엇보다도 잘 대변해주는 것이라고 할 수 있겠다.

그러면 그는 누구의 영향으로 東學에 入敎하였던 것일까. 그에게 東學에 입교하도록 영향을 끼친 사람들은 外堂叔 金國炫, 父 鄭淳敬 그리고 같은 洞里에 거주하고 있던 吳知泳 등이었던 것같다. 吳知泳등 이들이 이렇듯이 그가 東學에 입교하도록 영향을 끼쳤을 것이라는 점은, 이들과 그가 玄機 곧 東學의 敎理를 논의하고 時局을 비밀리에 평하였다는 앞의 『學明德尊』의 기록에서 헤아릴 수 있다고 생각된다.

그 중에서도 鄭瑢根보다 5세가 위인 吳知泳의 경우는[25], 1891년 3월 東學 入敎 후 1892년 8월 고향인 全羅道 茂長縣에서의 소위 石佛秘訣事件으로 투옥되었다가 탈출하여 피신 끝에 자신의 妻家인 益山郡 北一面 新里로 와서 거주하고 있었으므로[26], 은 동리에서 살며 5세 年下인 鄭瑢根에게 누구보다도 깊은 영향을 끼쳤을 성싶다. 그외에 外堂叔 金國炫과 父 鄭淳敬 등도 그가 東學에 입교하는 데에 큰 영향을 끼쳤던 것이 아닐까 한다. 金國炫의 경우 그 활동상을 명확히 알 도리가 없지만, 父 鄭淳敬의 경우는 앞서 살핀 바대로 그가 東學에 입교했던 甲午年(1894) 8월에 이미 東學 조직내에서 敎長이 되었던 것으로[27] 미루어서 子 瑢根보다 훨씬 일찍 입교했을 것으로 보

---

25) 鄭瑢根은 앞서 거론한 바대로 1873년생이고, 吳知泳은 1868년생이었다.

26) 拙稿, 「吳知泳의 生涯와 그의 著述」, 『全集』 上, p.9 ; 本書, p.89 참조.

27) 北接 法軒이 鄭淳敬에게 준 敎長職帖은 甲午年(1894) 8월에 발행된 것으로, 그

이기 때문이다.

이러한 주변 人物들의 영향으로 東學에 입교하였을 鄭瑢根은, 그러면 東
學軍의 봉기 당시에 東學 조직내에서 어떠한 지위로 어떤 활동을 하고 있었
던 것일까. 이에 관한 記錄들은,『天道敎月報』所載「益山宗院沿革」과『學
明德尊』에 자세히 보인다. 번잡하여 모두 옮기기 어려우므로 우선,「益山宗
院沿革」의 기록 중 대표적인 것 서너 대목만 옮겨 보면 다음과 같다.

> 布德三十五年 甲午에 古阜接戰의 本郡 吳敬道·姜永達 兩氏가 敎人을
> 多率하고 全璋準·孫化仲·金開男과 合勢하야 官軍으로 接戰하고 全州를
> 陷落한 바 觀察使 金文鉉 大將 洪在箕(啓薰의 本名인 在義의 誤)가 和親하
> 기를 請하거늘 因하야써 親和한후 各郡의 執綱所를 排置하야 事務를 行
> 하다. 是時에 大接主 金方瑞氏가 大都會所를 設할새 高濟貞·鄭永朝·(鄭)
> 安女·蘇敬天·陳官三·姜永煥·金國彬·吳知泳·黃淑周·鄭德三·李安
> 俊·金國弼·金守敬·林秉圭·金公淑·鄭益仲·金佑凡·崔蘭善·田東八
> ·韓定洙·鄭瑢根·金永祿·李有祥·金君性·李德裕·玄致翼·鄭君善·
> 鄭良賢·林德三·金公佑·李敬化·韓仁甫·黃致敬·丁女光·羅秉植·李
> 用敎·洪淳璣等이 中堅이 되야 會所를 裏里·羅浦·大場村·春浦·舊益
> 山邑 各地에 分置하여 事務를 視하며 大勢를 觀하다가 十月에 京兵으로
> 又爲開戰함에 公州·論山·參禮에서 交戰할 時에 本郡 敎人 金成九·鄭判
> 成·昔今同·金潘岩·宋東學·金永光·安圭寅·金正運·宋秉燁諸氏가 慘
> 恟되고 是多에 指目으로 被害한 事는 筆舌로 難記이러라 布德三十六年乙
> 未에 官軍指目이 大熾하야 尊接이 無路라 兼又敎路가 杜絶하야 師門의 淵
> 源을 開通치 못함으로 恒是 大盧하던차에 翌年丙申에 大接主 張敬化氏를
> 逢하야 鄭永朝·金國彬·吳知泳·鄭瑢根諸氏가 敎의 淵源을 相通하엿다
> 布德三十八年丁酉에 上道로 敎人名帖을 發佈함에 大接主 張敬化氏가 敎帖
> 을 侍來한바 鄭永朝·金國彬·吳知泳·鄭瑢根 諸氏가 頭令의 住에 又昇
> 하엿다. 布德四十一年庚子에 大接主 李炳春氏를 逢하야 義庵聖門을 開通
> 하여 敎의 淵源을 復起하니 是時에 朴先明·李有祥·鄭永朝·金國彬·吳
> 知泳·鄭瑢根·李奉宗·權義淵·朴永煥·朴貴奉·權奉圭 諸氏가 起立하
> 엿다[28]

실물 사진은『全集』上, p.2의 <資料>에 실려 있다.

28)「益山宗院沿革」,『天道敎會月報』139호, 1926년 9월, pp.31~32.

이 기록들에 따르면 甲午年(1894)년에는 大接主 金方瑞 휘하의 중견으로 執綱所의 사무를 보았고, 乙未年(1896)에는 大接主 張敬化 휘하에 속해 있었다고 한다. 그러다가 丁酉年(1897)에는 頭令이 되었으며 庚子年(1900)에는 大接主 李炳春의 휘하에서 義菴 孫秉熙와 연결된 조직의 일원이 되었음을 알 수 있다. 한편 이와 같이 「益山宗院沿革」에는 1894년에 그가 東學내에서 '중견'이었던 것으로만 되어 있지만, 그 해 10월에는 그는 北接 소속의 前都執兼接司였음을 구체적으로 알 수 있으므로29), 실제로 그는 북접 조직내에서 행정 실무를 담당했음이 명백하다.

이러한 「益山宗院沿革」의 기록 외에도 『學明德尊』에는 東學내의 그의 活動에 대해서 좀 더 잘 알려주는 記錄들을 찾을 수 있다. 뽑아서 적어 보면 아래와 같다.

> 丁酉年(1897) 事大有民鼓舞之 是年 余亦心工爲主 恒宗敎門 而受帖別中正 焉30)
>
> 辛丑年(1901) …… 十一月 陳外堂叔金國鉉氏來 語道之根源 自義菴先生主前 傳鉢來 今爲西洋及日本遊覽 吾道期於大甁 爲營之敎鼎重神理文字 每 有送致也 而聖理文字 一一開視 余心感悟 卽爲更入敎 淵源薦主朴在 德氏也 渾修心工爲主焉31)
>
> 壬寅年(1902)…… 是年 余則布德爲事 …… 吳知泳.金鳳得 …… 十二月 吾敎之 指目大起 余與朴在德氏及金國炫氏避身于西永里梁敎人山峯氏家 二 十餘日 潛居修道 乃得平時 以還家焉32)
>
> 癸卯年(1903) 事大登 吾園 是年三月 各受帖該接主之名 …… 九月 …… 吾園 俱登首接主及六任之名 余爲大正之職名任也33)
>
> 甲辰年(1904) 事大登 正月 吾園俱登大接主之任34)

---

29) 이 職帖의 원본 사진은 『全集』上, <資料 2> 참조.
30) 「地」, p.57 ; 『全集』上, p.173.
31) 「地」, p.62 ; 『全集』上, p.178.
32) 「地」, pp.62~63 ; 『全集』上, pp.178~180.
33) 「地」, pp.63~64 ; 『全集』上, pp.180~181.
34) 「地」, p.64 ; 『全集』上, p.181.

이러한 기록들을 보면 그는 1897년에는 別中正, 1903년에는 大正, 1904년에는 大接主의 職任을 東學내에서 역임하였음을 알 수 있다. 그 중에서도 특히 1904년 정월의 大接主 역임 사실은, 北接 소속 全羅道 東學조직내의 그것이었음을 名帖의 내용으로 입증된다.35) 그렇게 東學 조직내에서 接主 등으로 활약하면서도 한편으로는 1901년에 '更入敎'하여 義菴 孫秉熙 휘하 조직의 일원으로 들어가면서 淵源을 金昌奎에서 朴在德으로 바꾸었고36), 1902년에는 관군에 쫓기어 피신다니기도 했었다.

한편 이 무렵의 그의 활동에 관해서 族譜에는 그의 가문에 관한 기록외에도 그가 宮內府 主事를 지낸 사실이 명시되어 있는데, 이 점은 그의 『學明德尊』에서

> 庚子年 事大登 是年 吾敎指目大有矣 余則七月分 上京留 連蒙 十月恩受 宮內府電話課主事 改命瑢根 出官報也 其時相從李判書址鎔氏 及白議官澄洙 · 申主事錫俊 密密交遊也 又與金主事昌煥 · 吳主事知泳 · 高參奉石柱 · 金主事鳳得 · 申參奉泰主 連伴從遊 乃相結義兄弟37)

라 하여 庚子年 즉 1900년 10월에 上京하여 判書였던 李址鎔등과 交流하면서 宮內府 電話課主事가 되었는데, 이 때에 瑢根으로 改名했다고 한 데에서도 확인이 된다. 더욱이 이 기록에 瑢根으로 이름을 고쳐 主事가 되었다는 記錄이 官報에도 나온다고 밝혀놓은 점에 주목하여 『舊韓國官報』 光武 4年(1900) 부분을 중점적으로 조사해 보았다. 그랬더니

> 任宮內府水輪課主事敍判任官八等 鄭瑢根 …… 以上 十二月十五日 ……
> 通信司電話課主事 鄭瑢根 …… 依願免本官 以上 十二月 十六日38)

---

35) 『全集』上, <資料 3> 참조.

36) 그가 이와 같이 1901년에 '更入敎'하여 淵源을 바꾸어서 義菴 孫秉熙 휘하 조직의 일원이 된다는 사실은, 이 당시에 이르러 東學내의 勢力 판도의 재편이 어떻게 이루어지는가를 구체적으로 보여주는 유일한 예로서 주목되어야 할 것이라 생각된다.

37) 「地」, p.60 ; 『全集』上, p.176.

38) 『舊韓國官報』光武 4年(1900) 9, 亞細亞文化社, 1973, p.1275.

라고 하여서 같은 해 12월 15일에 宮內府水輪課主事로서 임명되어 判任官八等이 되었다가, 그 다음날로 主事職을 依願免職하고 있음을 찾을 수 있었다.[39]

게다가 그가 주사직에 나갔음을 입증해주는 자료를 더 찾을 수가 있었는데, 그의 子婦가 所藏하고 있는 그의 文件들 중에 들어 있던 당시 議政府贊政 宮內府大臣 臨時署理 宮內府時進官이던 閔種默 명의의 임명장이 바로 그것이다.[40] 그리고 서로를 비교해본 결과 官報상의 임용 날짜와 그 임명장의 날짜가 일치함을 확인할 수 있었다.

그러면 그는 어떤 배경으로 해서 益山에 머물다가 上京하여 宮內府의 主事가 될 수 있었던 것일까. 이 의문은, 그의 文件 중에서 武城書院에서 그를 宮內府主事로 薦擧해준 추천장을 찾음으로 해서 해결할 수 있었다.[41] 그는 泰仁 소재 武城書院의 薦擧를 받아서 上京하여 宮內府主事가 되었던 것이다. 武城書院을 중심으로 한 儒生들의 모임등에 그는,

四月 臨陂樂英堂 宋淵齊及崔參判益鉉·李判書容憲·諸賢道內儒生多數
講來設白日場 故余亦率舍弟泓根 從弟壽根 幷往而右試入格二弟焉[42]

라고 한 데에서 알 수 있듯이 때로는 동생들과 함께 참석하곤 하는 등 적극적으로 참여했기 때문에, 이같이 武城書院의 薦擧를 받아서 宮內府主事가 될 수 있었던 것같다. 그리고 그가 武城書院의 薦擧를 받아 主事職에 나갈 수 있었던 것은 그 만큼 그 자신의 학문적 기반이 닦여져 있었음을 알려주는 게 아닐까 여겨지는 것이다.

다만 여기에서 하나 고려해야 할 점은, 宮內府主事가 될 당시 그가 判書

39) 이와 같이 하룻만에 의원면직한 이유가 무엇인지는 잘알 수가 없다. 다만 개명까지 하였어도 東學軍의 봉기에 참가했던 그의 前歷이 혹 문제가 될지도 모른다는 우려 때문이 아니었까 추측될 뿐이다.

40) 『全集』上, <資料 5> 참조.

41) 『全集』上, <資料 4>참조.

42) 「地」, p.61 ; 『全集』上, p.177. 1901년의 기록.

였던 李址鎔등과 밀접한 교류를 맺고 있었던 사실이라 생각된다. 그가 비록
武城書院의 薦擧를 받았다고는 해도, 실제로 上京하여 생활하던 데에는 判
書 李址鎔등의 후원이 있지 않았나 한다. 즉 그가 上京하여 主事職에 실제
임용될 수 있었던 것은, 李址鎔이 古阜郡守를 1893년에 지낸 바가 있었는데
그 무렵부터 吳知泳등과 함께 밀접한 교류를 맺고 있던 李址鎔등 여러 인사
들의 후원이 있었기에 또한 가능했던게 아닐까 싶은 것이다.43)

한편 義菴門下로 '更入敎'한 그는 1904년에는 泰仁 등지에서 進步會를 設
立하여 中央과 긴밀한 관계를 유지하면서 활동하였다. 이런 사실에 관해서
는 다음에서 상세히 알 수 있다.

> 同月(八月) 先生遂文明的進步 如此開明時代社會的爲主敎 務保國安民之
> 計 在此一擧 則卽爲各率所管人 起會事務 乃保吾國危難之勢矣 一幷削髮之
> 命鼎重也 入路諸大頭領齋會議決 乃乃起會之約重大 而余爲泰仁團聚領首 率
> 營內敎人頭領 金重華・朴鳳儀・金永祿・金得千・姜宗實諸氏 起會于泰仁
> 郡爲六七百名 時則九月二日也 …… 翌五日起 率數千人 至裏里市留宿 翌六
> 日卽行江鏡中路 逢南周松所管合勢 入江鏡也 會名以進步會爲 先進大薦主李
> 炳春氏・具昌根・張南善・閔泳一・李永夏・朴花生・李有祥・李祥宇諸氏
> 礪山郡守朴恒來 以解散之意 率守城 包軍 一幷放 包一幷捕足 事已危急中矣
> 余與金兄鳳得 交涉于日本人 警察署送日巡査 朴恒來相詰 後放還諸氏 則設
> 會奠接 時則十四日也 …… 余上京 與本會相議詳諸條及會規則 知之下來 卽
> 人全州府十餘萬衆開會 會名變爲壹進會 其時則十一月三日也44)

이에 따르면, 그는 義菴 孫秉熙가 보낸 교시에 따라 국가의 위급하고 어
려운 형세를 바로잡고 '保國安民之計'를 주력하기 위해서 進步會를 설립하
였다고 한다. 또 자신이 泰仁 地域 進步會의 首領이 되었다가, 礪山郡守 朴
恒來가 이끌고 온 守城包軍과 대치 끝에 해산하였다는 것이다. 그리고 나서
上京하여 中央의 방침을 확인하고 全州府로 돌아가 壹進會로 그 명칭을 변
경한 것이 그 해 11월 3일이라고 하였다.

---

43) 拙稿, 「吳知泳의 人物과 著作物」, 『東亞硏究』 19, 1989, p.63 ; 本書, p.22 참조.
44) 「地」, pp.68~70 ; 『全集』 上, pp.184~186. 1904년의 기록.

이러한 益山·全州 地域에서의 進步會를 통한 活動 그리고 壹進會로의 변경 이후의 東學教徒의 活動에 정부측에서도 강경히 대처함으로써, 더 이상 의사를 관철시키지 못하게 되어 鄭瑢根을 비롯한 東學教徒들은 좌절하게 된다. 그런데다가

乙巳年(1905) 三月 二十七日 觀察使李勝宇 奉政府命令 在囚教人八名以 指目絞刑而金國炫氏亦被害也 事有涇渭之未分 不得質問 數萬會衆 無不痛歎 吾園李奉宗·金奉年·金鳳得及余痛寒交이 數日不進會務 余則五十兩賻儀 焉[45]

라 한 데서 보이듯이 1905년 3월 27일에는 觀察使 李勝宇가 정부의 명령으로, 감옥에 갇혀있던 鄭瑢根의 外堂叔 金國炫이 포함된 東學教徒 8인을 지목하여 絞囚刑에 처하였는데, 이를 당하여 壹進會는 더 이상 제대로 활동하지 못하게 된 듯싶다.

4. 愛國啓蒙運動家로서의 변신과 그 후의 활동

1905년 3월 鄭瑢根의 外堂叔 金國炫이 政府의 益山·全州지방 壹進會 무력 진압에 따라 絞囚刑에 처해진 사건을 계기로 위축되어 운동노선의 전환을 꾀하고 있던 東學教徒들은 그로부터 6개월이 지난 9월 경에 계몽 활동을 위해 學校 設立을 결정하게 되었다. 이런 사실은, 鄭瑢根의 『學明德尊』에

九月分 吾教會中 觀此時局 則敎育先務最大 故各頭領議決 數萬金募集然 後 學校北門內買家修理設置 生徒一百八十餘名 余則紙貨二百圓 收合義助 也[46]

라 있음을 보아 알 수가 있다. 당시 익산과 전주지방 동학지도자들이 모여서 時局을 논의해서 '敎育先務最大'라 결정하고, 이에 따라 모금하여 전

---

45) 「地」, pp.70~71 ; 『全集』上, pp.187~188. 1905년의 기록.
46) 「地」, p.71 ; 『全集』上, p.188. 1905년의 기록.

주 북문내의 집을 사서 수리한 뒤 180여명의 生徒를 모아 學校를 설립했던 것이다. 이 때 鄭瑢根은 紙貨 200圓을 냈다고 했다. 이 200圓이란 금액이 오늘날 화폐 단위로 환산하면 얼마나 되는지 명확히 알기 어렵지만, 당시 湖南學會를 비롯한 여러 학회의 일년 회비가 1圓 정도였던 것과[47] 비교해 보면 큰 금액이었을 것이다. 이런 거금을 낸 鄭瑢根은

　　丁未年(1907) 七月 …… 是月 爲吾敎中設立昌東學校長之任也[48]

라고 했듯이 그 학교 즉 昌東學校의 校長이 되어 영향력을 행사했던 것으로 보인다.

이 무렵에 그는, 日本을 패망시킴으로써 우리나라는 흥하게 되고 王政도 유지될 수 있다고 믿었던 것같다. 예컨대

　　于時 道聽京音 則四凶受罪 倭猶避走云 必是 我國將興之苗脈也 公卿大夫
　　元士之適子與凡民之俊秀 八歲入小學 十五歲入大學 以明當行之路 豈可他物
　　犯於國中也哉 如此則雖百千載而王不可亡也[49]

라고 하여 倭가 避走함은 반드시 우리나라가 장차 흥하게 될 조짐이라고 하였던 것이다. 다만 그 방법에 있어서, 敎育의 중요성을 강조하여 敎育이 제대로 이루어지면 천년이 지나더라도 王政은 망하지 않을 것이라는 소신을 지니고 있었다. 요컨대, 東學에서 活動하면서도 그는 敎育의 중요성을 깊이 認識하고 있었고, 王政의 유지를 國權 恢復의 궁극적인 목표로 삼고 있었다고 보여진다.

그랬기 때문에 昌東學校나 全州지역의 學事에 적극적이었다고 믿어진다. 당시 그의 활동상을 알 수 있는 記錄 중에서 중요하다고 여겨지는 것 몇을, 그의 『學明德尊』에서 뽑아서 제시해 보이면 아래와 같다.

47) 『湖南學會月報』, 韓國開化期學術誌 17, 亞細亞文化社, 1978, p.461 및 p.532 참조.
48) 「地」, p.75 ; 『全集』 上, p.192.
49) 「天」, p.87 ; 『全集』 上, p.92. 1905년 5월 7일의 기록.

戊申年(1908) 五月 余亦學校長之任辭免[50]
戊申年(1908) 九月十五日丁酉 永日淸和 昌東學校生徒父兄懇親會開設 學事硏
　　究會組職 會長公選 余爲被薦[51]
己酉年(1909) 九月十三日 … 是日 全北議會開 … 本校長之任 余爲復擔也[52]
庚戌年(1910) 十月二十二日 … 是午 余則本校長辭免 代朴鳳烈氏選任[53]
癸丑(1913) 二月二十七日 … 是日 道內議會開 全州區長被選金奉年 昌東學校
　　長被選余也[54]

이 기록들에서 보이는 바와 같이 그는 昌東學校의 校長職을 사임하였다
가 또 다시 취임하기를 거듭하고 있는데, 그 이유는 주도권 행사 여부에 있
었던 것같다. 그렇지만 昌東學校 校長에서 물러나 있던 때라 하더라도, 그가
昌東學校 生徒의 父兄 懇親會에서 學事硏究會를 조직하여 會長이 된다거나
(1908년 9월), 全州敎育懇親會에 참석한다든가(1911년 2월 11일)[55] 하여 자
신의 영향력을 여전히 행사하면서 敎育의 중요성을 역설하고 또 이를 실행
에 옮기고 있었던 것같다.

　이같이 학교교육의 중요성을 강조하고 실행하던 당시 그는 그 교육의 목
표는 國權恢復에 두고 있었지만 방법상으로는 皇帝에 대한 충성을 다짐하
는 王政 維持에 두고 있었던 것같다. 그가 국권회복을 이룰 수 있는 여러
방법 중의 하나로 교육을 통한 왕정의 유지에 두고 있었다고 하는 점은, 앞
서 잠시 언급한 바가 있듯이 東學軍의 봉기에 참가한 이래로 지녀왔던 신념
이었다고 생각되는데

　　戊申年(1908)　二月八日　卽大皇帝陛下誕辰日也　余則率生徒　往地方政府
　　拜御眞 祝賀萬歲三唱[56]

---

50) 「地」, p.83 ;『全集』上, p.199.
51) 「地」, p.89 ;『全集』上, p.205.
52) 「地」, p.173 ;『全集』上, p.289.
53) 「人」, p.78 ;『全集』上, p.386.
54) 「誠」, p.44 ;『全集』中, p.45.
55) 「人」, p.98 ;『全集』上, p.406 등에 이와 관련된 기록이 흔히 보인다.
56) 「地」, p.80 ;『全集』上, p.196.

라 하여 大皇帝陛下의 탄신일을 맞이하여 生徒들을 이끌고 지방정부에 가서 사진에 참배하고 축하하는 의미로 만세삼창을 하고 있음에서 보다 명확히 헤아릴 수 있다. 또한 그가 황제폐하에 대한 충성을 다짐하여 왕정의 유지를 이루고, 그것을 통해 국권의 회복을 꾀하려 했던 점은 (뒤에서 분석할 바이지만) 그의 所藏書 중 國王關係 書籍을 『정선미전권자ㅎ』라는 책의 내용이 바로 황제폐하에 대한 충성을 강력히 요구하는 것이었다는 데에서도 헤아릴 수 있는 것이다.

이와 같이 昌東學校의 校長職을 역임하는 등 하면서 교육의 중요성을 강조하는 한편으로 그 자신이 직접 學會 活動도 하였던 것같다. 學會 가입 여부는 확인이 되지 않지만

> 十八日木 陰十四乙卯 日氣如昨 是向 吳政善・李赫兩氏 面謝次禮 渾酊酌 李赫氏・吳知泳兄 湖南學會 從遊云[57]

라고 하였듯이 吳知泳・李赫 등과 湖南學會의 일을 논의하고 있음을 미루어서 학회 활동에 대해 지대한 관심을 가졌으리라 믿어진다. 뿐더러 단지 관심을 기울이는 데에만 그친 것이 아니라 실제로 참여도 하였다. 즉

> 獎忠壇嶠南學生親睦運動會往觀[58]
> 湖南學生運動會 獎忠壇開設往參觀[59]

라 있음을 보아서 嶠南學會나 湖南學會에서 주관했을 親睦運動會에 참관하였음을 알 수 있는데, 이러한 학회 주관의 친목운동회에 그가 참관하였다는 사실은 곧 그 자신이 그 학회에 가입했거나 혹은 가입은 하지 않았다고 하더라도 실제로는 그 학회의 활동에 동참했던 것으로 보는게 온당할 듯하다. 다만 學會의 會報 등에서는 그의 성명이 찾아지지 않는다.

---

57) 「人」 p.66 ; 『全集』 上, p.374. 1910년 8월 18일의 기록.
58) 「敬」 p.54 ; 『全集』 中, p.233. 1915년 5월 23일의 기록.
59) 「敬」 p.55 ; 『全集』 中, p.234. 1915년 5월 30일의 기록.

한편 鄭璿根이 天道敎 中央總部에서 활동하기 시작한 것은 대체로 1909
년 1월 23일 中央總部 叢仁院의 臨時議事員에 임명되면서부터인 것같다. 그
런후 그가 中央總部에서 보다 확고히 활동할 수 있게 되는 것은, 1914년 4월
2일에 열린 中央總部 共同傳授心法에 기라성같은 당시의 敎人 代表들과 같
이 참석하면서부터 였던 것으로 생각된다. 당시의 共同傳授心法은

> 甲寅 四月 二日에 義菴先生이 所謂 직접 頭目 七十四人을 불러 한자리
> 에 앉혀 놓고 所謂 共同傳授心法式이라는 것을 擧行하였다 … 나는 이제
> 三百萬 敎徒에게 共同心法을 傳授하노니 君等은 각기 돌아가 또 各人에게
> 전하라. 이제부터는 單傳單受하는 法이 없고 共同心法으로 가는 것을 알
> 아야 한다. 그 座席에 參與한 人는 如在 朴寅浩・李動勳・洪秉箕・羅龍
> 煥・吳知泳 …… 金奉年・鄭璿根・鄭道永 ……[60]

라 있음에서 孫秉熙로부터 法統을 집단적으로 계승받는 자리인 이른바
共同傳授心法에 鄭璿根이 참석할 수 있었던 것은 이미 中央總部에서의 활
동기반이 닦여져 있었음을 의미한다고 하겠다. 또 中央總部에서 監査院長
職을 맡아 활약하고 있던 吳知泳과의 밀접한 關係가, 큰 보탬이 되었을 것
이다. 물론 吳知泳에게도, 鄭璿根이 바로 그 자신의 활동에 있어서 가장 중
요한 세력 기반이었던 益山지방의 대표였기 때문에 그를 가벼이 할 수 없는
처지였을 것으로 보인다. 그러므로 吳知泳과 鄭璿根은 같이 中央總部에서
활동하면서 긴밀한 협조 관계를 유지하고 있었던 것같다. 예를 들면

> 是夜 源菴兄家 豊菴丈及諸頭領論和道制焉[61]
> 余與監査院長論道內敎制事[62]
> 吾道內敎友一齊 源菴兄私邸會同 各郡敎區一層擴張郡底及驛上大處新設
> 可決[63]

---

60) 吳知泳, 『東學史』, 永昌書館, 1940, pp.209~210 ; 『吳知泳全集』(이하 『全集』으로
    약하기로 함) 上, 亞細亞文化社, 1992, pp.231~232.
61) 「敬」, p.104 ; 『全集』 中, p.283. 1916년 4월 10일의 기록.
62) 「敬」, p.137 ; 『全集』 中, p.316. 1916년 10월 21일의 기록.
63) 「敬」, pp.211~212 ; 『全集』 中, pp.390~391. 1916년 10월 28일의 기록.

등의 기록으로 보아서 源菴 吳知泳의 私邸에서 鄭瑢根은 益山·全州지역의 교인들과 함께 수시로 모여 규합을 공고히 하였음을 알 수 있는 것이다.

그러던 중 1919년 3·1運動이 일어난 후 天道敎에 대한 日帝의 조사 과정에서 鄭瑢根은 西大門형무소에 투옥되었다. 이에 대해 그가 기록한 내용을 옮겨 보면 다음과 같다.

　　五月三日 吾總部一同網羅 憲兵司令府潰囚而其時大宗師長鄭廣朝·共 宣 觀長金永倫·道師李炳春 …… 議事員余與林根泰 …… 金在根 合二十九 人 …… 囚西大門監獄 累質後六月兮 解放後 累月 治療也 …… 余在監時番號三千七百四十二也[64]

이에 따르면 1919년 5월에 中央總部의 鄭廣朝 등 29인이 憲兵司令府에서 조사를 받고 서대문 감옥에 수감되었다고 한다. 그 가운데 자신도 수감되어서 한달여간 지내다가 석방되었는데, 당시 자신의 수감번호가 3742번이라는 것이다.

3·1運動의 여파로 이같이 투옥까지 되었던 그가, 吳知泳이 이른바 新派를 형성하여 議事院 會議制度 개선등을 요구하며 전면에 나서서 中央總部의 개혁을 꾀하다가 출교당할 때[65], 鄭瑢根은 오히려 所謂 舊派편으로 돌아서서 1922년 4월의 宗法院 布德師에 임명되었다. 그리고 1925년 10월 28일에는 中央委員會 常任委員에 피선되고 같은 해 12월 26일에는 司觀會 고문에 취임하였으며 1933년 4월에는 監査部의 監査觀正에 피선되어 그 이후 줄곧 중앙총부에서 일을 보았다.[66] 그러던 중 1938년 가을에 湖南 시찰 후 건강이 나빠져 귀가하여 투병끝에 同年 10월 3일(음력)에 生을 마쳤다.

그의 사망시기에 대해서 族譜上에는 그가 1939년 10월 3일에 사망한 것

---

64)「信」, pp.58~59 ;『全集』中, pp.390~391.

65) 吳知泳이 黜敎당한 것은 1922년 5월 12일이었다.『天道敎會月報』및 拙稿,「吳知泳의 人物과 著作物」,『東亞硏究』19, 1989, p.73 ; 本書, p.31 참조.

66)『天道敎會月報』및 拙稿,「解題」,『全集』上, p.16 ; 同改題「鄭瑢根의 人物과 著作物」, 本書, p.107 참조.

으로 되어 있고 그의 戶籍謄本上에는 檀紀 4271년 즉 1938년 11월 24일에 사망하였다고 적혀져 있으므로 서로 일치하고 있지 않다. 그렇지만 天道教 中央總部에서 발행하는 『新人間』 1939년 1월호에, 鄭瑢根과 밀접한 交流를 맺고 있던 金秉濟가 「樑菴先生을 哭함」이란 글을 게재하고 있는데, 樑菴은 바로 그의 道號이므로, 아마 戶籍謄本上에 보이는 1938년 11월 24일에 그가 사망했던 것이 아닐까 생각하였다. 그러다가, 『每日申報』 1938년 11월 26일 字에서

> 鄭瑢根氏(天道教 玄法) 二十四日 午後七時 全北益山郡鄕第에 別世[67]

라 있음을 찾음으로써, 그가 1938년 11월 24일(양력) 오후 7시에 그의 고향 집에서 사망했다는 사실을 확인하게 되었다. 族譜에 그의 死亡年度가 1939년으로 기재되어 있는 것은 잘못이지만, 그 월·일이 10월 3일이라 한 것을 음력으로 보면 틀린 것이 아니다.[68]

5. 鄭瑢根의 著作物 및 所藏書(文件)에 대한 檢討

앞서 밝힌 바와 같이 鄭瑢根의 子婦가 所藏하고 있는 文件들을 면밀히 검토한 결과, 그 속에는 지금까지 알려진 바가 없는 東學史 및 初期 天道教 會史 究明에 중요한 자료가 된다고 여겨지는 것이 다수 들어 있음을 알 수 있었다. 이들의 내용과 그 외에 『天道教月報』 등에 발표된 글을 개략적으로 소개함으로써 그의 東學思想을 이해하는 데에 실마리를 찾을 수 있다고 믿어지므로, 그의 著作物과 所藏書(文件)으로 나누어 각각 검토해 보기로 하겠다.

---

67) 『每日申報』 朝刊版 第1面 人事欄 ; 『每日申報』 38, 景仁文化社, p.321.
68) 鄭鶴聲의 『近世中西史日對照表』, 臺灣 國立編譯館, 1936, p.846에 의하면 1938년의 양력 11월 24일은 음력으로는 10월 3일이 되기 때문이다.

(1) 著作物

著作物에는 『學明德尊』 9卷과 天道敎 雜誌에 揭載한 글 두 종류가 있다.

먼저 『學明德尊』은 전9권으로 제1권 「天」의 처음인 1895년 1월 1일부터 제9권 「元」의 맨 마지막인 1936년 12월 24일까지 42년간의 記錄이다.[69] 구체적으로 거의 매일 빠짐없이 자신의 행적, 交流하고 있는 인사들의 명단, 주고 받은 편지나 대화 내용의 골자, 참석했던 모임의 진행상황 등을 적고 있다. 이러한 『學明德尊』 서술에 있어서 그 자신의 방침은 다음과 같은 귀절에서 잘 알 수가 있다.

> 余日記 去乙未周年 詳細記明也 自丙申至于今年今日 略抄以記載是亦日記者之所懈怠之心也 以然則今玆開悟更惺快心平生做去之徑綸 故又爲日記之營繕 不負心盟也[70]

이에 따르면, 乙未年 즉 1895년 만일년 동안의 日記는 상세히 썼는데, 丙申年(1896)부터 今年 今日 즉 1908년 10월 19일까지는 간략하게 뽑아 기재한다고 했다. 그러면서 이렇게 간략하게 뽑아서 기재하게 된 것은 게으른 마음 때문이라고 스스로 반성하고, 앞으로는 평생동안 記錄으로 日記를 잘 쓰겠노라고 다짐하고 있는 것이다. 이러한 기록으로 보아서, 鄭璿根은 매일 매일 자세한 日記를 써서 보관하다가 『學明德尊』이란 이름으로 整理하여 옮긴 것이라 보여진다. 더욱이

> 夜雨 客年度 日記抄本謄引焉[71]

라 하여 일정 기간동안 모아 두었던 日記 草稿중에서 그 내용을 整理하여 『學明德尊』으로 옮기고 있음을 밝힌 것으로 보아 그랬던게 틀림없다.

그렇기 때문에 『學明德尊』의 내용은 그 자신의 지극히 은밀한 애정관계

---

69) 拙稿, 「解題」, p.20 ; 同改題 「鄭璿根의 人物과 著作物」, 本書, p.110 참조.
70) 「地」, p.86, 1908년 10월 1일 ; 『全集』上, p.202
71) 「敬」, p.91, 1916년 1월 8일 ; 『全書』中, p.270.

같은 사생활에 관한 것외에는 거의 사실과 다름이 없었을 것이다. 이렇게 볼 수 있는 근거는, 다음과 같은 두 가지 점에 있다.

첫째는, 수년이란 시간이 흐른 뒤에 回顧하고 있는 식으로 막연히 쓰고 있는게 아니라, 기왕에 매일 매일 쓴 日記를 토대로 정리하여 『學明德尊』으로 옮기고 있다는 점이다. 물론 이 과정에서 부분적인 수정이나 생략이 가해졌을 가능성이 대단히 크지만, 日記의 골격 말하자면 그 날에 있었던 행사의 내용, 交流한 인사들의 명단 및 대화 내용 등은 그대로였다고 해서 그르지 않겠다. 특히 『學明德尊』의 제1, 2권의 내용은 그 자신이 밝히고 있듯이 상세히 기록하였다고 했으므로, 그 신빙성은 매우 높다고 하겠다.

또한 『學明德尊』의 기록을 신빙할 수 있다고 보는 또 하나의 이유는 『學明德尊』의 것과 다른 그것과를 비교해 볼 때, 몇가지 일치하는 사항들이 찾아진다는 점이다. 예를 들어 앞에서 언급하였듯이 『學明德尊』에서 자신이 1900년에 宮內府의 主事가 되었는데 이 사실이 官報에 나온다고 밝혀두어, 그 眞僞를 확인해본 결과 일치함을 알 수 있었다. 또한 『學明德尊』에서 1901년 臨陂 樂英室에서 崔益鉉이 참석한 가운데 講會가 열렸을 때, 자신이 동생들과 참석하였다고 밝혔는데, 이 사실도 『勉菴集』과 일치함을 찾을 수 있다.[72]

따라서 『學明德尊』의 내용은 신빙성이 대단히 높다고 하여도 무리가 아닐 듯하다. 다만 그렇더라도 앞서 지적한 바대로 東學軍의 봉기에 중견으로서 활동했던 사실들을 소상히 밝히고 있지 않는 데에서도 가늠할 수 있듯이, 자신에게 불리할지도 모르는 事案들에 대해서는 日記의 草稿에서 『學明德尊』으로 정리하여 옮기면서 의도적으로 삭제했을 가능성은 충분히 염두에 두어야 할 것이다.

그러면 鄭瑢根은 이 日記를 언제부터 쓰기 시작했을까. 즉 그 첫째 권인 「天」 첫머리가 1895년 1월 1일의 일기로부터 시작하고 있지만 실제로는 그 이전부터 썼던 草稿 중에서 그 부분부터 이 『學明德尊』에 整理하여 옮긴 게

---

72) 『勉菴集』 年譜 辛丑年 四月조 참조.

아닐까 싶은 것이다. 이는 「天」의 겉 表紙 바로 뒷장의 間紙에 『學明德尊』과는 다른 題名으로 『造詣得正』이라 쓰여 있고 '歲昭陽大荒落社文章草閣寒月中旬題'라 附記되어 있음을 찾을 수가 있기 때문이다.

이러한 부기 내용 중 '歲'는 '太歲'의 略으로 中國 古代의 曆法인 太歲紀年法을 가리키는 것으로 보여진다.[73] 태세기년법에서 10개의 歲陽 중 '昭陽'은 十干의 '癸'에 해당되며, '大荒落'은 十二支 중에 '巳'字가 든 해를 가리키는 것이라고 하므로, '昭陽大荒落'은 이 '癸'와 '巳'가 합쳐진 癸巳年임을 가리키는 것이라 하겠다.[74] 그의 활동 시기를 고려하여 계산해 보면, 이 癸巳年은 1893년이 옳을 것이다. 따라서 이전에 써놓았던 자신의 글을 정리하고자 했던 것은 1893년임을 알 수 있는 셈이 된다.

또한 附記사항 중 '社'는 立春이나 立秋後 다섯 번째로 간지에 '戌'字가 들어가는 날이라고 했으므로[75] 文章을 草閣 즉 초잡은 것을 멈춘 날은 癸巳年의 立春이나 立秋가 지난 후 第5의 '戌'字가 들어간 날이었다. 草하는 것을 멈춘 날은 이렇듯이 1893년 立春이나 立秋後의 어느 날이 되겠지만, 곧이어 題했다고 한 '寒月中旬'은 8월 中旬임을 의미하니까 草한 날은 그 이전이어야 하므로 立春 後 第5의 戌이 들어가는 날인 3월 26일(음력 2월 9일)이었다고 여겨진다.[76] 결국 間紙에 적혀있어 간과하기 쉬운 이 몇 글자를 통해서 우리는 鄭瑢根이 『學明德尊』이라는 題名으로 1895년 정월 초하루부터 하루도 빠짐없이 일기를 정리하기 이전에도 이미 初稿 상태의 日記들이 있었을 것임을 어렵지 않게 짐작할 수 있게 된 것이다.

그러면 왜 하필이면 1895년 정월 초하루 이전의 기록들을 『學明德尊』이란 題名下의 日記에 옮겨 정리하지 않았던 것일까. 이 점은 아마도 1894년 즉 甲午年에 있었던 東學軍의 봉기에 그가 東學軍 執綱所의 중견으로서 참

73) 太歲紀年法에 대해서는 王力, 「中國古代文化常識」(一), 『古代漢語』(修訂本) 第二册, 北京 中華書局, 1963 ; 李鴻鎭譯, 『中國古代文化常識』, 螢雪出版社, 1989 참조.

74) 王力, 前揭書, pp.844~849 ; 李鴻鎭譯, 前揭書, pp.30~35.

75) 王力, 前揭書, p.851 ; 李鴻鎭譯, 前揭書, pp.40~41.

76) 鄭鶴聲, 『近世中西史日對照表』, 臺灣 國立編譯館, 1936, pp.755~756 참조.

여하였던 사실과 밀접한 관련이 있는 듯하다. 이 때에 자신이 한 역할 등에 대해서 일일이 일기식으로 기록하여 둔다는 것이 당시의 처지로서는 용이한 일도 아니었을 것이며, 또한 그 봉기가 성공치 못한 당시의 상황에서 만일의 사태에 대비해야 한다는 점에서도 불가피할 수 밖에 없는 것이었다고 헤아려진다.[77]

그러므로 그는 당시의 기록은 『學明德尊』에 일일이 자세하게 기록하지 못하고 그 직후인 1895년부터의 일기만을 상세히 적게 되었던 것이 아닐까 싶다. 이같이 일기식으로 1895년 이전의 사실은 상세히 정리되지 않았지만 그렇더라도 『學明德尊』의 내용 중에 때로는 그 이전의 사실을 간혹 적어 놓기도 했는데, 가령 그 자신의 東學 入敎 時期가 1894년 3월 3일이었다는 기록등이 그것이다.

이와 같이 『學明德尊』에는 그 자신이 東學軍의 봉기에 참가했던 사실에 대해서 거의 적어 놓지 않았지만 그 무렵의 鄭瑢根의 개략적인 활동상은, 앞서 제시하였듯이 그 자신이 썼을 것으로 믿어지는 『天道敎月報』의 「益山宗院沿革」에서 찾을 수 있다. 「益山宗院沿革」이 鄭瑢根이 쓴 것이라고 생각되는 까닭은 다음과 같다.

첫째, 이 「益山宗院沿革」이 발표될 당시인 1926년에는, 鄭瑢根이 益山 出身으로서는 거의 유일하게 中央總部에서 활약하고 있었으므로 中央總部에서 발간한 『天道敎會會報』에 실린 이 글은 그가 쓴 것이라 보여진다. 둘째, 내용이 그의 活動에 전적으로 촛점이 맞추어져서 기술되어 있다는 점이다. 예를 들면 「益山宗院沿革」에서는 1907년 孫秉熙가 南道의 敎勢를 시찰하려고 益山을 방문했을 때 그 자신의 親家만 방문했던 것처럼 기술하였지만 『學明德尊』에 소상히 적혀 있는 것에 의하면[78] 그 집을 방문하기 이전에 吳

---

77) 이와 관련하여 염두에 두어 좋을 사실은, 뒷날 鄭瑢根이 昌東學校의 校長으로 재직시에 지방 정부에서 행정 절차상 履歷書 제출을 요구하자,이를 제출하고 있다는 사실이 아닐까 싶다. 이 경우에도 자신이 東學軍의 執綱所에 중견으로 참여했던 사실을 기록하지는 못했을 것으로 가늠된다.

78) 「地」, p.81 ; 『全集』 上, p.198. 1908년 4월 11일의 기록.

<表 2> 鄭瑢根의 雜誌 揭載文 目錄

일련번호	잡 지 명	년·월 호수	제 목
1	『天道教會月報』	1913년 9월호	지성은 감텬
2	『新人間』	1933년 5월호	萬古史蹟 昭然하다
3	『新人間』	1933년 10월호	새로히 道場을 淨潔히 하라
4	『新人間』	1934년 1월호	敎規의 嚴守와 機關的 活動……
5	『新人間』	1935년 1월호	新興氣運을 基礎로
6	『新人間』	1936년 1월호	道는 眞實을 主로
7	『新人間』	1937년 1월호	和氣滿場同歸一體로
8	『新人間』	1937년 12월호	哭畏友

知泳의 집에 먼저 들렸고 집회를 가진 후 鄭瑢根의 집을 비로소 방문한 것으로 기록되어 있어 「益山宗院沿革」은 명백히 鄭瑢根 중심으로 기록되었다고 할 수 있을 것이다.

이런 이유들로 해서 「益山宗院沿革」은 그의 著述物로 넣을 수 있다고 하겠는데, 그 이외에 그의 저술물에는 天道教 中央總部에서 발간하던 『新人間』에 발표했던 글들을 들 수 있다. 이를 조사하여 表로 제시해 보이면 <表 2>와 같다.

이 <表 2>에 보이는 글들이 지니는 내용의 특징으로는, 中央總部의 조직과 권위를 인정하고 이에 순종하는 가운데 개인의 신앙 생활을 해야 한다는 점을 강조하고 있음을 들 수 있겠다. 예를 들면 「敎規의 嚴守와 機關的 活動의 敏活에」에서

> 지금은 個人時代가 않이다. 그러므로 敎人들은 各個人이 따로따로 떠러저서는 아무런 일도 靈跡도 차즐 수 없다. 오즉 敎人各自는 敎團의 機關的 統制 밑에서 規律잇게 動作하는 대서만 우리 敎의 目的인 後天開闢의 大目的은 構成될 것이다.[79]

라고 하여서 신앙 생활이 조직 중심으로 이루어져야 한다는 것을 설파하고 있는 것이다. 이 점은, 그 자신이 中央總部에서 고위 간부직을 역임하고

---

79) 『新人間』 1934년 1월호, p.9.

ㅇ

있던 데에서 연유하는 것으로 보여지는데, 이러한 그의 태도는 義兄弟까지 맺고 같이 활동하던 吳知泳이 天道敎聯合會를 결성하여 地方分權的이며 所謂 共和政的인 敎團의 運營을 표방하던 것과는 전혀 상이한 것이었다. 따라서 그의 이런 글들은 吳知泳과 그토록 절친한 관계였음에도 불구하고 후일 왜 행동을 끝내 같이 하지 않았는지를 헤아릴 수 있게 해준다고 여겨진다.

(2) 所藏書(文件)

그가 所藏하고 있던 冊이나 文件은, 물론 現存하는 것보다는 월등 많았던 것같다. 그의 子婦의 증언에 따르면, 그 후손들이 관리하는 과정에서 소실된 것이 상당했다고 하기 때문이다. 그러므로 지금 검토해 보고자 하는 그의 所藏書(文件)들이, 그가 所藏하고 있던 것의 전부는 아니라는 한계가 있다. 하지만 그나마 수습하여 정리해 보면, 그의 思想을 이해하는 데에 분명히 보탬이 되리라 믿어져, 이에 대해 시도해 보기로 한다.

우선 그의 所藏書(文件)에 대해 조사한 내용을 表로 작성하여 모두 제시해 보이면 다음의 <表 3>과 같다.

이 <表 3>을 통해서 그가 所藏하고 있던 것들에는 天道敎 계통 서적(문건) 뿐만아니라 儒敎 및 佛敎書籍, 國王 관련 문건, 宗親 관련 문건 등 다양하게 포함되어 있었음을 알 수 있다. 이러한 다양한 所藏書(文件) 자체는 그 자신이 지녔던 思想의 경향을 그대로 표출시키는 바로써 중요한 일면을 갖는다고 생각되므로 이에 대해 살펴보려 한다.

우선 그의 所藏書(文件)들 중에서도 宗親 관련 문건들은, 앞에서 언급한 것처럼 그가 자신의 家門에 대해서 자부심을 강하게 지니고 있었던 면과 밀접한 관계가 있던게 아닐까 싶다. 또한 國王 관련 문건은 그가 후일 교육기관으로서 昌東學校를 설립하고 주도적 역할을 해가는 애국계몽운동을 펼치면서 共和政的인 방향보다는 오히려 立憲君主制를 선호하는 성향을 어떻게 하여 띠게 되는가를 방증해 주는 것이라고 보아 좋을 것같다. 그리고 그의 所藏書 중에 佛敎 및 儒敎書籍이 포함되었다는 점은 그가 儒·佛·道 三敎

<表 3> 鄭瑢根의 所藏書(文件) 目錄

가. 天道敎 계통 서적(문건)

일련번호	書 名 (文件名)	내 용	작성연도	분량
1	『明心篇』	『東經大典』, 設餠圖降書, 己丑 (1889)通文 및 16條目, 甲午 (1894) 敬通文 등 수록	?	66장
2	衰監錄	全州 및 益山 부근 敎人 명단(135명)	?	16장
3	淵源錄	井邑 및 高敞郡의 敎人과 그들의 淵源을 조사해 놓은 것	1922년 3월	23장
4	樑菴道人 壽帖	鄭瑢根의 回甲에 吳世昌,鄭廣朝 등 天道敎지도자들이 써준 휘호 와 詩文을 모은 것	1934년	28장

나. 儒敎 및 佛敎 書籍

일련번호	서 명	내 용	작성연도	분량
1	二 炙	田艮齋가 檢束과 科弊에 대해 經 典 및 여러 先學들의 著述에서 가려 뽑은 것의 필사본	1930년 (필사년도)	30
2	천지팔양경	『불설천지팔양경』(불설천지팔양 신쥬경문), 『불설화의조왕경』, 『불 설조왕경』, 『불설고왕관셰 음경』 등이 묶여져 있음	?	29장

다. 國王 관련 서적

일련번호	서 명	내 용	작성연도	분량
1	本朝國忌	太祖 이후 國王과 王后의 籍과 昇遐日을적어 놓은 것	?	두루마리 1장
2	정성미젼권자ᄒ	황제폐하에 대한 충성을 요구하 는 내용의각셜이타령조의 이야 기 책,完山에서 刊行된 것의 (박만 억의) 필사본	1908년	80장

라. 종친 관련 문건

일련 번호	文件名	내 용	작성연도	분량
1	白米出給記	白米 出給 상황을 기재한 것	1890년 5월	7장
2	宗契座目	8년간의 宗契의 講信記 本錢과 利 殖의 상황을 기재한 것	1893년 ~1900년	12장
3	賦儀錄	鄭璿根의 부친 사망시받은 賦儀 목록	1908년	15장

를 종합하여 발전시킨 思想 體系로서 東學思想[80]을 수용한 것과 연결시켜
볼 수 있는게 아닐까 생각된다.

특히 所藏書(文件) 중에서 주목해 보아야 할 것은 지금까지 學界에 소개
된 바가 없던『二炙』는 艮齋 田愚가 여러 儒敎 經典 중에서 檢束(즉 개인의
修性)과 科弊(즉 科擧制의 弊端)에 대해서 가려 뽑아 만든 것을 筆寫한 것인
데, 이를 鄭璿根이 자신의 인장을 찍어둘 정도로 愛讀했으리라는 점은 그가
修性과 科弊에 대해 얼마나 관심을 기울이고 있었던지를 대변해 주는 것이
분명하다고 하겠다. 이같이 그가『二炙』에 들어 있는 檢束을 愛讀했으리라
는 점은 그가 본성을 깨우치고자 하는「煉性」을 통해서 얼마나 애타게 인간
의 본질을 이해하려고 노력했던가 하는 것을 여실히 드러내주는 점이라고
생각된다. 더욱이 그가『二炙』를 통해서 科弊에 관심을 경주하였던 것은, 바
로 그 자신의 家門이나 자신의 사회적 처지와도 깊은 관련이 있는 것이 아
닐지 싶다. 즉 그의 家門에서 후대에 내려올수록 科擧及第者가 배출되지 못
했으며 뿐더러 그 자신도 科擧에 응시하여 官職에 진출하지 못했던 것과 필
시 밀접한 관련이 있었다고 보아 좋지 않나 한다. 요컨대 이러한 내용을 담

---

80) 東學이 儒·佛·仙 셋을 종합하여 발전시킨 思想體系라고 함은 다음과 같은
吳知泳의 설명에 잘 드러나 있다.

先生은 말삼하시되 우리 道는 儒도 같고 佛도 같고 仙도 같으나 儒도
아니오 佛도 아니오 仙도 아니라고 하였다. (「儒佛仙과 吾道」,『東學史』,
永昌書館, 1940, p.9 ;『全集』上, p.31.)

고 있는 『二灸』를 그가 所藏하고 있었고 愛讀하였다는 사실은[81] 20대 초반
이 되면서 儒學을 공부하던 鄭瑢根이 왜 東學에 入敎하였으며 어떤 까닭으
로 東學軍의 봉기에 중견으로 참여했는지 그리고 어찌하여 東學思想 중 煉
性에 대하여 그토록 집착하였던지를 헤아릴 수 있게 해주는 것이 아닐까 생
각된다.

6. 鄭瑢根의 東學思想

鄭瑢根은 비록 李敦化의『人乃天─要義─』나 吳知泳의『新人乃天』과 같
이 東學思想에 관한 전문적인 해설서를 저술하지는 않았지만, 그의『學明德
尊』에서 자신의 생각 혹은 수련 방식 등에 대해 진솔하게 적어 놓은 구절들
을 찾을 수 있으므로 그가 지녔던 東學思想의 핵심이 무엇이었으며 어떻게
형성되었는지를 헤아릴 수 있을 것같다.

그의 思想에 대해 살펴 보고자 했을 때, 가장 먼저 의문거리로 떠오르는
것은 그의 著作物의 題名인『學明德尊』의 뜻이 무엇이며, 어떤 의미로 이런
題名을 붙였던 것일까 하는 점이다.『學明德尊』이란 題名을 군이 왜 선정했
을까를 염두에 두고 그 冊을 읽어가다가,

> 余之受讀是大學 而大學之道 在明明德 明明德之義 以淺見薄識 豈足以盡
> 發蘊奧 大抵所得乎天而虛靈 不昧以具象理而應万事者 是明德也 使天下之人
> 皆有以明其明德也 是明德也 ……[82]

---

81) 특히 이 문제와 관련하여 염두에 두어야 할 사실은,『二灸』에 찍혀 있는 印章
에 그의 이름이 瑢根으로 되어 있다는 점이다. 改名한 이후의 이름인 瑢根으
로 새겨진 이 印章이 그의 愛讀書에 찍혀 있다는 이 문제는, 그리 간단하게 넘
어갈 문제가 결코 아니라고 생각한다. 왜고하니, 그가 瑢根으로 改名한 時期는
뒤에서 입증되듯이 1900년에 宮內府 主事가 될 때였으므로, 결국『二灸』에 자
신의 所藏書라는 표시로 印章을 찍은 시점도 그 이후였다고 봄이 자연스러울
것으로 믿어지기 때문이다. 그만큼 뒷날까지 이『二灸』를 애독하였으리라 보
여, 그의 思想의 일면을 읽을 수 있는 단서가 되는 것이라 믿고 있다.
82)「天」, p.45 ;『全集』上, p.50. 1895년 6월 6일의 기록.

라 한 귀절을 통해서『學明德尊』의 '明德'이 儒敎 經典인『大學』에서 따온 것임을 알 수 있었다. 이 글에서 그가『大學』을 읽었다고 한 때가 1895년이므로, 자신이 執綱所의 실무진으로 참여했던 바있는 東學軍의 봉기가 실패로 돌아가고 나자 혹 개인적인 修身에 치중하게 되었던 것은 아니었을까 여겨졌다.

그렇지만 앞서 언급한 바대로『造詣得正』이란 題名을 이미 그 이전에 썼음을 통해 보았듯이, 儒敎的 德目의 수행을 통해 '得正'하려는 단계에서 1893년에 벌써 벗어나, 民亂이 빈발하던 당시 현실을 직시하고는 1894년 3월 13일에 東學에 入敎하였던 것으로 여겨진다. 즉 그가 현실 개혁의 강한 욕구를 표출하여, 東學軍 執綱所의 실무진으로 참여했었지만 그런 자신의 신념이 외세의 무력 행사로 좌절되고 말자 피신하여 재삼 자신의 '明德'을 수행하기에 이르렀다고 보여지는 것이다.

물론 그렇다고 하여 그의 애초의 학문적 기반이 전혀 儒學에 있지 않았다고는 생각되지 않는다. 당시의 상황에서 兩班의 후예인 그가 받을 수 있었던 교육이라고는 儒學이었을 뿐이기 때문에, 그도 여전히 당시의 어느 누구와도 마찬가지로 幼年 및 少年 시절은 儒學 공부로 보냈다. 그의 家門이 때로는 文科 壯元 及第者가 배출되기도 했던 家門이었으므로 더욱 그러했으리라 여겨진다. 다만 나이 스물 가까운 청년기부터는 科擧의 폐단등에도 관심이 깊어서, 앞서 소개한 바있는 田愚의『二灸』를 읽으면서 감명도 받았던 것이다.

그러면서 당시 현실에 대해서 눈을 뜨게 되고, 같은 마을에 거주하고 있던 吳知泳과 같은 人物이나 外堂叔 金國炫, 父 鄭淳敬 등과의 時局에 대한 토론을 통해서 자연스럽게 東學思想에 접하게 되었다고 보여진다. 따라서 東學 入敎 이후에 그가『大學』을 읽으면서 '明德'에 대해 깊이 사색했다는 위와 같은 사실은 그가 지녔던 東學思想의 요체를 나타내주는 것이 분명하다고 하겠다. 왜냐하면 東學思想의 始源이랄 수 있는『東經大典』의「八節」에서

不知明之所在 遠不求而修我 不知德之所在 料吾身之化生 不知命之所在
顧吾心之明明 …… 83)

이라 한 데서도 엿볼 수 있듯이 東學思想에서는 본래 人乃天의 修煉방법
으로서 가장 먼저 거론되고 있는 것이 바로 '明'과 '德'이기 때문이다.

　이후에도 그는 儒學者들과 교류하면서도 끝내 東學(天道敎)思想의 우월
성에 대한 소신을 굽히지 않고 있었다. 즉 그는

余輿姜宗實 往黃山 柳進士興洙氏家 …… 現今世界各國宗敎事像 吾國 本
無宗敎 今爲天道敎 吾國宗敎說明 而以吾國之民信吾國之宗敎 一心團合 道
德文明 乃保吾國獨立之勢矣 言及則事理當然云84)

라고 해서 黃山 居住 進士 柳興洙를 찾아가서 세계각국의 宗敎에 대해서
설명하고 우리나라에는 본래 宗敎가 없었지만, 天道敎가 우리나라의 宗敎
가 되었으니, 우리나라 사람으로서는 우리나라 宗敎인 天道敎를 믿어야 한
다고 강조했던 것이다. 그러면서 天道敎를 통해 일심으로 단합해서 道德 文
明을 이룸으로써 우리나라가 獨立의 형세를 지킬 수 있다고 했다. 말하자면
그는 東學 즉 天道敎를 통해서만 우리나라의 獨立을 유지할 수 있다고 믿었
던 것이다.

　이러한 그의 東學思想에 대한 自肯은

抵此吾國文明宗敎 無誠力難以成立也 明心注務 合心同力 保國安民之方
針 實心勤勉焉85)

라 하여 東學(天道敎)思想이 '保國安民之方針'임을 설파하는 데까지 이르
렀던 것이었다. 이와 같은 東學思想에 대한 그의 자긍심을 進士 柳興洙에게
만 보였던 것이 아니라 泰仁郡 鄕校로 柳種奎에게 찾아가서도 드러냈다.86)

---

83) 『東學思想資料集』1, 亞細亞文化社, 1978, p.39.
84) 「地」, p.95 ; 『全集』 上, p.211. 1908년 10월 5일의 기록.
85) 「地」, p.93 ; 『全集』 上, p.209. 1908년 9월 28일의 기록.
86) 「人」, p.150 ; 『全集』 上, p.458. 1911년 12월 1일의 기록.

물론 鄭瑢根이 泰仁郡 鄕校에까지 찾아가서 柳種奎등에게 東學思想의 우월성을 강조할 수 있었던 것은, 柳種奎 등과 사전에 충분한 교류가 있었으므로 가능했을 것이다.

그런데 여기에서 주목해 보아야 할 것은, 鄭瑢根과 이같이 교류 관계를 맺고 있던 柳興洙・柳種奎 등은 어떤 人物이었을까 하는 점이다. 이들은 金麟基가 1936년에 저술한 『武城書院院誌』에 보면

> 壬寅 二月仲丁日 …… 搢紳掌議 進士柳興洙 文化人 居全州 … 講修齋掌
> 議 柳種奎 文化人 …… 87)

라고 해서 武城書院의 중추적인 역할을 담당하고 人物들이었음을 알 수 있다. 더욱이 그 중에서도 柳種奎는

> 湖南儒生 進祠于泰仁古縣內面大舟坪 泰仁士人 金直述・柳種奎等 以仁
> 卽先生擧義之鄕 遂建議造祠 祠在文昌侯武城書院二里許 因以武城書院舊號
> 名之曰泰山祠 奉眞像88)

라 한 데에서 가늠할 수 있듯이 勉菴 崔益鉉의 死後 그의 祠堂 건립을 주도해 갈 정도로 주목받던 崔益鉉의 弟子였다. 이런 인물에게 찾아가서도 그는 거리낌없이 東學思想의 우월성을 주장하면서, 이 東學思想만이 우리나라의 것이며, 바로 이 思想이 '保國安民之方針'임을 내세웠을 정도로 東學思想에 심취해 있었던 것이다.

요컨대 그는 儒學이 '保國安民之方針'이 될 수는 없고 東學思想만이 '保國安民之方針'이라는 점을 표방하고 있었던 셈이다. 이런 그의 東學思想에 대한 자긍심은 이미 東學 입교 때부터의 그것이었을 것이며, 또한 東學思想만이 '保國安民'을 이룰 수 있다고 주장함은 일찍이 東學軍의 봉기 때에 全琫準이 「東學人布告文」에서 '…… 이제 義旗를 들어 輔國安民으로써 죽고

---

87) 『書院誌叢書』 9, 民族文化社, 1987, p.97.
88) 『勉菴集』 年譜, 丁未年 4월 조, 민족문화추진회, 『면암집』 3, 1985, p.80.

삶을 같이할 맹서로 삼는다 ……'89)고 한 바를 이은 것으로 그 자신 **東學軍**
執綱所의 중진으로서 활약했던 바에서 비롯된 것임에 틀림없을 것이다.

한편 그는 어떻게 하여 세계 각국의 宗敎 사정에 대한 지식을 얻게 되어,
그것과 비교하여 이와 같이 東學思想이 가장 우월하다는 자긍심을 지니게
되었던 것일까. 그 자신은 직접 外國에 한번도 가본 적이 없었지만, 그가 이
러한 생각을 지닐 수 있었던 것은 외국의 사정에 대한 지식을 전해주는 인
물들이 주위에 있었기 때문이 아니었을까 싶다. 그의 交友 관계에 대해서는
다음과 같은 기록들을 통해서 알 수 있다.

> 日本儒學生崔東曦氏 還國之路 適逢同爲歡迎渾酒兮飮90)
> 崔東曦氏 留學說 夜則 東西文明之說91)
> 適引崔東曦・李祥宇兩氏 吳兄(吳知泳)家來 論敍積年之懷 外國遊學之程
> 度也92)
> 是向 高雅寅柱適逢 聞其從兄石柱氏之信息則五六年前 美國遊學生渡
> 海以去有卒業也云 聞甚喜聳 而數語後弁別焉93)
> 是暮 高石柱氏來訪留連 而米國遊覽十有餘年去年分還國 多聞多識 可聞
> 處多焉94)

이 기록들을 볼 때, 그는 日本의 상황에 대해서는 崔東曦・李祥宇 등을 통
해서 소상히 알게 되었으며, 美國에 관한 지식은 高石柱에 의해서 얻었던 것
을 알 수 있다. 그에게 外國의 사정을 알려 주었던 이런 인물들 중 崔東曦는

---

89) 이 布告文은 일반적으로 「茂長東學輩布告文」으로 널리 알려져 있지만, 『隨錄』
에는 「茂長縣謄上東學人布告文」으로 되어 있다. 이 『隨錄』이 茂朱에서 이루어
진 公文謄錄이라는 사실(拙稿, 「東學農民軍의 執綱所에 대한 一考察」, 『歷史學
報』 133, 1992 ; 同改題「東學軍의 執綱所에 대한 一考察」, 本書, p.182)을 염두
에 두고 보면 원래의 제목은 「東學人布告文」이였다고 여겨진다고 하겠다.
90) 「人」, p.13 ; 『全集』上, p.319. 1909년 12월 23일의 기록.
91) 「人」, p.79 ; 『全集』上, p.319. 1910년 10월 26일의 기록.
92) 「人」, pp.134~135 ; 『全集』上, pp.442~443. 1911년 9월 9일의 기록.
93) 「地」, p.94 ; 『全集』上, p.210. 1908년 9월 30일의 기록.
94) 「敬」, p.167 ; 『全集』中, p.346. 1917년 3월 29일의 기록.

崔時亨의 子로서 친밀한 交流를 맺고 있었고[95], 李祥宇는 같은 지역에서 활동하고 있었으므로[96] 밀접한 관계에 있었던 것같다. 특히 高石柱의 경우는

> 庚子年 事大登 是年 吾敎指目大有矣 余則七月分 上京留 連蒙 十月 恩受宮內府電話課主事 改命瑢根 出官報也 其時相從李判書址鎔氏 及白議官澄洙・申主事錫俊 密密交遊也 又與金主事昌煥・吳主事知泳・高參奉石柱・金主事鳳得・申參奉泰主 連伴從遊 乃相結義兄弟[97]

라고 했음에서, 義兄弟 關係를 美國으로 遊學가기 이전부터 맺고 있었던 사이였다. 이들과 관계를 돈독히 가지면서 이들과의 대화를 통해 鄭瑢根은 외국의 사정에 대해 알게 되었고, 그에 따라 자연히 東學思想의 우월성을 확신하게 되었던 것이 아닐까 생각된다.

이런 배경 속에서 東學思想의 우월성을 지니게 되었던 그는 그 이후에도 신앙 생활을 해 나갔던 것같다. 그 자신이 쓴 바를 보면

> 金山寺를 往觀하고 普蓮寺에 往觀하니 僧二人이 煉性을 眞心으로 하난 것갓대라 一夜宿迫하고 …… [98]

라 하여 煉性에 집중하던 僧侶를 만나 같이 숙박하면서 煉性의 修行을 열심히 하였던 것이다. 이 煉性은 그 자신이

> 見性 其性也 空其光如 如物無不始 無處不接無時不化也 其心也 晴其色融融物 無不生 無處不聲無時不動也 …… 故動靜變化 都在於自體自化也 往昔季冬에 三角山道詵寺의서 煉性中에 記明한 抄本이 簡篇中의 在한 故로 記爲謄載하엿다.[99]

---

95) 崔東曦와 鄭瑢根과의 관계는, 특히 吳知泳과의 관계가 중요한 매개가 되었지 않나 한다. 왜냐하면 崔東曦의 弟 東昊가 吳知泳의 長女 順嬅와 혼인할 정도로 崔東曦와 吳知泳의 관계가 대단히 긴밀하였기 때문이다. 拙稿,「吳知泳의 人物과 著作物」,『東亞研究』19집, 1989, pp.57~58 ; 本書, pp.15~16 참조.

96) 『學明德尊』에서 鄭瑢根이 李祥宇와 같이 행동한 기록이 자주 보인다.

97)「地」, p.60 ;『全集』上, p.176. 1900년의 기록.

98)「法」, p.114 ;『全集』下, p.116. 1930년 5월의 기록.

99)「法」, p.107 ;『全集』下, p.109. 1931년 3월 16일의 기록.

라고 하였음에서도 알 수 있듯이, 인간의 本性의 실체에 대해서 깨달으려
는 것이었다. 물론 이러한 그의 煉性 修行은, 그가 金山寺에서 煉性을 진심
으로 하던 僧侶를 만나 같이했다고 했던 데에서도 살필 수 있는 바대로 佛
敎에서 널리 행해지는 것이었다.

하지만 東學에서도 본래 儒·佛·仙의 合一을 표방하여, 李敦化가

　　마치 儒佛仙에서 儒는 身의 倫理를, 佛은 性邊修煉을, 仙은 氣邊養生을
　목적하되, 天道敎는 儒佛仙－性 身 氣의 原理를 統一하여서 統一敎理를
　삼은 것이다[100]

라 하여 가장 극명하게 잘 정리해 주었듯이 佛敎에서는 性邊修煉의 原理
를 수용한 것이기 때문에 그의 煉性 修行은 東學에서의 煉性에 따른 그것이
었던 것이라 보여진다.

이와 같이 개인의 本性을 존중하는 煉性 修行을 실제로 하면서도, 그가
지니고 있던 생각은 지극히 敎會內의 機關의 役割을 중시하고 그 敎規를 준
수하여야 한다는 것이었던 것같다. 그의 이런 생각을 단적으로 잘 드러내
준다고 믿어지는 것은, 앞서 살펴 본 바대로 그가 中央總部에서 내던『新人
間』의 1934년 신년호에 監査正의 자격으로 게재한 글이 그 제목부터「敎規
의 嚴守와 機關的 活動의 敏活」이라 했던 것이라고 하겠다.

이렇게 敎會 내의 機關의 역할을 중시하고 敎規를 준수하여야 한다는 그
의 생각은, 결국 東學 入敎 때부터 깊은 인간관계를 유지하면서 號兄號弟하
던 吳知泳이 地方分權的이며 財政의 地方 中心 運營과 自治를 표방하여 天
道敎聯合會를 결성할 때 그와 결별하게 만들었던 것이라 보여진다.[101] 이에

----

100) 李敦化,「黨志」, 프린트본 ;『新人間』466호, 1989년 1월호, 新人間社, p.73.
101) 中央總部를 장악한 소위 舊派(혹은 復舊派)에 대항한 新派(혹은 革新派)의 움직
　　임에 대하여 鄭瑢根은 매우 부정적인 생각을 지니고 있었다고 보여지는데,

　　…… 우리는 道를 他力에 求치 말아야 하겠읍니다. 지금까지 우리들 가운
　　데는 道를 혹은 權力이나 其他의 것이 求한 이가 없지 않은 듯합니다. 그
　　러나 眞實한 意味의 道는 自己에게 있습니다. … 우리는 새해부터 道를 權

따라서 그는 吳知泳 대신 益山지역의 代表로서 中央總部의 고위직을 담당
하여 고위 敎役者로서의 생애를 마치게 했던 것이라 보인다.

7. 結 語

이상으로 東學 接主 鄭瑢根의 生涯와 그의 思想에 대해 살펴 보았다. 鄭
瑢根은 물론 東學에서 全琫準과 같이 주도적인 역할을 했던 인물도 아니고
또 東學이 天道敎로 전환되었을 때도 孫秉熙처럼 핵심적인 활동을 했던 인
물도 아니었다.

다만 東學軍의 봉기 때에는 執綱所에서 실무를 담당했던 중견간부로서,
그 후에는 接主·大接主로서 그리고 天道敎로 전환된 이후에는 益山敎區
敎區長 및 中央總部의 監査正으로서 활동했던 인물이었고 또 東學에 몸담
았던 인물로서는 보기 드물게 自筆 日記를 남기고 있기 때문에, 혹 東學史
研究에 보탬이 될까 하여 한번 살펴본 것이다.

鄭瑢根은 大地主로서 경제적 기반이 탄탄한 益山 거주 河東 鄭氏의 일원
으로서 태어났다. 후대로 내려 올수록 중앙관직 진출자를 배출하지 못했던
가문에서 儒學만을 공부하다가, 그가 20세 남짓한 청년이 되어 古阜民亂을
비롯해서 빈발하는 民亂등을 통해 현실 문제에 관심을 갖게 될 무렵 外堂叔
金國炫, 父 鄭淳敬 그리고 같은 동리에 거주하면서 그보다 5세 연상이였던
吳知泳 등의 영향으로 東學에 入敎하게 되었던 것이다. 비록 東學軍의 봉기

力이나 其他의 것을 바라는 手段으로 믿지말고 먼저 自己眞實을 爲한 目
的으로서 믿어야 하겠습니다. …… (「道는 眞實을 主로 해야만」, 『新人間』
1936년 1월호, p.14)

라고 했음에서 알 수 있다. 이 글에서 특히 '道를 權力이나 其他의 것을 바라
는 手段으로 믿지 말'라고 한 대목은, 東學이 사회에 대해 지니는 기능 혹은
역할을 포기한 것으로 그 자신 '煉性'에 치중하는 면을 보이는 것과 불가분의
관련이 있다고 생각된다. 그랬기 때문에 그는 吳知泳의 東學 革新運動에 동참
하지 않고 中央總部의 결정에 순응하며 고위직 차지에 만족하는 태도를 취였
던 것이라 하겠다.

가 실패로 돌아가고 말았지만, 그는 東學思想을 버리지 않고 피신다니면서 활동하여 그 후 接主·大接主까지 되었다.

그는 東學(天道敎)思想이, 우리나라 유일의 (宗敎)思想이라고 인식하고, 이 東學思想을 통해서 道德文明을 이루게 되면 우리나라의 獨立 형세를 지킬 수 있다고 주장하였다.

이러한 東學思想에 대한 그의 자긍심은 東學思想이 곧 '保國安民之方針'이라고 표방하는 데까지 이르렀던 것이다. 그가 東學思想을 이렇듯이 '保國安民'의 방책으로 여기고 있던 것은 다름 아니라 1894년 東學軍의 봉기 때의 그것을 그대로 잇고 있는 것이었다. 이러한 그의 東學思想에 대한 인식은, 긴밀한 관계를 맺고 있던 儒學者와의 대화에서 더욱 강하게 내세웠던 바였는데, 이 점은 그가 儒學에서 탈피하여 東學思想으로 전향한 까닭을 웅변해 준다고 하겠다.

더욱이 그는 東學軍의 봉기에 참여하거나 進步會 활동을 통해 현실 개혁이 용이하지 않다는 것을 깨닫고는, 자신의 心性 修煉에도 노력을 경주하는 한편으로는 敎育의 중요성을 절감하여 學校 設立을 주도하여 全州에 天道敎 學校인 昌東學校를 설립하여 인재를 양성하면서 學會에도 관심을 갖고 활동하였던 것으로 보인다.

한편 그의 활동과 사상에 있어서, 국권 회복이 王政의 회복으로써만 가능하다고 믿었다든가 혹은 天道敎 中央總部에서 高位 敎役者로 활약하면서는 機關의 역할을 중시하고 敎規의 준수를 강조하였다는 점은 그가 立憲君主制를 선호하고 있었음을 가늠케 해주는 사실이 아닐까 생각된다.[102]

지금까지의 검토로써 鄭瑢根이 비록 知名度가 뛰어난 인물은 아니었다고는 할지라도, 지금까지 알려진 同時代의 여러 인물들에서는 살필 수 없었던 東學 接主로서의 활동, 愛國啓蒙運動家으로의 전환 그리고 東學思想의 요

---

102) 이런 그의 思想的 경향은, 그와 같이 밀접한 교류를 맺으면서 天道敎 中央總部에서 활동하던 鄭廣朝·吳世昌이 愛國啓蒙運動의 하나의 類型으로서 所謂 立憲改革派였다는 점(月脚達彦, 「愛國啓蒙運動 文明觀·日本觀」, 『朝鮮史研究會論文集』 26, 1989, pp.67~70)과 깊은 관련이 있을 듯하다.

체 등을 구체적으로 알 수 있게 되지 않았나 한다. 이 점에서 本稿 나름대로
의 의미를 찾을 수 있는게 아닐까 생각한다.

(1989. 12. 18 脫稿 ; 1994. 12 推稿 ;『한국근현대사연구』 1995년 제2집)

제 2 편

執綱所 研究 篇

제1장 東學軍의 執綱所에 대한 一考察

1. 緒 言

執綱所라 하면 흔히, 1894년 東學軍이 봉기하여 弊政改革을 위해 설치한 組織이었다고 할 정도로, 이 조직의 설치시기 및 배경 그리고 성격 등에 대해 그간 연구들이 축적되면서 많은 사실이 밝혀졌다고 여겨져, 재차 거론할 여지조차 없어 보인다.

그러나 자세히 살피면 우리가 지금까지 알고 있는 내용과는 다른 게 적지 않음을 발견하게 된다. 執綱所란 명칭은 물론 執綱이란 職任의 기원에 대해서 조차도 그러하다.

執綱所란 명칭이 1894년 이전에 이미 사용되었을 가능성은, 1862년경에 간행된 『安東府邑誌』公廨 鄕射堂條의 기록에

鄕射堂 在府城西二里 法尙寺舊基 鄕執綱所留之處 扁以鄕射堂三大字安
平大君筆 堂之東築壇 …… (하략) ……1)

라 하여 鄕射堂(鄕廳)이 '(鄕)執綱이 所留하는 處'였다고 함에서 짐작할 수

---

1) 安東府 編,『安東府邑誌』(國史編纂委員會 所藏 古文書; 분류번호 中 B16 BBC
 -40)

있지 않나 한다. 執綱所가 때론 執綱處라 표기되기도 했는데[2], 이는 '執綱이
머물며 관할하던 곳'이란 뜻으로 서로 통하였기 때문이었다고 여겨진다. 따
라서 이 鄕射堂이 執綱所라고도 불리우지 않았을까 하는 것이다.[3]
　이같은 짐작은 丁若鏞이 鄕村社會의 여러 組織에 대해 설명하면서

　　風憲約正 皆鄕丞之 薦非其人者 還收差帖 …… (중략) …… 南方 又有所謂
　　年分別有司 以掌田結 收單別有司 以掌戶籍 西路 有鄕長坊有司 南方 執綱
　　契有司 猥瑣名目 不可殫述 一有名目皆能 侵虐小民 貽害村里 其可罷者 罷
　　之 其可存者 擇人以授之[4]

라 하여 鄕廳이 南方에서 執綱契라고 불리웠다고 했음을 보아서도 타당
한 듯하다.[5] 특히 이런 생각은, 鄭碩謨의 「甲午略歷」에

　　於是 東徒割據各邑 設執綱所于公廨 置書記・省察・執事・童蒙之名色
　　宛成一官廳日以討索民材爲事 所謂邑宰只有名位 不得行政 甚者逐送邑宰 吏
　　胥輩盡爲入籍于東黨 以保姓名[6]

라고 해서 執綱所가 바로 公廨에 설치되었다고 하였음에서 가질 수가 있
는 것 같다.
　말하자면 이같이 執綱所의 설치 장소가 公廨이었다고 함은, 앞의 『安東府

2) 黃玹, 『梧下記聞』 2, p.65.
3) 鄕射堂이 지역에 따라서 風憲이 있는 곳이라 하여 風憲堂 또는 留鄕所, 鄕時
　所, 時所 혹은 時所廳 등으로 불리우기도 했다. 여기에서는 執綱이 최고 간
　부로서 감독하는 일을 맡고 있었기 때문에(金龍德, 「十九世紀의 鄕廳」, 『鄕廳
　研究』, 한국연구원, 1979 ; 『韓國制度史研究』, 一潮閣, 1983, pp.253~267 참
　조), 이를 執綱所라 했을 법하다고 하겠다. 이는 또한, 1894년 당시 嶺南 醴
　泉에서 鄕吏인 貢生이 執綱이 되어 鄕廳의 座首등과 함께 執綱所를 구성하
　였다는 점(申榮祐, 「1894년 嶺南 醴泉의 農民軍과 保守執綱所」, 『東方學志』
　44, 1984, pp.219~222 참조)에서도 충분히 알 수 있지 않나 한다.
4) 丁若鏞, 吏典 3, 『牧民心書』 4(『與猶堂全書』 五, 景仁文化社, 1981), p.375.
5) 瀨古邦子, 「甲午農民戰爭期における執綱所について」, 『朝鮮史研究會論文集』
　16, 1979, pp.126~127 참조.
6) 『東學亂記錄』 上(國編委, 1971), p.65.

邑誌』기록에서 鄕射堂이 公廨라고 했음으로 보아 鄕射堂이 때론 執綱所라
고도 불리웠을 가능성을 대변해주는게 아닐까 하는 것이다.따라서 執綱所
가 설치되었던 장소 역시, 公廨인 鄕廳이었다고 볼 수 있지 않나 한다.

한편 執綱이란 職任에 대해, 全琫準이 체포되어 취조받으면서

問　東學中領率名色 接主·接司而已乎
供　接主·接司之外 有敎長.敎授·執綱·都執·大正·中正等之種矣
　　　　……(중략)……
問　以上六種之稱 行何事乎
供　敎長·敎授則敎導愚民者 都執則有風力·明紀綱·知經界 執綱 則明
　　是非·執紀綱 大正則持公平·謹厚員 中正能直言剛直 云矣[7]

라 했음에 주목하여, 東學 組織의 所謂 六任 중 是非를 규명하고 紀綱을
잡는 일을 담당하던 執綱에서 주로 起源한다고 여겨지기도 한다.[8]

하지만 執綱 역시 1894년 이전에 이미 鄕村社會 내에 있어 왔음을 알기
어렵지 않다. 一例로 全羅道 求禮에서 1860년에 간행된 『鳳城縣誌』登載의
鄕規「約束條目」만 보더라도

鄕所 或有所失 或有作弊 則執綱隨聞見 出文告于官家 改遞施罰事[9]

라 하여 鄕所(鄕廳)에서 過失이나 作弊가 있으면 執綱이 보고 들은 바를
문서로 적어 官衙에 제출하도록 되어 있어, 執綱이 1894년 東學軍에 의해
비로소 설치된게 아님을 쉬이 알 수 있는 것이다.[10]

더욱이 이 求禮「約束條目」에 규정되어 있는 執綱의 소임은, 全羅監司 金
鶴鎭이 東學軍과의 所謂 全州和約 이후 하달한 曉諭文에서

---

7) 「全琫準供草」再招, 『東學亂記錄』下, pp.535~536.
8) 愼鏞廈, 「甲午農民戰爭 시기의 農民執綱所의 設置」, 『韓國學報』41, 1985,
　 pp.68~70 ; 『東學과 甲午農民戰爭硏究』, 一潮閣, 1993, pp.169~171.
9) 『鳳城縣誌』(奎章閣 所藏 古文書 ; 분류번호 7912), p.29.
10) 瀨古邦子, 前揭論文, p.126 참조.

…… (상략) …… 而爾等所居面里 各置執綱 如有爾等冤鬱之可言者 該執綱具由訴營門 以待公決事[11]

라고 하여 규정한 執綱의 그것과 大同小異하기 때문에 주목된다. 이에서 金鶴鎭이 각 面里에 설치된 執綱으로 하여금, 農民의 원통하고 억울한 사연을 監營에 보고하여 公決을 대기하도록 지시한 것은, 그 이전 鄕廳의 執綱이 하던 역할을 거의 그대로 하도록 한 게 아닐까 생각되는 것이다.

東學軍의 執綱이 이같이 鄕村社會 舊來의 그것이 하던 역할을 하였다고 함은, 古阜民亂을 직접 목격한 巴溪生이란 이름으로 日本人이 쓴 日記에

3명(全琫準, 鄭益西, 金道三 ; 著者) 다같이 젊어서부터 친구로서, 事件(古阜民亂 ; 著者)을 일으킨 시초부터 대소의 일이 모두 이 3명의 수중에 속하였다. 그렇지만 그들은 책임을 자신에게만 한하지 않고 각각 마을의 洞長·執綱들에게도 모두 다같이 책임을 지게 하였다. 그러므로 一朝에 일을 실패할지라도 '18개 區面의 洞長·執綱이 곧 같은 책임을 지게 되므로, 백성등도 함부로 退散하거나 혹은 嫌厭을 생기게 할 수가 없어 단결도 한층 견고한 듯 하였다.[12]

라 있음에서 알 수가 있겠다. 여기에서 全琫準등이 각 마을의 洞長[13]과 執綱[14]들을 끌어들여 공동으로 봉기의 책임을 지게 함으로써 동학군내의 단결을 견고히 하고자 했다는 것은, 바로 이같은 사실을 알려준다고 하겠다.

요컨대 東學軍의 봉기 후 설치된 執綱所의 執綱도, 다름이 아니라 鄕村社會 舊來의 그것을 거의 그대로 활용한 것이 아닐까 싶다. 특히 全琫準이

---

11) 黃玹, 『梧下記聞』 2, p.41.

12) 巴溪生, 「全羅道古阜民擾」, 『주한일본공사관기록』 1(국편위, 1981), p.56.

13) 面 단위 밑의 자연 부락을 里 또는 洞이라고 지칭하는데, 여기의 長을 보통 洞長이라고 부른다. 宋俊浩, 「漆原縣監 姜膺煥의 '各洞傳令'」, 『心泉李康五先生華甲紀念論文集』, 1980 ; 『朝鮮社會史研究』, 一潮閣, 1987, pp.423~424 참조.

14) 이럴 경우의 執綱이란 里任을 지칭하는 것으로, 朝鮮後期 社會에서 나타나게 되는 이같은 현상은 面任이 風憲·約正으로 표시됨과 짝하는 것이었다. 金仁杰, 「朝鮮後期 鄕權의 추이와 지배층 동향」, 『韓國文化』 2, 서울대, 1981, pp.180~182 참조.

영향력을 행사하고 있던 지역의 執綱所의 경우에는, 巴溪生의 앞 기록으로
보아 더욱 그러하였으리라고 믿어진다.

그러면 東學軍의 執綱所란 어떤 배경하에서 설치되었으며, 또 무슨 기능
을 어떻게 하였던 것일까? 이를 제대로 규명하기 위해서는, 우선 기왕에 널
리 알려진 鄭碩謨의 「甲午略歷」, 黃玹의 『梅泉野錄』, 『梧下記聞』 등의 관련
기록들을 상호 비교해가면서 면밀히 검토함이 요긴할 것이다. 아울러 지금
까지 알려진 바가 없는 新資料들을 찾아내어 사료 부족이란 한계를 극복하
려는 노력 또한 경주되어야 할 것이다.

著者는 다행히도, 東學軍 봉기의 주요 무대 중의 하나인 茂朱府의 公文謄
錄 『隨錄』[15]을 입수하여 자세히 살펴볼 기회를 가질 수가 있었다.[16] 그 결
과 이 자료 중에는 특히, 全琫準이 이끌었던 執綱所에 관한 새로운 사료들
이 登載되어 있음을 발견하였다. 그러므로 이를 토대로 執綱所에 관한 의문
점에 대해 한번 풀어가볼 수 있는게 아닐까 생각하게 되었다.

다만 本稿에서는, 제일 대표적이라 할 全琫準의 執綱所를 중심으로 이것
이 과연 어떤 조직이었나를 좀 더 명확히 밝혀보려는 데 목적을 두고 있으
므로, 機能이 강화되어 그 성격이 가장 잘 드러나는 시기로 국한시키겠다.
그러니까 1894년 5월 이른바 全州和約의 성립 직후부터, 外勢(日本)의 침략
에 대항하여 全琫準이 재봉기하는 同年 7월말엽까지의 시기로 한정시켜 살
필까 한다.

---

15) 이는 日本 京都大學 河合文庫에 所藏되어 있다. 「河合文庫 所藏圖書 目錄」,
　　p.18, 분류번호 ス-2에는 '東學黨啓草'라 되어 있는데, 이는 그만큼 이 자료가
　　동학관계 기록들 그것도 동학농민군측의 기록 중심으로 묶여 있음을 잘 대변
　　해주는 것이라고 여겨지기도 하지만, 실제의 표지에는 『隨錄』이라 되어 있으
　　므로 이에 따르기로 한다. 다만 뒤에서 직접 인용할 執綱所 關聯 史料만 하더
　　라도 茂朱縣의 것이므로 茂朱府의 어느 寫字吏 정도가 이를 필사해 두었던 게
　　아닐까 생각한다. 여기에 登載되어 있는 文件들에 대해서는 별도의 종합적인
　　검토가 앞으로 가해져야 할 것으로 믿고 있다.
16) 『隨錄』에 등재되어 있는 자료들을 하나 하나 다른 기록들과 상세히 비교해 가
　　면서 검토해 기왕의 연구들에서 부정확했거나 추정해 그쳤던 대목들이 시정
　　되어야 한다고 믿고 있다.

2. 執綱所의 公認 : 金鶴鎭과 全琫準의 제1차 타협(6월초)

東學軍에 의해 함락된 全州城을 수복키 위해 정부에서는 4월 19일 金鶴鎭을 全羅監司로 임명하여 파견하였다.[17] 그는 5월 4일 礪山을 거쳐 다음날 參禮驛에 도착하였으나[18], 전주성에 채 入城하지 못하고 5일정도를 기다려야 했다. 官軍과 東學軍 사이의 화해—이른바 全州和約이 성사되기 까지 시간이 걸렸기 때문이다.

그가 전주성에 입성하기는 5월 8일이었다. 이에 대해서는 당시 전주에 있었던 鄭碩謨가 쓴 글 중에 다음과 같이 보인다.

東徒還入城中 相持數日 竟無克復之策 政府甚憂之 命金鶴鎭爲全羅觀察
使 使和解之 觀察使來駐參禮驛 未得入城 遂遣使于官軍及東學處 以朝廷命
和解之 於時 東徒開北門而出 觀察使及官軍入城 五月八日[19]

이처럼 金鶴鎭은 5월 8일 전주 입성에 앞서 삼례역에 머물면서 京軍과 동학군 양쪽에 모두 사람을 보내 화해를 하게 하였다. 金鶴鎭이 이같이 全州和約을 성사시킴에 있어 주도적 역할을 할 수 있었던 것은, 그가 명실공히 全羅監司였기 때문이었다. 이 점은, 그가 全羅監司에 임명되어 4월 24일에 辭陛하는 자리에서도

---

17) 『日省錄』高宗31年 甲午 四月條, p.119.
18) 이런 사실은 金鶴鎭 본인이 작성하여 정부에 낸 啓草의 다음과 같은 구절로써 알 수가 있다.

…… 今月初四日 臣自礪山離發 詣威鳳山城行宮 行慰安祭兼端午節亨初五日
到全州參禮驛 姑爲留住爲白乎旀 卽接招討使臣洪啓薰移文內 ……(「全羅監
司金鶴鎭 啓草 承政院 開坼」, 『隨錄』, p.30.)

여기에서 '今月'은 5월이므로, 자연히 礪山 도착은 5월 4일, 그리고 삼례역 도착은 5월 5일이 된다.
19) 「甲午略歷」(『東學亂記錄』上), pp.64〜65.

遂有是命 鶴鎭陛辭 伏地不起 上問有何欲言 對曰 得便宜從事 然後可以赴
任 上不應 鶴鎭固欲蒙 允 上强起之曰 任卿所爲[20]

라고 하였듯이, 자신에게 형편에 따라 일을 처리할 수 있는 全權을 일임
해줄 것을 國王에게 간청하여 결국 허락을 받았다고 함에서 알 수가 있는
것이다.

그리하여 다음날, 즉 5월 9일 金鶴鎭이 巡邊使 李元會와 함께 招討使 洪
啓薰을 뒤따라 전주에 입성하게 되었다.[21] 곧이어 정부에서는 5월 10일(양
력 6월 13일)에 淸軍, 11일에 日軍에게 철병할 것을 요구하였고[22] 13일에는
摠制營兵丁 5백명을 전주에서 서울로 철병시켰다. 그리고 18일에는 巡邊使
李元會를[23], 19일에는 招討使 洪啓薰을 역시 철수케 하였다.[24] 그러나 전혀
실효를 거두지 못하고 말았고 오히려 全州 監營에는 겨우 江華兵 2백명이
남아 성을 지키게 되었을 뿐이었다.[25]

그 뒤 金鶴鎭은 앞으로 어떻게 道政을 이끌어갈 것인가를 밝히는 曉諭文
을 각 邑에 하달하고 이를 게시토록 하였다. 茂朱에 보내진 甘結, 즉 訓令을
『隨錄』에 登載되어 있는 대로 옮겨보이면 다음과 같다.

20) 黃玹,『梧下記聞』1, p.69.
21) 김학진이 이원회와 함께 5월 9일에 전주에 도착하였음은 「5月初 9日 全羅監
司電報」,『주한일본공사관기록』1, p.398 및 黃玹,『梧下記聞』1, p.81 참조. 다
만 황현의 이 기록에는 홍계훈이 10일에, 이원회와 김학진은 '徘徊累日'하다가
入城한 것으로 되어 있으나, 이는 다른 기록들과 견주어 볼 때 잘못된 것이라
고 생각된다.
22) 朴宗根,「1894年の甲午農民戰爭と日本軍の侵入」,『日淸戰爭と朝鮮』(靑木書店,
1982.), p.26 ; 朴英宰 譯,『淸日戰爭과 朝鮮』(一潮閣, 1989), p.29. 참조.
23) 「5月 18日 在全州監營高島留學生電報」,『주한일본공사관기록』3, p.411에 따르
면 日本人 高島는, 李元會가 이 날 全州를 떠났다고 日本 公使館에 보고하고
있다.
24) 「兩湖招討謄錄」(『東學亂記錄』上), p.177 참조. 한편 兩湖招討使 洪啓薰이 중앙
정부에 보낸 電文을 모은 『兩湖電記』(국립중앙도서관, 古朝-78-10) 甲午5월
19일조에 이 날만 유독 '自完發行無電'(p.62)이라 하였는데, 이는 당시의 이런
사정을 보여주는 게 아닐까 생각된다.
25) 鄭碩謀,「甲午略歷」(『東學亂記錄』上), p.65.에서 '官軍還京師 只留江華兵二百 爲
護城計'라 하였다.

甘結 茂朱[26]

遂昨日梗化 若今日歸化 則是赤子也 自完解散 意謂各歸安業 近見各邑所報 則一樣惹擾邑邨繹騷云 故成出曉諭文以送 自本邑招致 各店幙各洞里解事人等 各給此論文一通 店幙則揭付壁上 洞里則逐戶曉諭 使居者行者 無有不聞不知之弊爲㫆 擧行形止 先卽馳報宜當者 甲午五月卄二日

　都巡使 ＜手決＞

曉諭文[27]

爾等之自完散居也 意謂釋兵歸農 各復舊業矣 今聞幾處餘黨 猛復不釋兵器 所在屯結云 此何故也 綸音屢下 德意懇測 可以孚豚魚感木石 到界之日 飭關各邑 使之揭付坊曲曉諭 爾等尙或未之見乎 見之而猶復如此 則眞豚魚木石之不若 尙未及見卽是 道臣不能宣佈 我聖上若保之至意 致使爾等終有疑懼之情也 思之及此 若恫在已 玆遣軍官李容仁 更暴爾心實情 爾等明聽此言 毋相持疑 毋相懷㤼 各歸鄕里 畋爾田宅爾宅 復爲平民 則有全生安業之樂 免陷刑抵辟之患 豈非大幸乎 爾等亦列聖朝五百年化育中物耳 旣具彛性 寧有終是執迷 冥頑不化之理乎 爰將後錄幾條 與爾等約 使豈誆爾 若誆爾 則非徒陷赤子於死地 寔孤負我聖上委界之重 爾等一一知悉 尙或無疑

　　一. 弊政之爲害於民者 旣有所面承聖敎者 一切矯革 固不待爾等之言 而小者自營革罷 大者方啓聞請革事

　　一. 朝廷旣許爾歸化 營門亦然 則爾等還歸之日 卽平民而已 若隣里以舊愆

---

26) 이 부분은 이『隨錄』, pp.37~39에서만 유일하게 完文이 발견되는 것으로, 이 효유문이 하달된 시기등을 헤아리는 데에 크게 도움이 된다. 특히 都巡使의 手決까지 그대로 필사해놓은 점으로 보아, 대단히 사료적 가치가 높다고 믿어진다.

27) 이 曉諭文은 黃玹,『梧下記聞』 2, pp.39~41과 또 金星圭,『草亭集』 4,권 7 公文, 1937에도 게재되어 있다. 원래 이 曉諭文은 김학진의 從事官이던 당시에 김성규가 직접 작성한 것이므로, 그의 문집에도 실리게 되었던 것이다. 다만『梧下記聞』에는 제목도 없고 그 내용에 있어서도 부분적으로 약간씩 다르게 되어 있는 부분들이 있어 주의를 요한다. 그리고『草亭集』에는 「再論道內亂民文」이란 제목으로 되어 있고 그 작성 날짜도 '開國五百三年甲午五月'이라 되어 있다. 하지만 이『隨錄』 게재의 것이 당시 하달된 감결 및 효유문의 원문이라 믿어 이에 따른다.

특히『梧下記聞』의 기록에서 이와 관련하여 주목되는 바는, '監司金鶴鎭 無以鎭定 累下曉諭文 遍告道內 賊皆咄笑之 其在六月初三日下者 略曰'(同書 2, p.39)이라 하여 이 효유문이 6월 3일에 하달되었음을 밝히고 있는 대목이라 하겠다.

指目 若官吏以前事侵索 則非徒爾等蹤跡之詭危 安有朝廷許爾之本意
乎 營門當另飭痛禁 期使爾等安堵乃已 而爾等所居面里 各置執綱 如
有爾等冤鬱之可言者 該執綱具由訴營門 以待公決事
一. 爾等兵器 是勢窮自衛之計也 宜卽消詳開錄 各納一所在郡縣事
一. 兵器還納之外 凡係財穀等件 雖有欲推之民訴 今日以付之元手赦前 以
永永勿論之意 自營門玆發關各邑事
一. 爾等旣失農 又蕩產 今雖歸家 無以資活 今年戶役與各項公納 當一一
蠲除事
一. 使爾等歸化之日 使之安業樂生 責在於使 諸般急務 次第施措 而今不
可一一枚擧事

이 文件은 지시문 끝 부분에 都巡使 즉 金鶴鎭의 手決까지 있는 점등으로
미루어 당시 하달된 문안 그대로를 필사한 것이라 믿어진다. 이에 따르면
茂朱에는 5월 22일에 文書가 하달되었음을 알 수 있다. 그리고 이 文書가
金堤에는 5월 19일에[28), 求禮에는 6월 3일에[29) 도착하였다고 함으로 보아,
적어도 5월 중순이후[30) 무렵에 하달된게 지역적 차이에 따라 도착 시점이
각각 달랐던 것 같다.

그렇더라도 이 文書의 曉諭文 중에서 무엇보다 주의깊게 보아야 할 점은,
제2조에서 面里에 執綱을 임명하겠다고 한 대목이라 생각된다. 더욱이 그를
통해서 억울한 일이 있을 경우 執綱이 자신에게 직접 알리면 그 일을 공정
하게 처결하겠다고까지 하였던 것이다. 이러한 金鶴鎭의 曉諭 내용은 종전
의 어느 정부측 인사의 발언에서도 찾아볼 수 없는 것이므로 주목된다 하겠
다. 다만 여기에서의 執綱이 반드시 동학군 조직원으로서의 그것을 지칭한
다고는 생각되지 않는다. 金鶴鎭이 부임한지 얼마되지 않아 이를 거론하고
있음으로 미루어, 앞서 살펴본 바 있듯이 舊來의 鄕廳에서 농민 통제의 鄕

---

28) 『주한일본공사관기록』 1, p.114.
29) 黃玹, 『梧下記聞』 2, pp.39~41 참조.
30) 鄭昌烈, 『甲午農民戰爭硏究 —全琫準의 思想과 行動을 중심으로—』, 연세대 대
학원 박사학위 논문, 1990, p.195, 註13에서는 5월 15일경이라고 추측한 바가
있다.

任을 담당하던 執綱 자체를 가리킬 가능성도 있다고 생각되기 때문이다.[31]

이같은 金鶴鎭의 曉諭文은 앞서의 茂朱·金堤·求禮 등은 물론 전라도 모든 지역에 하달되었을 것임에 틀림이 없다. 淳昌이라고 예외는 아니었을 법하다. 여기에서 특히 淳昌 지역을 거론하고자 함은, 거기에서는 執綱所의 설치가 5월 하순경에 이미 郡守 李聖烈에 의해 인정되고 있었기 때문이다. 이에 대해서 黃玹은

> 淳昌郡守李聖烈 欲城守拒賊 而賊已據列郡 京軍不次第發還 聲援不接金
> 鶴鎭連關營下 勿壞撫局 聖烈孤立 無以爲計 乃聽 吏民託入道 設都所 置執
> 綱[32]

라고 하여, 李聖烈의 執綱所 설치의 허용이 金鶴鎭이 각 邑에 關文을 보내 당시의 '撫局' 즉 政局의 안정 상태를 무너뜨리지 말라고 했음에서 연유한다고 적고 있다. 金鶴鎭으로서는 어렵게 이루어낸 全州和約이 깨짐으로써 또 다시 혼란에 빠지는 것을 어떻게든 피하고 싶었을 것이다.

그러므로 面里에 執綱을 임명토록 하고 그들이 자신에게 직접 억울한 일을 알리면 공정하게 처결하겠다는 약속을 공개적으로 하여 정국 안정을 유지하려 했다고 하겠다. 반면에 東學軍 측에서는 이를 계기로, 淳昌郡에서의 구체적인 例에서 알 수 있듯이 執綱所의 설치를 확대해 나갔고 이를 인정받고자 했던 것이다.

이러한 일련의 변화가 있기까지에는 東學軍 측의 끊임없는 弊政改革 요구가 있었다. 이미 李元會에게 5월 11일에 「原情」을[33], 17일경에는 「追到原情」을[34] 각각 제출한 바가 있던 東學軍은, 18일에도 역시 李元會에게 「井邑境東學會生等狀」을 냈다. 이 사실에 대해서 당시의 營奇에는

---

31) 瀨古邦子, 前揭論文, pp.126~127 참조.
32) 『梧下記聞』 2 갑오 5월조, p.42.
33) 『續陰晴史』 上(國史編纂委員會, 1957), pp.322~323의 「全羅道儒生等原情于巡邊
   使李元會」 참조.
34) 金允植, 『續陰晴史』 上, pp.323~324의 「原情列錄追到者」 및 「東匪討錄」(『韓國
   學報』 3, 一志社, 1976), pp.263~264의 「湖南會生等上書」 참조.

一. 巡邊使主前 井邑境東學會生等狀 伏以生等 至寃極痛之狀 控訴無處
而向日入完出於不得已 東學 自是先王朝 化中之遺民也 舊伯如之何起兵拚殺
致此大亂乎 招討使之初不曉諭 擧兵屠戮 未知其可也 放砲兩殿 火燒民家 乃
是大罪 而反以生等曰逆賊 以捕捉爲主 甘結列邑 反致騷動 歸家安業之說 全
是罔民也 列錄啓聞 想必欺國 事不如所願條列 則今日雖散 明日復會 無期至
矣 諒此情景 特爲啓聞 以雪至寃之情 自然安業矣伏乞鑑之焉[35]

이라 하여, 자신들의 '所願條列'(자신들의 폐정개혁안들 ; 著者)대로 일이
되지 않으면 해산되더라도 다시 모여 언제까지라도 요구하겠다고 하였음을
알 수 있게 해준다. 그만큼 동학군들의 폐정개혁 요구는 줄기차게 제기되
던 것이다. 이런 상황 속에서 결국 金鶴鎭은 효유문을 하달하면서 6개 조목
에 걸친 지침을 내리게 되었고, 앞서 인용한 바 있듯이 그 중 제2조목에서는
執綱의 역할을 인정하겠다는 의사를 분명히 하였던 것이다. 金鶴鎭이 이런
내용의 효유문을 냄과 거의 동시에 동학군측에서는 13개조의 요구안을 또
제출하였다. 이는 『大韓季年史』 2 高宗 31年 甲午 5月條에서

    時東學黨退據長城 …… (중략) …… 貽十三條於全羅監司金鶴鎭請裁許
    …… [36]

라 했음에서 알 수 있듯이 長城에 머물던 동학군[37]이 監司 金鶴鎭에게 직

---

35) 『隨錄』, p.40. 한편 이 「井邑東學會生等狀」은 「東匪討錄」(『韓國學報』 3, 1976,
   pp.264~265)의 「井邑持者便來」라는 항목에서도 찾아진다. 그러나 이 『隨錄』에
   서와 같이 이것이 巡邊使 李元會에게 보내진 것이라는 점 그리고 제목이 「井
   邑境東學會生等狀」이라 되어 있다는 점 등은 밝혀져 있지 않다. 따라서 이를
   막연히 추측하여 이원회에게 보내진 것이었으리라고 보고 또 이 「井邑持者便
   來」라는 항목명을 이 문서의 제목으로 사용한 경우(鄭昌烈, 前揭書, p.193)가
   있기까지 하였던 것이다. 다만 「東匪討錄」의 기록에서는 말미에 '五月十八日
   會生等 井邑境'이라 밝혀놓아, 「井邑境東學會生等狀」이 5월 18일에 제출된 것
   임을 알려주어 유익하다.

36) 鄭喬, 『大韓季年史』 2(國史編纂委員會, 1957) 高宗31年 甲午 5月 條, p.86 참조.
   이 기록을 보면 6월 7일 校正廳 설치에 관한 항목 이전에 이 요구안의 제출
   사실을 적고 있으므로, 그 이전에 이 요구안이 제출되었던 것으로 셈된다.

37) 『隨錄』, pp.40~41에 의거하면 동학농민군이 長城에 머문 것은 5월 18일 부터
   5월 28일까지 였음을 알 수 있으므로, 이 요구안도 이 어간에 제출되었을 것

접 요구한 것이었다.

이에 金鶴鎭은 6월 7일에도 효유문을 발표하여, 執綱所의 운영에 대해 언급하기에 이르렀다. 이 때 제시한 執綱所 운영에 관한 그의 방안은 앞서의 것보다 훨씬 구체적이었다. 즉

四論道內亂民文　開國五百三年甲午六月初七日
本使之曉諭爾等　非止一再　爾等之訴冤　亦云累矣 …… (중략) …… 爾等各就
其土　擇謹愼有義者　爲執綱　隨現隨捕　以交該邑勘處　如或執綱難擅이거든　指
名報官　以爲設法捕捉이되　無或任非其人祛弊生弊하며　至若羅州之當初刑殺
在於爾等眩昧之日　今日以後　自有本使之適宜處理矣 …… 38)

라고 해서 집강을 동학군 스스로 선출하여서 기존의 지방 관청과 협력하게 하되 執綱이 천단하여 비난받거든 지명하여 관(監營 ; 저자)에 보고하면 법에 따라 처리하겠다는 등의 제안을 하였다. 말하자면 執綱이 기존의 지방 관청을 도외시하고 일방적으로 일을 처리하여 기왕의 행정 체계를 무시하면 그 執綱을 법에 따라 체포하겠다고 하였던 것이다. 아울러 동학군의 대표가 아닌 사람을 執綱으로 임명하여 폐정을 또 다시 야기시키지는 않겠다고도 다짐하였다. 뿐만 아니라 羅州城의 執綱所 설치 거부로 야기된 일련의 문제들까지도 金鶴鎭 자신이 적절하게 처리하겠노라고 하였다. 이런 그의 효유 내용은 요컨대, 東學軍의 執綱所 설치를 공식적으로 인정하겠음을 밝힌 것이었다고 생각된다.39)

그러면 金鶴鎭이 이같이 執綱所의 설치에 대하여 이전보다 구체적인 방안을 공식적으로 표명하게 되었던 것은 무엇 때문이었을까. 이는 鄭碩謨가

六月　觀察使請邀全琫準等于監營　是時　守城軍卒　各持銃鎗　整列左右　全琫
準以峨冠麻衣　昂然而入　少無忌憚　觀察使相議官民相和之策　許置執綱于各郡

으로 생각된다.
38) 金星圭, 「公文」, 『草亭集』 4卷 7, pp.29~30.
39) 鄭昌烈은 이에 대해 前揭書, p.204에서 '이것은 농민군의 집강소 질서를 사실
　　상 인정하는 태도였다.'고 하였다.

於是東徒割據各邑 設執綱所于公廨[40]

라 했음에서 가늠할 수 있지 않나 한다. 즉 6월에 金鶴鎭이 全琫準을 감영으로 맞아들여 서로 '官民相和之策'을 의논하고 執綱所 설치를 인정하게 됨으로써[41] 東學軍이 점거하고 있는 각읍의 公廨(廳)에 그것이 설치되었다는 점과 불가분의 관계에 있었던 것같다.[42]

이와 관련하여 여기에서 상기해야 할 사실은, 이미 淳昌에서는 5월 하순에 執綱所가 인정되었다는 점이라 하겠다. 더욱이 郡守 李聖烈이 그 자신은 반대 의사가 있었음에도 불구하고 執綱所를 마지 못해 인정하게 되었던 데에는, 政局의 안정을 깨지말라는 金鶴鎭의 지시가 있었기 때문이었던 것이다.[43] 결국 5월 8일 全州和約의 성립으로 어렵게 전주성 탈환을 이룬 金鶴鎭으로서는, 政局을 깨지 않기 위해 적어도 그 이후부터는 執綱所를 묵인할 수밖에 없었으며, 6월초에 全州 監營으로 全琫準을 초치하여 그와 합의를 보고난 뒤 6월 7일에는 이를 효유함으로써 執綱所를 공식적으로 인정하기

---

40) 「甲午略歷」(『東學亂記錄』上), p.65.

41) 韓㳓劤, 「東學과 '東學亂'」, 『韓國學入門』, 學術院, 1983, p.170에서는 '執綱所는 …… 全州講和後 …… 全羅道觀察使(金鶴鎭)와 東徒大將(全琫準)과 사이의 妥結로 設置된 것이었다.'고 하였다. 한편, 洪性讚, 「1894年 執綱所期 設包下의 鄕村事情」, 『東方學志』39, 1983, p.70에서는 執綱所 설치를 정부에서 종용하고 있었다고 한 바가 참고된다.

42) 종래에 이 기록이 7월의 상황을 전해주고 있는 것으로 보아, 7월 6일부터 정부측에 의해 공식적으로 인정된 집강소가 성립되었다고 본 견해(鄭昌烈, 前偈書, p.221)가 있다. 그러나 이 견해를 선뜻 받아들이기에는 주저가 된다. 왜냐하면 鄭碩謨가 분명히, 본문에 인용한 바와 같이 '6월'의 상황임을 적고 있기 때문이다. 물론 정석모의 기록이 잘못된 것이라고 할 수도 있을런지 모르나, 곧 이어 인용하는 바와 같이 이미 6월에 동학농민군의 전봉준 등이 제출한 狀啓에서 집강소 공인에 관한 감사 김학진의 제안에 대해 매우 흡족해 하는 대목이 보이므로 이는 거의 틀림이 없는 사실이라 믿어진다.

43) 이 점과 관련하여서는 愼鏞廈, 前揭論文, pp.73~74 ; 前揭書, 1993, p.175에서 '특히 주목해야 할 것은 가장 명료하게 집강소 설치의 시기를 6월이라고 제시한 「甲午略歷」은 농민군이 執綱所를 설치한 시기를 기록한 것이 아니라 관변측의 입장에서 全羅觀察使 金鶴鎭이 '공식적'으로 各郡에 '執綱'의 설치를 허가한 시기를 '6월'로 기록하고 있다는 사실이다.'고 했음이 참고된다.

에 이르렀다고 봄이 옳겠다.

그러자 동학군 측에서는 이에 대해 매우 긍정적인 태도를 취하면서 자신들의 활동을 강화해갔다고 보여진다. 이와 관련하여서는 6월 8일에 全琫準에 의해 작성되어 金鶴鎭에게 제출된, 『隨錄』所載의 다음과 같은 狀啓를 주목해야 할 것이다.

(가) 六月 日 淳昌會生 全琫準·宋大和·宋昌憲·鄭昌振·金大春等狀

伏以爲民除害之意 擧此大事 而際此不恒無賴之輩 蘖芽其間 差前踵後 侵虐富民者 往往有之 而至茂長·興德·高敞·古阜·井邑·長城等地 或聚二三十多至五六十 閃忽東西 禁之不得 此將奈何 安民之策 反爲害民 其所皇恐難容 於天日之下 此等飭發官差捉囚禁斷 羅州·金溝之官 罷黜正罪後 盡散歸業 死無餘恨 伏願速速啓回 以雪萬民之冤 伏祝祝 題敎內 <u>除婁安葿之意 已悉於昨日諭文</u>是在果 自官捕捉 究不若爾等之易於辨別 爾等之昭晳 亦在此擧 各地執綱卽速定出 禁斷捉納 認其擧行 毋作爾等之羞是遺 至若羅金兩邑事 在疑沮之時矣 今豈有故尋事端之理乎 不必更慮 卽爲歸鄕安業向事

(나) 再上書

伏以生等此擧 由於貪官剝割 而所經邑弊 小則稟官而矯之 大則呈營而革之 今到淳昌郡 則爲民之弊根 一則稅租之勒始也 二則竹鎗軍月三點考也 其外樣似爲民 而其實之爲害 萬民呼冤緣由 仰籲特甘該邑 革罷兩條 俾完冤民 萬萬伏祝祝 題敎內 稅租便否 今姑未詳 而設或爲弊邑民 呈訴可也 竹鎗點考 係是禦暴之備也 豈可曰爲弊 而遽罷乎 俱非爾等之所可橫向事[44]

(가)「淳昌會生 全琫準 ……等狀」의 내용 중 (밑줄 그은) '除婁安葿之意 已悉於昨日諭文'이라 한 구절에서 '昨日諭文'은 바로 6월 7일에 金鶴鎭이 하달한, 앞서의 曉諭文을 가리킴에 틀림이 없을 것이다. 羅州 등지의 執綱所 설치 문제를 언급했다고 했음으로 보아, 다르게 아니라 바로 6월 7일의 그것을 가리킨다고 할 밖에 없다.[45] 이같은 효유문을 접하고 全琫準등은 6월 8일에, 앞

---

44) 『隨錄』, p.45.

45) 혹 5월 말에 하달된게 이 때에 도착했음으로 해서 '昨日諭文'이라 했을 가능성이 있다고 생각할 수도 있을지 모르겠다. 하지만 5월 말의 그것에서는 羅州등지의 執綱所 설치 문제를 전혀 업급하고 있지 않으므로, 이 가능성은 제외시

의 이 대목외에 '다시 염려함이 필요치 않으니 곧 歸鄕하여 安業할 것'라 있음에서 가늠되듯이 金鶴鎭의 그런 조치에 만족감을 나타냈던 것같다.

특히 이 狀啓에서 執綱所의 公認과 관련지워 주목해보아야 할 대목은, '각지의 執綱을 속히 정해 내어 (관리들의) 납입 독촉을 (더 이상) 못하도록 하라'고 것이다. 이로 보아 金鶴鎭이 執綱所를 公認하므로, 각지의 執綱을 속히 정해내서 관리들의 捉納을 禁斷케 하고자 했던 것이라고 하겠다. 즉 羅州 등지에서와 같이 執綱所가 채 설치되어 있지 않던 곳에도 執綱을 정해서 執綱所를 통해 관리들의 弊政을 바로 잡으려 했던 것으로 생각된다.

한편 (나)의 「再上書」를 보면 狀啓를 제출하고 나서 이들은 곧이어 재차 상서하여 淳昌에서 벌어지고 있는 弊政－稧租 문제와 竹鎗軍의 點考 문제－을 혁파해줄 것을 요구하였음을 알 수 있다. 이 문제들이 겉으로 보기에는 백성을 위하고자 하는 데에서 나온 것같지만, 실제로는 폐해가 되고 있다는 것이었다. 이와 연결지워 이 「再上書」에서 더욱 주목해야 할 곳은, '경유한 바 邑의 폐해가 적으면 (그 곳의) 官衙에 알려 바로잡고, 크면 (全州)監營에 아뢰어 고치도록 하였다'라 했음이다. 이는 곧 자신들이 경유한 邑의 弊政이 작은 문제일 것 같으면 그 지방 관아에 직접 조치를 요구하여 矯正하고, 그 지방에서 해결할 수 없을만치 큰 문제라면 全州 監營에 알려 이를 개혁해왔다는 것으로 풀이된다. 이 기록에 비추어 보면, 당시 淳昌郡의 弊政인 稧租 문제와 竹鎗軍 點考 문제는 결국 이들이 淳昌郡 官衙에 是正을 요구해도 해결될 수 없는 성질의 것이었으므로, 이같이 「再上書」를 내었다고 하겠다.

따라서 당시에 동학군들이 執綱所를 설치하여 인정받기는 하였지만 거기에서 처리할 수 있는 일이라는 게 한계가 분명하였다고 하겠으며, 그리고 이들 스스로도 金鶴鎭의 6월 7일 曉諭文에서 당부한 바대로 결코 기왕의 행정 체계를 저버리면서까지 독자적으로 弊政을 개혁하지는 못했다고 해야 할 것이다. 요컨대 全州和約의 성립 이후 6월 초순부터 全羅監司 金鶴鎭에

━━━━━━━

킬 수 있다. 따라서 이는 자연히 6월 7일의 曉諭文을 가리킨다고 믿어진다.

의해 執綱所가 인정되어 이를 중심으로 東學軍이 곳곳에서 弊政 改革을 요구하고 있었지만, 그 한계는 분명하여 기존의 행정 체계를 도외시한 게 아니라 오히려 그를 통한 조치를 기대하였다고 생각된다.

3. 執綱所의 機能 强化 : 金鶴鎭과 全琫準의 제2차 타협(7월 6일)

앞에서 살펴본 바와 같이 執綱所의 公認을 이루었던 金鶴鎭과 全琫準이의 6월 초순 회동이후, 또 다시 執綱所 운영 등에 관한 여러 문제에 타협을 본 것은 7월 6일이었다. 이 점은 金鶴鎭이 하달한 文書에 다음과 같이 되어 있다.

甘結 茂朱[46]

(가)以無賴雜類禁戢事 因全琫準等稟辭 去月十五日甘飭 不啻申複 而連見幾邑所報與公兄等文狀 則此輩之討索錢穀 恣行劫掠 遍滿列邑 弊益甚焉 而各邑則如之何弁髦 營飭 初不禁湯 砲聲一出 官吏奔走 怯然晏然任地跳踉 甚至於殺人堀塚 官不與問 遂使眞東學人 被其所累 至有定執綱設法禁斷 初擧而守土者 反爲袖手興言 及此寧不寒心 今初六日 全琫準與其學徒 來會營門 實心悉除後 又定牢約 于列邑執綱 著成通文云 而第取其通文見之 則言由實心 事皆僑當 懇切周詳 靡不庸極 故擧其稟 錄于左 玆更發甘 到卽眞諺飜騰 揭付坊曲 俾大小民人 警惕擧行爲旀 從玆以往 若或有此輩之如前作孼者 雖眞東學 隨現發 不待關飭 自其洞中 幷力捉納于官 不容一毫疎虞 以爲照律勘處爲旀 亦卽通及執綱所 以爲齊心禁乱是矣 無論某邑 如其一向放過 認作姑息 則是該倅之故縱悖類 不念民害者也 視彼全琫準等 實心辨事 能不有愧乎 按事之地 不可仍置 斷當啓聞論罷 除尋常惕言 甘到形止 先卽馳報宜當者

甲午七月初八日

---

46) 『隨錄』, pp.60~61 참조. 이 甘結은 『梧下記聞』2 甲午7月條, pp.64~65에도 수록되어 있다. 그러나 이 『梧下記聞』所載의 甘結은 『隨錄』과 비교해보면 약간씩의 차이가 보인다. 筆寫시 黃玹에 의해 가필되었던 것같다. 그런데다가 『隨錄』에는, 『梧下記聞』과는 달리 하달이 7월 8일에 있었다고 明記하고 있으며, 또 都巡使의 手決欄까지 마련해두는 등 원문을 그대로 베껴두었다고 생각케 해주는 점들이 있으므로 『隨錄』을 따르고자 한다.

都巡使

(나)   後[47]

各邑執綱有全琫準通文 (1) 元幅略曰 今我此擧 專是爲民除害 而雖彼巧詐
浮浪之輩 跳踉放肆 侵虐平民 殘傷閭里 微嫌小過 動輒必報 此是反德害善之
類也 使各邑執綱 明察禁斷云云 (2) 後錄略曰 已收之砲鎗釰馬 已屬公納 輪
通各接主 砲鎗釰馬數爻所持者 姓名居址 昭詳住錄 成冊兩件 粧納于巡營門
成貼後 一件留上巡營 一件還置各執綱所 以爲後考是齊 驛馬商馬各歸本主是
齊 從今以後 收砲索馬一切禁斷 討索錢財者指名報營 依施軍律是齊 堀塚捧
私債 勿論是非 切勿施行 而若犯此科者 報營施律是齊

이 文件는 크게 보아 두 부분으로 나누어진다. (가)부분은 金鶴鎭이 하달
한 文書의 원문 내용이며, (나)부분은 그 뒤에 첨부되어 있던 것으로 全琫準
이 각 읍의 執綱에게 내린 通文의 내용이다. 이 두 부분을 자세히 검토하면
執綱所의 운영 및 그 기능의 변화 등에 대해 지금까지 잘 알 수 없었던 많은
사실들을 밝혀낼 수 있다고 믿어 이를 시도해보고자 한다.

우선 (가)를 보면 金鶴鎭이 이 文書를 작성하여 각 읍에 하달한 게 7월 8
일로, 그 이틀전인 6일에 全琫準과 全州 監營에서 직접 회동하여 執綱所 운
영에 관한 약정을 맺었음(방점부분)을 알 수 있다. 그리고 그 때 그들이 본
타협의 내용이 全琫準에 의해 通文으로 작성되어 각 執綱에게 내려졌는데,
그 내용을 '錄于左'하였다고 하여, (나)부분에 보이는 全琫準의 通文 내용이
바로 그것임을 헤아릴 수 있게 해준다. 한편 (나) 부분도 자세히 살펴보면
두 부분으로 구성되어 있음을 알 수 있다. 全琫準이 시달한 通文의 원문인

---

47) 『梧下記聞』 2 甲午7월조, pp.64~65를 보면, '金鶴鎭甘結道內 其文曰 近以無賴
雜類禁戢事 因全琫準等稟辭 …… (중략) …… 先卽馳報' 라 한 후에 '後錄內 各
邑執綱處 全琫準通文 原幅略曰 …… (중략) …… 其後錄曰 …… 當報營勘律 十
二日到付'라 하여, 金鶴鎭의 甘結 후미에 全琫準의 通文 등이 있음이 잘 분간
되지 못하도록 連記되어 있다. 『隨錄』이 원문을 그대로 필사한 것으로 믿어,
이에 따랐다. 다만 『梧下記聞』의 기록에서 이 통문이 '各邑執綱處' 즉 執綱所
에 보내졌다는 사실, 그리고 黃玹이 머물던 求禮에는 7월 12일에 이 감결이 도
착하였다는 사실 등을 알 수 있음은 간과할 수 없겠다.

'元幅略曰'이하(1)와, 구체적인 지시 내용인 '後錄略曰'이하(2)로 나누어지는 것이다.

그러면 金鶴鎭과 全琫準이 7월 6일 全州 監營에서 어떻게 하여 이같은 회담을 하게 되었던 것일까. 위의 文書에서 이에 관해 자세한 것을 알아채릴 수가 있다. 즉 '全琫準과 그 學徒東學(道人을 가리키는 것같다 ; 著者)들이 營門에 모여와서 진실한 마음을 모두 털어놓은 후에'라 했음에서 全琫準이 全州 監營을 방문하여 金鶴鎭과의 회담을 한 것으로 되어 있는 것이다. 물론 이같은 全琫準의 監營 방문은, 다름이 아니라 監司 金鶴鎭의 초청에 응한 것이었다. 이런 사실은 黃玹의 『梧下記聞』에 자세히 쓰여 있어 참고가 된다. 이에 보면

> 及聞京師亂 鶴鎭使軍官宋司馬 持書入南原 喩琫準等 約以同赴國難 使率
> 道人共守全州 盖琫準外示悔禍 聲言歸化 故鶴鎭召之[48]

라 하여서 京師亂 즉 6월 21일에 발생한 日本軍의 경복궁 점령 사건에 관해 듣고 金鶴鎭이 司馬 宋寅會[49] 편에 편지를 보내 南原에 있던 全琫準을 全州로 불렀다고 되어 있는 것이다.[50]

이 점과 관련하여서는, 특히 『隨錄』에 등재되어 있는 營奇 중에는 정확한

---

48) 『梧下記聞』 2 甲午 7월조, p.61.

49) 본문에는 宋司馬라고만 되어 있으나, 앞서 인용한 바있는 6월 7일의 所謂 「四 諭道內亂民文」 중에 '玆遣親軍武南營軍司馬宋寅會'라 했음으로 보아, 이는 김학진의 핵심 막료였던 宋寅會를 가리키는 것이라 하겠다.

50) 일면 서로 상치되어 보이는 이 두 기록은 그렇다기 보다는 보완적인 게 아닌가 여겨진다. 말하자면 金鶴鎭이 全琫準을 宋寅會 등을 시켜 全州로 초치함으로써 회담이 성사되었고, 이 때에 全琫準이 허심탄회하게 대화에 임했던 것으로 봄이 좋겠다는 것이다.
   著者는 歷史學會 제301회 月例發表會(1992. 3. 14)에서 '執綱所에 대한 一考察' 이란 제목으로 本稿를 口頭로 발표할 기회를 가졌었는데, 이 자리에서는 두 기록 중 이 부분에 한해서는 『梧下記聞』의 기록에 좇을 수 있지 않나 하는 견해를 피력하였었다. 하지만 『梧下記聞』의 기록 인용에는 반드시 엄격한 史料 批判이 있어야 한다는 柳永益 敎授님의 지적으로, 재검토한 끝에 이런 생각에 이르게 되었다.

날짜까지가 기재되어 있는게 있어 주목된다. 이에는

營 奇　　　　　　　六 月[51]

(가) 新使道教是 今月初五日 自長興府發行次 初九日宿所于金溝金山寺教是
遣 上營日子姑無定日 而卜馬三匹上疏紙輿書寫吏一人等待于金山寺之意 長
興隨陪私通來到是齊

(나) 今初六日 全道人牽接下幾十名入府 留連於揖讓亭 而會計進賜宋司果主
行次中程 迎接入來教是遣 善爲歡待 而今初八日 全道人向往于鳳翔面九尾里
是遣 餘接或散或聚 往來不絶 連綿府中 內外散在各處是齊 京奇初無得聞之
道是齊

라 하여 新使道 즉 新任 全羅監司 朴齊純이 발령을 받고 長興을 떠나 金
溝에 도달해 머물고 있음(史料 가)과, 全道人 즉 全琫準이 全州府에 入府하
였던 사실에 대해 써놓고 있는 것(史料 나)이다.

다만 여기에는 이런 사실들이 '六月'의 '初五日' 혹은 '初六日'의 것이라
되어 있지만, 朴齊純이 정작 발령을 받고 全州로 부임하고자 했던 것은 6월
말부터 7월초의 일이므로[52], 이는 7월의 것을 필사하는 과정에서 혹 잘못한
게 아닐까 한다. 또 全琫準이 앞서 살핀 바대로 6월초에도 全州府에 入府한
적이 있었으므로, 이를 기록한게 아닐까 싶기도 했으나 6월 6일(음력 ; 양력
으로는 7월 8일)에는 日本人 鈴木天眼이 淳昌에서 그를 만났다고 하므로[53],
(나)의 기록 역시 이 때가 아닌 7월 6일의 그것이라 봄이 옳겠다.

그렇다고 한다면 全琫準은 7월 6일부터 7월 8일까지 全州 揖讓亭에 머물
고 (나)에서와 같이 환대를 받으면서 金鶴鎭과 회담을 하였음이 분명하다.

---

51) 『隨錄』, p.46.

52) 長興府使였던 朴齊純을 全羅監司에 임명하고 金鶴鎭을 兵曹判書에 발령낸 것
은 6월 22일이었으며(『日省錄』 高宗篇 31, p.188), 朴齊純이 全州에 당도한 것
은 7월 8일무렵이었다(『日省錄』 高宗篇 31, p.213).

53) 鈴木天眼, 「馬斯劍鳴錄」, 『二六新報』1894.8.11.日字 ; 강창일, 「갑오농민전쟁 자
료발굴 : 전봉준 회견기 및 취조기록」, 『사회와 사상』 창간호, 1988. 9, pp.25
2~255 참조.

그리고 金鶴鎭과 全琫準 사이의 이 7월 6일의 회담은, 일본군이 경복궁을 점령하였다는 서울 소식을 접한 金鶴鎭이 사태의 위급함을 느껴 요청함으로써 이루어졌음을 앞서 언급한 黃玹의『梧下記聞』의 기록을 보아 알 수 있겠다.

더욱이 金鶴鎭이 國難을 헤쳐나가기 위해서 東學軍(사료에서는 道人)들을 이끌고 와서 함께 전주를 지키자고 했다고 하였는데, 이는 全琫準이 '겉으로는 禍亂을 일으킨 것을 後悔하는 듯이 보이고, 소리내어 歸化했다고 말하였기' 때문이었다고 한다. 이같이 日本軍의 景福宮 占領事件을 전해들은 金鶴鎭이 곧바로 全琫準을 全州城으로 불러들일 수 있었던 것은, 全州和約을 함께 도출해냈었으며, 앞서 살펴본 바대로 6월 초순경에 타협을 통해 執綱所의 설치를 합의하면서(제1차 타협) 두 사람 사이에 신의가 구축되었기에 가능했다고 하겠다.

한편 全琫準이 이 때 金鶴鎭의 요청을 받아들여 全州에 入府하기 직전에는 南原에 있었다고 했는데, 그러면 동학군 진영의 상황은 어떠하였으며 또 당시 全琫準은 무엇을 하고 있었던 것일까. 우선 동학군 진영의 상황에 대해 알아보도록 하자. 이 점에 관해서는 黃玹이

> 是月望間 琫準開南等 大會于南原 衆數萬人 琫準傳令各邑布中 邑設都所
> 樹其親黨爲執綱 行守令之事 於是 道內軍馬錢糧 皆爲賊有 人始知其逆謀 已
> 成不止 爲亂民也 然金鶴鎭 恃其就撫 猶依違持之[54]

라고 했음에서 동학군이 당시에 全琫準, 金開南 등에 이끌리어 수만명으로 불어나 南原에 집결하였으며, 이미 各邑에 執綱所를 설치한 상태였음을

---

54) 黃玹,『梧下記聞』2 甲午 7월조, p.61. 이 기록에서 7월조에서 '是月'이라 했으므로, 이 기록에서 묘사한 상황이 오로지 7월만의 그것이라고 여기거나(李離和,「전봉준과 동학농민전쟁」2,『역사비평』8, 1990, p.344), 7월 6일에 金鶴鎭과 全琫準이 전주에서 만나서 타협을 이룬다고 하여 이를 그 이전인 6월의 그것으로 보려는 견해(정창렬, 前揭書, p.211)가 있다. 하지만 여기에서의 '是月'은 7월을 가리키는 것이지만 이 기록의 전후에 쓰여있는 것은 6월부터 7월까지에 걸친 상황이라고 보는게 더 타당한 것 같다. 뒤의 주 57) 참조.

알 수 있다.

다만 이 기록을 보면, 마치 全琫準이 全羅道의 執綱所 전체를 모두 장악한 듯이 되어 있으나, 실제로는 金開南, 孫化中 등도 全琫準 못지 않게 영향력을 크게 행사하고 있었다. 앞의 『梧下記聞』의 기록과는 달리 黃玹 자신도 『梅泉野錄』에서는

> 湖南賊金箕範入據南原 箕範與全琫準分爲二股 …… (중략) …… 以爲觀勢進退之計 箕範以亂初一入南原 見物力股實 心艶之 …… (중략) …… 箕範自言 夢有神人 署開南二字於掌中 遂自號開南 其曰介南者 音訛也55)

라 하여 南原에 본거지를 두게 된 金開南(箕範)이 全琫準과 '나뉘어져 두다리(와 같이) 된' 상태 있었다고 하였다. 반면에 관변측 인사로서 현장에서모든 상황을 직접 목격한 바 있는 鄭碩謨는

> 全琫準擁數千之衆 據金溝院坪 行號令于右道 金開南擁數萬之衆 據南原城 統轄左道 其餘金德明·孫和中·崔景善輩 各處一方 …… (중략) …… 如是而拖至七八月56)

라 해서 全琫準은 金溝 院坪에서 수천명의 무리를 이끌면서 右道를, 金開南은 수만명의 무리를 거느리고 南原城을 거점으로 하여 左道를 그리고 그밖에 金德明, 孫化中 등도 각각의 거점이 독자적으로 있었다고 하였다.

그러므로 鄭碩謨의 이같은 기록으로 볼 때 숫적인 면에서도 7, 8월 무렵에는 全琫準이 金開南보다 우세에 있지는 못했다고 하겠으며, 金鶴鎭이 全琫準등을 宋寅會로 하여금 全州로 불러오도록 했을 때 全琫準은 자신의 근거지가 아닌 金開南의 세력 근거지에 있었던 셈이다. 물론 이 당시까지는아직 全琫準과 金開南 사이가 벌어지기 이전이었던 듯하므로, 南原에서 함께 수만명이 운집한 그야말로 '大會'를 열 수 있었다고 보아진다.57)

---

55) 黃玹, 『梅泉野錄』 2, p.158.
56) 「甲午略歷」(『東學亂記錄』 上), p.65.
57) 黃玹, 『梧下記聞』 2, 6월조, p.39에서 '是時 湖南賊分數股 金箕範等徇右道 全琫

그렇지만 金鶴鎭이 宋寅會로 하여금 이들을 全州로 초치토록 했을 때, 이들의 반응은 사뭇 달랐다. 이에 대해서는 다음의 기록이 있다.

觀其去就 琫準持書猶豫 已而歎曰 要當一死報國 贖吾倡亂之罪 遂整衆作行計 開南不應 率所部 間道逃歸 琫準入全州 比至其衆 懼誅多道(逃 ? : 著者)亡 只與親信四五十人 謁鶴鎭于宣化堂[58]

이에 따르면 全琫準은, 金鶴鎭의 제의에 대해 '書信을 지니고 (수락 여부를 결정짓지 못하고) 망설였다'라 했음에서 알 수 있듯이 심사숙고하며 며칠을 보냈던 것같다. 그런 후에야 全琫準은 '報國'을 하기 위해 응하기로 하였으나, 金開南은 끝내 응하지 않고 자신의 휘하 세력을 이끌고 南原으로 돌아가 버리고 말았다.[59]

이런 경위로 결국 金鶴鎭의 요청에 부응하여 全州에 입성한 것은 全琫準 뿐이었고, 그럼으로 해서 金鶴鎭과 全琫準 사이에 또 한차례 회담이 이루어지게 되었던 것이다. 그 결과 7월 6일 執綱所의 운영 전반에 관한 타협을 보고, 全琫準의 通文으로 그 합의 내용을 각 執綱所에 하달할 수 있게끔 되었다고 하겠다.

이 7월 6일의 타협은, 서로가 허심탄회하게 속마음을 터놓고 국가의 장래를 걱정하였으며, 또 국가에 보답하기 위해서는 서로가 어떤 일을 할 수 있는가를 논의하는 분위기 속에서 이루어졌던 것같다. 이는 앞서 인용한 바 있는 「茂朱 甘結」에 金鶴鎭이 쓰고 있듯이 全琫準이 '진실한 마음을 모두 털어놓았다'고 함에서는 물론, 黃玹이 당시 全琫準에 대해

準徇左道 俱會南原 徵求列邑 …… '이라 한 데서도 이를 알 수가 있다. 여기에서의 '是時'란 전후 문맥으로 보아 6월중순경임을 가늠할 수 있겠으며 또한 이들이 '俱會南原'했다고 하였음에서 더욱 그러하다 하겠다.

58) 黃玹, 『梧下記聞』 2, 甲午 7월조, p.61.

59) 인용한 본문의 사료에 김개남이 '間道逃歸'했다고 함으로 미루어, 처음엔 김개남도 전봉준과 함께 전주를 향하다가 생각을 바꾸어 남원으로 돌아가게 아닌가 싶다. 그런 후에는 남원을 근거로 하여 독자적으로 세력을 이끌고 있었다. 남원에서의 김개남 휘하 세력의 동향은, 鄭碩謨가 「甲午略歷」에서 비교적 상세하게 기록해놓고 있다.

遂開誠與語 披露腹心 以示不疑[60]

라 하여 성의를 보이고 속마음을 드러냄으로써 김학진이 의심을 가지지 않게 되었다고 했음에서도 이를 알 수가 있다. 그러므로 종국에는 金鶴鎭의 「茂朱 甘結」에 명백히 밝혀 있는 바대로 '(또) 굳은 約條를 정하여 列邑의 執綱에게 通文을 적어 보내기' 까지에 이르러 全琫準이 합의된 내용을 담은 通文을 작성하여 각지의 執綱所에 보내게 되었던 것이다.

이에 대한 구체적인 것은, 앞서 이미 제시한 바있는 전봉준의 통문 내용을 보아서도 충분히 알 수 있다. 먼저 그 「元幅」에서는 대략, 자신들의 거사가 오로지 백성을 위해 폐해를 제거하기 위함이었음을 밝히고, 평민을 침학하는 자들은 오히려 '德(을 베풀기)에 반대되고 善을 해치는' 무리들이므로 각 읍의 執綱들로 하여금 잘 살펴 그런 일을 금지토록 하라고 지시하고 있었다. 그리고 「後錄」에서는 보다 구체적으로 네 가지의 지시 내용을 하달하였다.

첫째는 이미 거두어들인 砲·馬 등의 무기 및 장비류들은 이미 공납에 속해졌으니, 각 접주들에게 통문을 돌려 그 수효와 소지자의 성명 그리고 거주지를 소상히 적어 兩件의 문서로 작성하여 1건은 巡營에 두고 1건은 각 執綱所에 남겨 두어 뒤에 참고토록 하라는 것이었다. 둘째는 驛馬와 商馬를 각각 본래의 주인에게 되돌려주라는 것이었고, 세째는 이후부터 砲를 거두어 들이고 馬를 빼앗는 일을 일체 금지하며 錢穀을 토색질한 자는 성명을 적어 감영에 보고하고 軍律에 따르도록 하라는 것이었다. 그리고 네째는 남의 무덤을 파헤치거나 私債받는 것의 시비를 논하지 말고 일체 금지하도록 하며 만약 이를 범하는 자가 있으면 감영에 보고하여 律에 따르도록 하라는 것이었다.

이러한 통문의 내용은, 당시에 全琫準이 執綱所 組織을 통해 治安 維持를 담당하게 되었지만, 독자적으로 임의대로 한게 아니라 어디까지나 金鶴鎭과의 사전 합의에 준하여 처리해간 것임을 보여준다고 하겠다. 그러므로 당시의 執綱所가, 東學軍이 모든 것을 독자적으로 결정하여 弊政을 개혁해나

---

60) 『梧下記聞』 2 甲午 7월조, p.62.

가던 기관은 아니었다고 보아야 옳은게 아닐까 여겨진다.

특히 全琫準의 通文에서 지시 내용을 위반할 때는 '軍律'로 처벌하겠다고 하고 있다거나, 또 「後錄」의 제1조에서 이미 공납된 砲 등의 수효와 所持者의 성명, 거주지를 소상히 조사해서 2건으로 작성하여 그 중 1건은 全州 監營에 올려보내고 1건은 執綱所에 두어 후일에 참고토록 하라고 했다고 함[61] 등은 이를 단적으로 보여준다 하겠다.

이같은 필자의 생각을 결정적으로 뒷받침해주는 증거는 또 있다. 7월 17일에 '左右道 都所'에서 '左右道 都執綱'의 圖署를 날인하고 手決을 받아 茂朱 執綱所에 하달한 通文[62]이 바로 그것이다.『隨錄』에 登載되어 있는 상태 그대로 제시한 다음의 <資料 1>이 그것인데, 이해를 돕기 위해 이를 淸書해 제시하면 아래와 같다.

茂朱 執綱所

方今外寇犯闕 君父見辱 吾儕當齊赴死 而彼寇方與淸兵交敵 其鋒甚銳今若遽然爭抗 其禍不測似及於宗社 不如退潛 以觀時勢然後 勵其氣而就其計 爲萬全之策 望須發通 境內各接主 面面商議 各安其業 切禁境內胥動之類 無使橫行閭里 以致騷動 切望如是申飭之後 此弊不悛 則該執綱之報營 嚴處斷不容貸 該接人犯禁者 當施不容之罪 勿泛勿泛焉

甲午七月十七日 在營下

左　　　　　　　　　　　　圖署刻 左右道
　都所　　　　<手決>　　　　　都執綱
右

이 통문에서 주목해야 할 사항은 세 가지점이라 생각된다. 첫째는 통문의 서두에서 밝히고 있듯이 日本軍이 景福宮을 침범하여 國王을 욕보였으므로

---

61) 이같이 하여 執綱所에서 보관토록 했던 成冊의 實例로는 泰仁 執綱所에 있던 「徭役節目」 1冊과 「田稅都錄」 1冊(「先鋒陳 各邑了 發關 及甘結」『東學亂記錄』 下), p.349)을 들 수 있지 않나 싶다. 鄭昌烈, 前揭書, p.231 참조.

62) 『隨錄』, pp.61〜62.

茂朱 執綱所

〈資料 1〉 茂朱 執綱所에 하달한 都執綱의 通文

마땅히 목숨을 걸고 항쟁하여야 하나, 그 화가 宗社에 미칠지 모르니 '時勢'를 보아 '萬全之策'을 삼아야겠다고 한 점이다.

이러한 동학군 지도부의 시국관은, 아마 全琫準의 그것이 거의 그대로 채택되어 드러난 것으로 믿어지는데, 이는 앞서 제시한 바 있는 『梧下記聞』의 기록에 金鶴鎭의 초대를 받은 全琫準이 全州에 가기로 결정하면서 '반드시 한 번 죽더라도 國家에 보답함이 마땅하다'라 했던 것[63]과도 일맥상통하는 것이었다고 하겠다. 바꾸어 말하자면 국가가 위기에 청했으므로 목숨을 걸고라도 '報國'해야 한다고 하여 평소의 유교적 사고를 그대로 표출시킨 全琫準으로서는[64] 기꺼이 외세(일본)의 침략으로부터 나라를 구하기 위해서 金鶴鎭과의 타협(제2차타협)에 나서야 했을 것이다. 그럼으로써 이 타협의 결과 執綱所의 기능을 강화시켜 全琫準 자신이 치안의 유지를 담당케 되었으며 이를 통해서 東學軍의 弊政改革요구를 道政에 반영하려고 하였음을 알 수 있겠다는 것이다.

둘째는 '境內의 각 接主들이 상의를 해서' 執綱所의 여러 현안들을 처리해가도록 했다는 점이다. 말하자면 執綱들이 모여 회의를 통해 그 지역의 현안들을 어떻게 해결해갈지를 결정하였던 것이라 하겠다. 물론 이럴 경우의 현안이라고 함은, 이 통문에도 밝혀져 있는 바대로 그 고을에서 치안 유지에 협조치 않는 吏屬들의 처리 등과 같은, 현지의 특수한 사정에 기인하는 문제들을 가리키는 것일 듯하다.

그러므로 마치 執綱所내에 별도의 의결기관이 설치되어 있었던 것처럼 여기는 종래의 견해[65]는 재고를 요하게 된다. 종래의 이런 견해는, 吳知泳이 『東學史』에서 '執綱所를 設立하여 …… 每 邑에 …… 議事員 若干人을 두었

---

63) 앞의 註 58) 참조.
64) 全琫準의 이러한 유교적 사고에 대해서는 Young Ick Lew, The Conservative Character of 1894 Tonghak Peasant Uprising : A Reappraisal with Emphasis on Chon Pong-jun's Background and Motivation, *The Journal of Korean Studies* 7, 1990, pp.149~174 ; 「全琫準 義擧論」, 『東學農民蜂起와 甲午更張』, 一潮閣, 1998 참조.
65) 종래의 연구 성과를 정리하면서 이런 견해를 높이 평가한 것으로는 鄭昌烈, 「東學과 東學亂」, 『韓國學硏究入門』, 知識産業社, 1981, p.394가 있다.

으며 ……'66)라 했음에서 비롯된 것이었다. 그러나 여기의 '議事員 若干人'
은 다름이 아니라 그 邑의 接主들 자신을 가리키는 것으로, 애초에 이들이
'議事員'이란 직책을 따로이 맡았던 것도 아니고 또 그런 직책 자체가 執綱
所 조직 내에 있었던 것도 아니며, 다만 그들이 執綱所의 懸案들을 그들이
상호 의논하여 처리해갔던 데에서 吳知泳 개인이 그렇게 부른 것에 불과한
게 아닐까 싶다.

세째로는, 通文에서 '該執綱之報營'이라 한 대목과 '甲午七月十七日 在營
下 左右都所 左右道 都執綱'이라 한 부분을 눈여겨 보아야 하겠다고 생각된
다. 여기에서 '해당 執綱이 監營에 보고'하도록 했다고 함은, 執綱所의 각 執
綱들이 직접 監營에 보고할 수 있도록 되어 있었음을 의미하며, 이는 앞서
이미 언급한 바 있듯이 執綱所 조직이 監司 金鶴鎭의 道政 수행에 협조하는
기관으로써 기능하였음을 보여준다고 하겠다.

더욱이 '在營下 左右都所 ……'라고 하여 都所 즉 都執綱所가 全州에 있
었음을 밝히고 있음으로 해서, 執綱所 조직이 全羅 監司의 통제 밖에 있으
면서 全琫準 혹은 그 밖의 東學軍 지도자 어느 개인에 의해 완전히 독자적
으로 운영되고 있었다고는 보여지지 않는다고 생각할 수 있지 않나 한다.
그러므로 執綱所 組織은, 7월 6일부터 8까지 全琫準과 金鶴鎭이 全州에서
단독 회담을 통해 합의하여(제2차 타협) 全琫準이 치안 유지를 맡게 됨에 따
라 그 기능이 강화되었으며, 執綱所가 全羅監司 金鶴鎭의 관할 밖에 있었던
것도 또 東學軍의 독자적인 조직으로서의 機能만을 하였던 것도 아니었다
고 하겠다.

4. 結 語

東學軍의 組織인 執綱所는, 1894년 6월 초순 全琫準과 全羅監司 金鶴鎭에
의해 타협이 이루어져 공식적으로 인정되었다고 보여진다. 이는 그 이전 즉

---

66) 吳知泳, 前揭書, p.126 ; 『全集』 上, p.148.

全州和約이 성립된 직후부터는 金鶴鎭이 어렵게 이룬 모처럼만의 政局 안정이 깨지지 않게 하기 위해 東學軍의 執綱所 설치를 묵인하고 있던 것과는 좋은 대조를 이룬다고 하겠다. 이 때의 공식적 인정은 全琫準을 6월 초순 全州 監營에 초청하여 서로 타협(제1차 타협)한 결과였으며, 6월 7일에 金鶴鎭 자신의 曉諭文(「四諭道內亂民文」)으로 公表되었다.

公認 후의 執綱所는, 6월 8일경 淳昌에서 낸 狀啓에서 全琫準이 '경유한 바 邑의 폐해가 적으면 (그 곳의) 官衙에 알려 바로잡고, 크면 監營에 아뢰어 고쳐나갔다'라 했음에서 극명하게 드러나듯이 기왕의 행정 체계를 도외시 하면서까지 독자적으로 弊政을 개혁할 수는 없었다고 생각된다. 오히려 관아의 행정 계통을 밟아 이를 개혁해가려 했음으로 해서 그 한계는 분명할 수 밖에 없었다고 보여진다.

이같은 執綱所의 기능은, 7월 6일부터 8일까지 全州에서 이루어진 金鶴鎭과 全琫準 사이의 타협(제2차 타협)에 의해 보다 강화되었다. 金鶴鎭이 全琫準에게 치안 유지를 위임했고, 이를 수락한 全琫準이 金鶴鎭의 曉諭文에 자신의 通文을 첨부하여 각지의 執綱所에 하달하여 치안 유지에 협조해줄 것을 당부함으로써 이루어졌던 것이다.

그러면 全羅監司 金鶴鎭이 이같이 執綱所를 공식적으로 인정해주고 그 기능을 강화하였던 것은 무엇 때문이었을까. 그는 자신의 휘하에 별반 군사력을 확보하지 못하고 있던 상황 하에서 全州和約을 통해 이룬 그나마의 政局 안정마저 무너지면 더이상 어찌할 수 없는 지경으로 빠지게 된다는 우려 그리고 6월 하순 日本軍의 景福宮 占領事件이 전해진 이후에는 外勢(日本)의 침략으로 부터 국가를 지켜내야 한다는 위기감에서 그랬던 것으로 생각된다. 그리하여 東學軍의 組織인 執綱所를 공인해주고 그 기능을 강화시켜 치안 유지를 이룸으로써 道政의 원활한 수행을 꾀하려 했던 듯하다는 것이다.

반면에 그러면 全琫準은 왜 金鶴鎭과의 타협에 이르렀던 것일까. 그로서는 이미 全州城이 官軍에 의해 포위된 어쩔 수 없는 상태에서 소위 全州和約을 이루고 나서는 하루빨리 歸鄕하여 安業할 수 있기를 고대하고 있었고, 또 金開南·孫化中 등을 비롯한 여타의 비타협적인 東學軍 지도자들이 자신의 지휘아래로 규합되기는 커녕 독자적으로 執綱所를 이끌어 가는 등의 상황에서 주도권을 쥐기 해서도 金鶴鎭과의 타협에 적극 임했지 않았을까 한다. 그 결과 執綱所의 公認을 이끌어 내어 東學軍의 의사를 道政에 반영 시킴은 물론 자신의 영향력 행사도 그만큼 강화시키고자 하였던 것이다. 더욱이 6월 하순 日本軍의 景福宮 占領事件의 발생 이후에는, 본디 '報國'을 중시하는 유교적인 사고에 젖어 있던 그로서는 執綱所 組織이 치안 유지에 앞장서면서 외세의 침략을 막아내는데 큰 역할을 할 수 있기를 바랐던 것 같다고 하겠다.

결국 全琫準의 권한이 金鶴鎭의 그것을 벗어나 행사될 수 있었다거나, 執綱所가 金鶴鎭의 통제에서 완전히 벗어나 있던 組織이었다고는 할 수 없다고 생각된다. 全琫準과 金鶴鎭이 두 차례에 걸쳐 타협한 이후의 執綱所는, 金鶴鎭이 全羅監司로서 道政을 수행하는데 협조하는 機關으로서 기능하였다고 여겨지는 것이다.

따라서 執綱所에 대해 '地方自治機關'說[67]을 펼치거나, 소위 '二重的인 地

---

67) 처음으로 이 주장을 한 이는 李羅英이 아니었나 한다. 그는 執綱所를 '농민들의 지방자치기관'(『조선통사』(하), 과학원 력사연구소, 평양, 1958, p.93 ; 오월,서울, 1988, p.68)이라 한 바가 있다. 그리고 吳吉寶도 '농민들의 혁명적인 자치기관인 집강소' 혹은 '집강소는 농민군이 각 고을을 점령하고 군정을 실시하다가 전주 화약이후 이 군정이 자치기관으로서의 집강소로 되었다'(「갑오 농민 전쟁과 동학」, 『력사과학』 1959년 3호, pp.61~62) 등으로 이를 주장한 바가 있다.

　　이후 이같은 執綱所의 '地方自治機關'說은 지속적으로 제기되고 있고, 오늘날은 정설화되다시피 한 것같다. 기왕의 연구에서는 거의 예외없이 '執綱所라는 自治機關을 두어서 地方의 自治를 행했다'(朴宗根, 「甲午農民戰爭(東學亂)における'全州和約'と'弊政改革案'」, 『歷史評論』 140, 1962),'農民軍側의 自治的 機關'(梶村秀樹, 「開國による社會變動と甲午農民戰爭」, 渡部學 編, 『朝鮮近代史』, 勁草書房, 1968, p.56), '農民的 自治機關'(姜在彦, 「封建體制解體期の甲午農民戰爭」, 『朝鮮近代史研究』, 日本評論社, 1970, p.185.), '지방행정기관으로서의 집강소'(金義煥, 「全州和約과 執綱所」, 『韓國思想』 12, 1974, p.293), '本格的인 地方自治機關'(橫川正夫, 「全琫準についての一考察」, 『朝鮮史研究會論文集』 13, 1976, p.124~125), '사실상의 農民에 의한 地方自治機構'(瀨古邦子, 前揭論文, p.136), '농민군이 세운 지방자치기관'(『조선전사』 13, 과학·백과출판사, 1980, p.320), '農民自治機關'(趙景達, 「東學農民運動と甲午農民戰爭の歷史的 性格」, 『朝鮮史研究會論文集』 19,1983, p.136), '농민군의 자치적 행정기관'(鄭昌烈, 前

方政權'說[68]을 주장할 수는 없다고 하겠다. 또 民政機關說[69]이나 軍政機關

揭書, p.240) 등으로 지적하였던 것이다.

이외에 '執綱所는 기존의 틀내에서의 농민의 行政機關이나 監督機關이나 自治機關이 아니라, 농민들이 원하는 새로운 政治와 政策을 실행할 수 있는 한국 역사상 최초의 농민을 위한, 농민에 의한, 농민의 權力機關이었고 統治機關이었다'한 주장(愼鏞廈, 前揭論文, 1985, p.103 ; 前揭書, 1993, p.207)이 있으나, 이는 마치 이 당시에 이미 민중(혹은 인민) 민주주의가 실현되었던 것같은 오해를 불러일으킬 우려가 있으므로 취하기 어렵다고 생각된다

68) 이는 執綱所의 기능에 대해 언급하는 연구자면 누구나 빼놓지 않고 인용하는 鄭碩謨의 「甲午略歷」에

於是 東徒割據各邑 設執綱所于公廨 置書記・省察・執事・童蒙之名色 宛成一官廳 日以討索民材爲事 所謂邑宰只有名位 不得行政 甚者逐送邑宰 吏胥輩盡爲入籍于東黨 以保姓名(『東學亂記錄』上, p.65)

라 해서 執綱所 設置 이후에는 邑宰가 다만 이름뿐으로 行政을 수행할 수 없었다고 하였음에 주로 근거한 것이라 보여진다. 하지만 吳知泳은 『東學史』에서 '大小官吏'들이 執綱을 '幇助'하였다고 하였음(p.126 ;『全集』上, p.148 참조)이 주목된다.

이같은 주장은, '형식상 소위 이중적인 지방정권이 형성된 셈'(李羅英, 前揭書, p.69)이라 했다든가, '執綱所가 설치되고 二重政權狀態가 되어 …….'(梶村秀樹, 前揭書, p.56)라 했음에서, 혹은 '甲午農民戰爭 과정에서 출현한 執綱所는 全羅道에 일종의 이중권력의 시기를 초래하였다'(瀨古邦子, 前揭論文, p.136)고 했음에서 찾을 수가 있다.

69) 이런 주장을 하는 연구자들은 대부분 吳知泳이

이 때는 甲午 五月 旬間이라 東學軍과 官軍이 서로 講和를 이룬 後, 京城으로 올라가고 東學軍은 全羅道 五十三州에 執綱所를 設立하여 民間庶政을 處理케 되었다. 每邑에 執綱 一人을 두고 議事員 若干人을 두었으며 大小官吏들은 그를 幇助하여 弊政改革에 着手케 되었으며 同弊政改革은 左의 十二條로써 되었다.(『東學史』, 永昌書館, 1940, pp.126~127)

라고 함으로써 東學軍이 執綱所에서 '民間庶政'을 처리하는 것을 '大小官吏'(여기에는 앞의 註 68에 인용한 「甲午略歷」에서 鄭碩謨가 지칭한 '邑宰'도 물론 포함되었을 것이다)들이 '幇助'했다 하였던 데에 전적으로 의거하고 있다.

이 견해를 최초로 편 연구자는 金庠基가 아니었나 한다. 그는 『東學과 東學亂』(大成出版社, 1947 ;『東方史論叢』, 서울大出版部, 1974, pp.674~675)에서 '…… 臨時政廳이라 할 執綱所를 …… 設置하고 民政을 處理함에 이르렀다.'고 하였던 것이다. 그의 이런 견해 표명 이후 대부분의 시대사나 개설서에서는

說[70]도 실상을 제대로 파악하지 못한 데에서 나온 것이며, 黃玹의 '金鶴鎭의

거의 예외없이 이를 따르고 있지 않나 생각된다.

　한편 李羅英도 吳知泳의『東學史』를 그대로 인용하면서 '여기에서 일체 민간서정(庶政)을 처리케 되었다'(前揭書, p.68)라고 한 바가 있다. 李羅英이 이와 같이 吳知泳의『東學史』를 전적으로 신용하여 주장을 펴고 있는 데에 대해서는, 吳知泳이 '혼돈하고', '날조하여' 왜곡시킨 것을 그대로 추종하고 있다고 하여 일찌기 吳吉寶에 의해 신랄하게 비판된 바(吳吉寶, 前揭論文, pp.61~62)가 있다.

　吳知泳의『東學史』를 거의 무비판적으로 인용하는 경향에 대해 그것이 1940년 永昌書館에서 출판될 당시에는「역사소설」로 구분되었음을 지적하며 주의를 환기시킨 연구로는 拙稿,「吳知泳의 人物과 著作物」,『東亞硏究』19, 1989, pp.93~94 ; 本書, pp.73~74와 柳永益, 前揭論文, 1990, pp.165~167 ; 前揭書, 1998, pp.16~18가 있다. 이와 같이 출판 당시 애초에『東學史』가 역사소설이었다는 점외에도『批判』1940년 3월호에 이를 일부 전재하면서 편집자가 그를 소개하는 글에서

　　先生이『東學史』를 執筆하기 爲하여 三個星霜을 昔日의 戰場을 ――히 歷巡하여 지나간 記憶을 새롭게 하며 感興을 强烈케 執筆한 것이다(p.14 ;『全集』上, p.393)

라고 했음에 유의해야 한다고 본다. 즉 草稿本이 있었긴 했어도『東學史』의 내용은 1940년에 재구성되었을 가능성이 농후하며, 그것도『批判』편집자의 표현대로 3년에 걸쳐 '지나간 기억을 새롭게 하며 감흥을 강렬하게' 한 것이므로(拙稿,「吳知泳의 生涯와 그의 著述」,『吳知泳全集』上, 亞細亞文化社, 1992, p.12 ; 本書, p.94 참조) 여기에 쓰여진 내용을 그대로 인용함에는 많은 문제가 수반될 수 있음을 반드시 고려에 넣어야 하지 않나 생각된다.

70) 이같은 주장은, 黃玹이

　　遂開誠與語 披露腹心 以示不疑 營下軍政 皆屬之 …… (중략) …… 於是挾 鶴鎭作奇貨 專制一道 …… (중략) …… 鶴鎭如傀偶須人 起居唾唏 不得自 恣 但奉行文書而已 民謂之道人監司(『梧下記聞』2, p.62)

라고 해서 全羅監司 金鶴鎭이 全琫準에게 '營下軍政'을 모두 소속케 하였다고 함으로써 執綱所가 마치 軍政機關으로 기능했던 것처럼 쓰고 있음에서 비롯된 것이다.

　全州和約 이전의 執綱所가 軍政機關이었다고 하는 이같은 견해로는, 吳吉寶, 前揭論文, pp.62~63 및 朴宗根, 前揭論文, pp.46~47 등이 있다. 하지만 全州和約 성립 이후에도 執綱所가 계속 軍政機關이었다고 함은 黃玹의 견해가 유일한 것이라 하겠다.

형식적 결재권 행사'說71)이나 李容珪의 '全琫準 결재권 행사'說72)도 이제는
더이상 주장될 여지가 없다고 하겠다. 그렇다기 보다는 1894년 5월의 全州和
約 이후부터 同年 7월 하순 제2차 봉기 때까지의 東學軍의 執綱所는, 全琫準
과 金鶴鎭 사이에 두 차례에 걸친 타협의 결과로 기능이 강화되어 치안 유지
를 이루는 데에 큰 역할을 하면서 자신들의 弊政改革 요구가 기존의 행정 체
계를 통해 道政에 반영될 수 있도록 하려는 組織이었다고 하겠다.

(「東學農民軍의 執綱所에 대한 一考察」, 『歷史學報』 133, 1992 : 同改題)

---

71) 이는 바로 앞의 註 70에서 이미 제시한 바 있는 黃玹의 『梧下記聞』에서, 金鶴
　　鎭이 '다만 文書를 奉行하였다'라 하였음에서 알 수 있는 것이다.
72) 이런 점은 특히 公州 儒生 李容珪가 자신의 문집 『若史』에서

　　全琫準 稱以歸化 單身入來 替行監司之事 巡營關文甘結 必安圖書然後列
　　邑擧行 琫準待罪屢日 不敢刑殺 釀成兩湖之大禍(奎章閣 古圖書 ; 분류번
　　호 奎 4254－43, 卷 2, 甲午條)

라 하여서 巡營의 關文, 甘結은 반드시 全琫準의 결재가 있은 연후에야 列邑에
서 거행되었다고 함에서 헤아릴 수가 있다(鄭昌烈, 「東學과 東學亂」, 『韓國學
硏究入門』, 知識產業社, 1981, p.394 참조). 기존의 기록 혹은 연구 중 全琫準
개인의 활동에 촛점을 맞추어서 인물 됨됨이가 소위 '革命'의 지도자다웠다거
니, 또는 이와는 정반대로 반국가적인 위험인물이었다거니 하는 글에서는 거
의 예외없이 이같은 주장이 제기되고 있음에 주의를 요한다고 하겠다.
　李容珪 『若史』의 이같은 주장에서 특히 눈여겨 보아야 할 것은, '全琫準이
여러날 행정을 실시하였다'고 하면서도 '刑殺을 감히 못하였다'고 한 점이라
고 생각된다. 앞서 인용한 『梧下記聞』의 기록에서 全琫準에게 '營下軍政 皆屬
之'했다고 함과 비교되기 때문이다. 이같이 全琫準이 행정을 장악했다고 하면
서도 '刑殺을 감히 못하였다'고 함은, 다름 아니라 治安 유지에 협조할 뿐 치
안 유지에 반하는 행위를 한 이들을 처벌할 권한은 행사하지 못했음을 보여주
는 것이라고 믿어진다.

제2장 東學軍의 執綱所 설치와 운영

1. 머리말

執綱所라고 하면 흔히, 1894년 東學軍이 봉기하였을 때 그들의 지도자인 執綱이 당시 사회의 여러 폐단을 개혁하기 위해 설치한 조직이었다고 말한 다. 그렇기 때문에 마치 집강은 물론 그들이 지휘하던 조직인 집강소란 명 칭을 동학군이 맨처음으로 사용했던 것으로 생각하기 쉽지만, 기실은 그렇 지가 않다. 집강소·집강이란 것은 이미 1894년 이전부터 우리의 鄕村社會 에서 있어 왔던 것이다.

예를 들자면, 전라도 求禮에서 1860년에 간행된 『鳳城縣志』에 등재되어 있는 鄕規에는 '鄕廳에서 과실을 범하거나 폐단을 일으키면 執綱이 보고 들 은 바를 문서로 적어 관청에 제출하도록' 되어 있는데, 이를 통해서 이전부 터 향촌사회에는 집강이 있어 그 사회의 기강을 유지하기 위한 일을 맡고 있었음을 알 수 있는 것이다. 또한 경상도 安東에서 1862년경에 간행된 『安 東府邑誌』公廨 鄕射堂 조에서는 향사당 즉 향청이 '(鄕)執綱이 所留하는 處'였다고 했는데, 다른 기록에는 집강소가 때로는 執綱處 혹은 執綱契 등 으로 적혀 있기도 하다.[1] 그런데다가 집강소에 관해서 1894년 당시 全州에

---

1) 執綱所가 執綱處라고도 쓰였음은 黃玹, 『梧下記聞』 2,p.65 그리고 鄕廳이 執綱 契라고도 불리웠음은 丁若鏞, 『牧民心書』 4(『與猶堂全書』 5, 景仁文化社,

있었던 鄭碩謨가 동학군의 실상을 적어놓은 글에서는 다음과 같이 쓰고 있음이 참조될 것이다.

> (1) 이에 東徒(東學徒 즉 東學軍 ; 著者)들은 각 邑에 할거하여 公廨에 執綱所를 설치하고 書記·省察·執事·童蒙의 명색을 두었으며 완연히 하나의 官廳을 이루었다.[2]

여기에서 집강소가 公廨에 설치되었다고 하였는데, 앞서 거론한『安東府邑誌』에서 공해 중의 하나로 향청을 열거하면서 이를 '執綱이 있던 곳'이라 하였음이 주목된다. 따라서 향청을 집강소라고도 불리웠을 것이며, 그리고 執綱所는 공해(公廳)에 자리잡고 있었다고 여겨진다. 그렇기 때문에 집강이란 직책과 집강소라고 하는 조직의 명칭을 동학군이 맨처음으로 사용하였다고는 할 수가 없는 것이다.[3]

특히 집강은 그 명칭에서 드러나듯이 그 지역에서의 기강의 확립을 맡았을 것이므로, 당시 향촌사회에서 지니는 영향력의 비중이 적지 않아서 전봉준을 위시한 동학군의 수뇌부들은 古阜民亂을 일으킬 때부터 이들을 적극적으로 끌어들이려 했던 것같다. 다음의 기록에서 이런 점을 잘 헤아릴 수가 있다.

> (2) 3명(전봉준을 포함한 3인 ; 저자) 다같이 젊어서부터 친구로서, 사건(古阜民亂 ; 저자)을 일으킨 시초부터 대소의 일이 모두 이 3명의 수 중에 속하였다. 그렇지만 그들은 책임을 자신에게만 한하지 않고 각각 마을의 洞長·執綱들에게도 모두 다같이 책임을 지게 하였다. 그러므로 하루 아침

1981), p.375에서 알 수 있다.

2) 鄭碩謨,「甲午略歷」(『東學亂記錄』上, 國史編纂委員會 ; 이하 국편위로 약칭함, 1971), p.65.

3) 瀨古邦子,「甲午農民戰爭期における執綱所について」,『朝鮮史硏究會論文集』 16, 1979, pp.126~127 및 拙稿,「東學農民軍의 執綱所에 대한 一考察」,『歷史學報』 133, 1992, pp.95~97 ; 同改題「東學軍의 執綱所에 대한 一考察」, 本書, pp.159~162 참조.

에 일을 실패할지라도 18개 區面의 동장·집강이 곧 같은 책임을 지게
되므로, 백성등도 함부로 물러나 흩어지거나 혹은 미워서 싫어함이 생기
게 할 수가 없어 단결도 한층 견고한 듯 하였다.4)

이 기록은 고부민란을 직접 목격한 巴溪生이란 이름의 日本人이 쓴 일기
체 글의 한 대목인데, 이에 따르면 전봉준등이 각 마을의 동장·집강을 끌
어들여 공동으로 봉기의 책임을 지게 함으로써 동학군내의 단결을 견고하
게 하였다는 것이다. 이로 보아 東學軍의 봉기 후 설치된 집강소의 집강도,
향촌사회에 종래부터 있어왔던 그것을 그대로 활용한 것이며, 특히 전봉준
이 영향력을 행사하고 있던 지역의 집강소의 경우에는 더욱이 그러하였으
리라 믿어진다.

이러한 사실은, 1894년 5월 초 동학군이 全州城을 점령한 상태에서 全羅
監司 金鶴鎭과 전봉준 사이에 맺어진 이른바 全州和約 이후 김학진이 하달
한 효유문 중 다음과 같은 기록에서도 분명히 엿볼 수가 있다.

(3)
「甘結 茂朱」
비록 지난 날은 (임금의) 걱정(거리)가 되었을지라도 만일 지금 (임금의
덕에 감화되어) 돌아오면 이는 곧 (임금의 은택을 받은) 백성이다.
(그대들이) 完山(全州府 ; 저자)로부터 해산한 것은 뜻을 말하자면 각자
(집으로) 돌아가 안심하고 (생)업하고자 함이다 …… (중략) ……
　　　　　　　　　　　　　　　　甲午 5월 22일
　　　　　　　　　　　　　　　　都巡使 <手決>

「曉諭文」
그대들이 完山(府)로부터 해산한 것은 뜻을 말하자면 (걱정을) 풀고 농사
로 돌아가 각자 예전부터의 업으로 돌아가고자 함이다.
　　　　　　　　　　　…… (중략) ……
1. …… (중략) …… 그대들이 거주하는 곳인 面.里에 각각 집강을 두었으

---

4) 巴溪生, 「全羅道古阜民擾」(『駐韓日本公使館記錄』 1, 국편위, 1981), p.56.

니, 그대들이 원통하고 억울하여 말하고자 하는 것이 (있으면) 해당 집강
을 모두 경유하여 營門에 소송해서 공정한 결정을 기다려라 …… (하략)
……5)

이에서 김학진이, 完山 즉 全州 監營으로부터 자진 해산한 후에도 동학군
들에게 원통하고 억울한 사연이 있을 것같으면 그 사연을 각 面과 里의 집
강을 경유하여 감영에 보고하여 공정한 결정을 기다리도록 지시하였음을
알 수 있다. 전라감사로서 김학진이 전봉준과 5월 8일(음력 ; 이하 모두 그러
하다)에 이른바 전주화약을 성립시킨 후, 같은 달 22일에 동학군에 내린 효
유문에서 이렇게 약속한 것은, 곧 동학군 집강소에서의 집강의 역할이 종래
의 향촌사회에서 그것이 하던 역할을 거의 그대로 담당하고 있었음을 알려
준다고 생각된다. 요컨대 동학군의 집강소 조직은, 東學徒 중에서 집강이 선
임되어 종래에 향촌사회에 있어온 집강의 역할을 거의 그대로 담당하면서
질서를 유지하기 위해서 설치되었다고 하겠다.6)
    그러면 동학군의 집강소는 언제 어떤 배경하에서 설치되었으며 공인되었
던 것인가.

2. 집강소의 설치와 공인

동학군이 점령한 全州城을 수복키 위해서 정부에서는 4월 19일에 김학진
을 전라감사로 임명하여 파견하면서 그의 요구를 받아들여 현지의 형편에
따라 일을 처리할 수 있는 全權을 일임해주었고, 이에 그는 5월 8일에 전주
入城에 앞서 參禮驛에 머물면서 이른바 전주화약을 성사시킬 수 있었다. 그
러고는 각 邑에 앞으로 어떻게 道政을 이끌어갈 것인지를 밝히는 甘結 즉

---

5) 이 감결과 효유문의 완전한 원문은, 日本 京都大 河合文庫 所藏의 『隨錄』,
   pp.37~39에 있다.
6) 이상은 拙稿, 「동학농민군의 집강소에 대한 일고찰」, 1992, pp.77~79 참조 ;
   本書, pp.187~190.

訓令을 내면서, 아울러 전주에서 해산하여 각지로 돌아간 동학군에게 억울한 일이 있을 경우 각 邑에 둔 집강을 통해 監營에 알리면 그 일을 공정하게 처결하겠음을 알리는 曉諭文을 하달했는데, 그것이 바로 5월 22일이었다(앞의 사료 3) 이러한 김학진의 훈령이 있었던 5월 하순경에는 이미 각지에 동학군들에 의해 집강소가 설치되어 있었던 듯하다.7)

이 시기에 집강소가 설치되었음을 알려주는 구체적인 一例가 淳昌의 경우이다. 黃玹의『梧下記聞』에 의하면, 5월 하순 그 곳에서는 郡守 李聖烈이 김학진의 훈령에서 당시의 '撫局' 즉 政局의 안정 상태를 무너뜨리지 말라고 한 데에 따라 집강소의 설치를 허용함으로써 '吏(胥)와 民이 入道하였다고 평계하여 都所를 설치하고 執綱을 두었다'고 한다.8) 정국의 안정을 무너뜨리지 말라는 김학진의 이러한 지시와 그에 따른 집강소 설치의 허용을 기화로, 동학군측에서는 집강소의 설치를 확대해 나갔고 또 이를 공식적으로 인정받고자 하였을 것이다.

그러다가 드디어 동학군의 집강소에 대한 公認이 이루어진 것은 1894년 6월 김학진과 전봉준의 타협에 의해서 였다. 이러한 집강소의 공인 시기 및

---

7) 이와 관련하여서는 다음과 같은 吳知泳의 증언을 주목해볼 필요가 있다.

「義軍이 全羅各郡에 執綱所를 設立」
이것(폐정개혁 ; 저자)을 조건으로 하고 官兵은 퇴각하여 京城으로 돌아가고 의군은 각 군에 돌아가 집강소를 설립하여 민간(의) 庶事를 次第(에) 정리하게 되었었다(吳知泳,『東學史』草稿本(국편위 所藏, 소장번호 C17-4), p.38).

이는 全州和約을 계기로 집강소가 설치되기 시작하였음을 보여주는 중요한 기록이라 여겨지는데, 뒤에 출간하면서는 다음과 같이 재정리하였다.

「東學軍과 京兵講和」
이 때는 甲午5월旬間이라 東學軍과 官軍이 서로 講和를 이룬 後 官軍은 京城으로 올라가고 東學軍은 全羅道 53州에 執綱所를 設立하여 民間庶政을 處理케 되었다(『東學史』, 永昌書館, 1940 ;『吳知泳全集』上, 亞細亞文化社, 1992, p.126).

8)『오하기문』2, 갑오 5월조, p.42.

배경을 구체적으로 살피는 데에는, 당시 현장에서 직접 사태의 추이를 목격한 바 있던 정석모가 남긴 「갑오약력」 중 다음과 같은 대목에 대한 검토가 요긴하다.

(4) 6월에 觀察使는 전봉준등을 감영에 청하여 맞았다. 이 때에 성을 지키는 군졸이 각각 총과 창을 들고 좌우로 정렬하였다. 전봉준은 높은 冠에 삼베옷을 입고 기세도 드높게 들어와 조금도 꺼리거나 주저함이 없었다. 관찰사는 官과 民이 서로 화합할 방책을 상의하고는 각 郡에 執綱을 두는 것을 허락하였다. 이에 東徒는 각 邑에 할거하여 公廨에 執綱所를 설치하였다.[9]

이 기록에서 보듯이 6월에 관찰사 김학진이 전봉준을 전주감영으로 맞아들여 서로 '官과 民이 서로 화합할 방책(官民相和之策)'을 의논하고는 각 읍에 집강을 두는 것을 허락함으로써 집강소 설치를 인정하게 되었다고 생각된다.[10] 그러자 동학군측에서는 곳곳에 집강을 정해서 집강소를 설치하고는 관리들의 弊政을 바로 잡으려 했다.

하지만 집강소를 통한 폐정의 개혁에는 한계가 있었던 것같다. 이 점은, 같은 6월에 작성되었음이 명시되어 있어 집강소의 공인 이후에 제출되었을 것으로 믿어지는 전봉준등 連名의 「再上書」에, '경유한 바 邑의 폐해가 적으면 (그 곳의) 官衙에 알려 바로잡고, 크면 (전주)감영에 아뢰어 고치도록 하였다'고[11] 되어 있음을 보아 알 수가 있다. 따라서 김학진과 전봉준 사이

---

9) 정석모, 「갑오약력」, 앞의 책, p.65.

10) 이 기록에서 김학진과 전봉준의 전주감영회담이 6월에 열렸다고 하였음에 근거하여 愼鏞廈, 「甲午農民戰爭 시기의 農民執綱所의 設置」, 『韓國學報』 41, 1985 ; 『東學과 甲午農民戰爭研究』, 一潮閣, 1993, p.183과 拙稿, 「동학농민군의 집강소에 대한 일고찰」, 앞의 책, 1992, pp.106~109 ; 本書, pp.172~174에서는 6월의 일로 보나, 鄭昌烈, 「執綱所의 개혁정치」, 『甲午農民戰爭研究-全琫準의 思想과 行動을 중심으로-』, 延世大 大學院 박사학위논문, 1990, p.216과 김양식, 「1, 2차 全州和約과 執綱所 운영」, 『역사연구』 2, 1993, p.146에서는 7월의 일로 보고 있다. 원문에 6월로 되어 있음에 주목해야 하지 않나 한다.

11) 이 구절은 『수록』, p.45의 「六月 日 淳昌會生 全琫準・宋大和・宋昌憲・鄭昌振・金大春等狀」에 연이어 등재되어 있는 「再上書」에 보인다.

에 이루어진 5월8일의 소위 全州和約 이후 6월 초순부터는 집강소가 공인되어 이를 중심으로 동학군이 곳곳에서 弊政改革을 시도하였지만 그 한계가 분명하여 기존의 행정 체계를 도외시한게 아니라 그를 통하여 조치가 이루어지길 기대하고 있었다고 하겠다.[12]

그러다가 7월 초에 또 한 차례 김학진과 전봉준이 만나 집강소의 원활한 운영에 관해 재차 타협을 본 것같다. 이는 다음의 기록에서 알 수가 있다고 생각된다.

> (5) 甘結 茂朱
> ……(상략)…… (A)이번 초6일에 <u>전봉준이 그 학도(동학도 ; 저자)과 더불어 營門에 와서 모여 진실한 마음으로 모든 (의심을) 없앤 후에 또 굳은 약조를 정하여 여러 邑의 執綱에 通文을 지어 널리 알렸다고 말하므로</u> 그 통문을 취하여 본 즉 말이 진실한 마음을 본받았고 일이 모두 사리에 맞고 간절하며 두루 자상하여 써서 다할게 없지 않았다. 고로 그 대개를 들어 다음에 기록해둔다. 이에 다시 甘結을 발송하니 도착 즉시 진실로 諺文으로 옮기고 謄寫해서 방방곡곡에 게시해붙여 모든 사람들로 하여금 주의하고 조심하여 거행하며 이에 따라가고 만일 혹은 이 무리로 이전과 같이 일어나 (서로) 맞당긴 자는 비록 眞東學일지라도 발견되는 데 따라 關飭을 기다리지 말고 그 洞中으로부터 힘을 합쳐 잡아서 官에 바치고 조금이라도 소홀히 하면 용납하지 말고 (그 죄를) 법에 비추어 보아 (죄상을) 감안하여 처결하라. (B) <u>또한 곧 執綱所에도 통지하여서 마음을 같이 하여 亂을 금하되 어떤 邑을 논하지 말고 한결같이 (甘結을) 놓아 거치도록 하라.</u> 알고도 당장 편안한 것만을 취하면 이는 해당 (관)졸이 人倫에 어긋나는 일을 하는 무리를 좇아 백성의 피해를 염려치 않은 까닭이다. ……(중략)……
>
> 甲午 7월 초8일
> 都巡使
>
> (C) 後
> 각 읍의 집강에게 전봉준의 통문이 있었는데, 元幅을 약하면 지금 우리의 이 거사는 오로지 백성을 위해 폐해를 막기 위함이니 ……(중략)……

---

12) 김양식, 「1, 2차 전주화약과 집강소 운영, 앞의 책」, 1993, p.146 참조.

後錄을 약하면 이미 거둔 포.창.칼.말은 이미 公納하였으니 通文을 각 接主에게 돌려 …… (하략) ……13)

都巡使 즉 김학진이 내린 이 훈령에서는 다른 무엇보다도 두 대목을 눈여겨 보아 좋을 것이다. '전봉준과 그 학도들이 營門에 모여와서 진실한 마음으로 …… 굳은 약조를 정하여 여러 읍의 집강에 통문을 지어 널리 알렸다고 말했'다는 대목(인용문의 A의 밑줄친 부분)과, '곧 집강소에도 통지하여서 마음을 같이 하여 난을 금하되 어떤 읍을 논하지 말고 한결같이 (훈령을) 놓아 거치도록 하라'는 대목(인용문의 B의 밑줄친 부분)이 그것이다. 김학진이 내린 이러한 훈령에다가, 집강소의 운영에 관해 구체적인 방향을 제시한 전봉준의 통문을 함께 발송함으로써 동학군의 집강소는 그 앞선 시기 보다 훨씬 기능이 강화되기에 이르렀다고 보여진다.14)

그런데 김학진과 전봉준 사이의 이 (제2차) 전주감영 회담은, 6월 21일에 발생한 日本軍의 景福宮 점령 사건에 관해 소식을 듣고 김학진이 전봉준을 초청함으로써 이루어진 것이었다. 이 때에 황현의 『오하기문』에 의하면, 김학진이 전봉준에게 권유하기를 '國難'을 헤쳐나가기 위해 동학군을 이끌고 와서 함께 全州를 지키자고 하였는데, 전봉준이 처음에는 망설이다가 '반드시 한 번 죽더라도 국가에 보답함이 마땅하다'고 하면서 응하여 이루어졌다고 한다.15) 그리하여 김학진은 7월 6일부터 8일까지 전봉준을 전주 揮護亭에 머물도록 조치하여 회담을 하였던 것이다.

이 때에 두 사람 사이에 이루어진 타협의 내용은 집강소의 기능을 강화하여 일본군의 침략에 대비하자는 것이었으며, 이러한 합의 내용을 명확히 하기 위해 김학진의 훈령에다가 전봉준의 통문을 함께 하달하였다고 생각된다.

---

13) 이 감결은 『오하기문』 2, pp.64~65에도 등재되어 있지만, 그것은 원문이 아니고 요약된 것이다. 『수록』, pp.60~61에 그 완전한 원문이 실려 있으므로 이를 번역한 것이다.
14) 이상은 拙稿, 「동학농민군의 집강소에 대한 일고찰」, 1992, pp.110~116 ; 本書, pp.176~178 참조.
15) 『오하기문』 2 갑오 7월조, p.61.

이 점은, 앞의 인용문 중 '군은 약조를 정하여 여러 읍의 집강에 통문을 지어 널리 알렸다'(앞 인용문 5)의 A의 밑줄친 부분)라고 하였고, 또『수록』에 김학 진의 훈령 다음에 이어 각 읍의 집강에게 보낸 전봉준의 통문 내용이 적혀져 있음(앞 인용문 5)의 C부분)으로 해서 분명히 알 수 있지 않나 한다.

이 통문의 내용을 통하여, 당시에 이루어진 김학진과 전봉준의 합의로써 집강소는 이제 폐정개혁에 관한 여러 일들을 실질적으로 처리해갈 수 있는 권한을 확보하기에 이르렀다고 보여진다. 우선 그 통문의 「元幅」(앞 인용문 5) 중 C부분)에서는 대략 자신들의 거사가 오로지 백성들을 위해 폐해를 제 거하기 위함이라고 밝히고는 백성들을 침학하는 자들을 각 읍의 집강으로 하여금 잘 살펴 그런 일을 금지토록 하라고 하고 있는데, 이를 (앞서 언급한 바와 같이) 6월에 전봉준등이 작성하여 제출한 「再上書」에서는 '경유한 바 邑의 폐해가 적으면 (그 곳의) 官衙에 알려 바로 잡고, 크면 (全州) 監營에 이뢰어 고치도록 하였다'고 하였음16)과 견주어 보면 7월초의 집강소의 기능 이 그 이전의 그것보다 강화되었다고 헤아려지기 때문이다.

더욱이 전봉준의 통문 중 구체적인 행동 지침을 요약하였다고 믿어지는 「後錄」(앞 인용문 5) 중 C부분)에서는, 각 접주들에게 砲,馬 등의 무기 및 장 비류의 수효와 소지자의 성명 그리고 거주지를 소상히 적어 兩件의 문서로 작성하여 1건은 감영에 내고, 1건은 집강소에 남겨 두어 뒤에 참고토록 하 고, 이후부터는 砲를 거두어 들이고 馬를 빼앗는 일을 일체 금지하며 錢穀 을 토색질한 자는 성명을 적어 감영에 보고하고 軍律에 따르도록 하라는 등 의 지시를 하고 있음이 주목된다. 이러한 통문의 내용들은, 당시에 전봉준이 각지에 설치된 집강소를 통하여 치안 유지를 담당하게 되었음을 보여주는 것임에 틀림이 없고, 또한 집강소가 그 이전 보다 기능이 강화되었다고는 하지만, 그렇다고 하여 모든 것을 동학군이 독자적으로 결정하여 처리해나 갔음을 보여주는 것은 결코 아니라고 믿어진다.

요컨대 전봉준은 6월 하순에 벌어진 일본군의 경복궁 점령사건 직후 전

---

16)『오하기문』 2 갑오 7월조, p.61.

라감사 김학진의 요청에 '國難'을 타개 하기 위해 '국가에 보답하겠다는' 생
각으로 전주를 방문하여 회담에 응했고, 이 김학진과의 (제2차) 회담때 타협
을 통해 종전에 이미 공인을 받았은 바 있던 집강소의 기능을 강화시켰다.
따라서 집강소는 치안 유지를 담당케 되었으며, 동학군은 이를 통해서 자신
들의 폐정개혁요구를 道政에 적극적으로 반영하려고 하였던 것이다.[17]
  그러면 집강소는 어떻게 운영되었던 것인가.

3. 집강소의 운영

  집강소가 어떻게 운영되었는가를 잘 살필 수 있는 자료로 주목되는 것 중
의 하나는, 1894년 7월 6일부터 8일까지 전주 읍양정에 머물면서 전봉준이
김학진과 집강소의 기능 강화에 대해 타협을 일구어낸 후 '左右道 都執綱'
의 명의로 茂朱執綱所에 보낸 통문이다. 이 통문을 그대로 베꼈다고 믿어지
는 것이 오늘날 전해지고 있는데, 이를 분석하면 집강소의 운영에 관해서
중요한 여러 사실들을 밝혀낼 수 있다고 믿어지므로 이를 인용해보이면 다
음과 같다.

  (6)   茂朱 執綱所
  이제 外寇가 궁궐을 침범하여 君父가 욕보시니, 우리들은 마땅히 삼가하
  여 죽음에 나가니 저 원수 나라가 淸나라 군대와 더불어 서로 적이 되어
  그 (선)봉이 매우 날카롭습니다. 지금 만약 허둥지둥 다투어 겨루면 그
  禍가 宗廟와 社稷에 미치게 될까를 헤아릴 수 없어, 물러나 숨어서 그 때
  의 형세를 보고난 후에 그 세력을 격려하고 그 계획을 성취함으로써 아
  주 안전하게 하는 꾀로 삼음만 같지 못합니다. 通文을 보내기를 바라고
  기다리며 (A) 境內의 각 接主들과 여러 면으로 헤아리고 의논해서 각자
  그 業에 안심토록 하십시요. 경내에서 민심을 선동하는 부류를 전부 금
  하여 마을을 마음대로 돌아다니며 騷動에 이르지 못하게 하십시오. 이와

---

17) 이상은 拙稿, 「동학농민군의 집강소에 대한 일고찰」, 1992, pp.110~117 ; 本書,
    pp.178~184 참조.

같기를 간절히 바라서 (B) 거듭 타이른 후에도 이 폐단이 뉘우쳐 고쳐지지 않으면 해당 執綱이 監營에 보고하여 엄하게 결단내려 처분하여 용서하지 말며 해당 接人으로 금한 것을 범한 자는 마땅히 용서치 않는 죄를 시행하십시오. 들뜨지 마시고, 들뜨지 마십시오.

(C) 甲午 7월 17일 在營下

左

都所   <手決>

右

圖署刻 左右道
都執綱[18]

이 통문에서 집강소의 운영과 관련지워 주목해야 할 사항은 두서나 가지 점이 아닌가 한다. 첫째는 '境內의 각 접주들과 여러 면에서 헤아리고 의논해서'(A의 밑줄친 부분) 폐정을 처리하도록 했다는 점이며, 둘째는 만일 그래도 폐정이 고쳐지지 않으면 '해당 집강이 감영에 보고하여'(B의 밑줄친 부분) 처리하도록 했다는 점이다.

이같은 통문으로 내용에 비추어, 각 집강소에서는 여러 현안들을 接主들이 모여 회의를 통해 어떻게 해갈 것인지를 결정하였고, 집강소의 역할만으로 해결되지 않는 것들은 감영에 보고하여 공권력의 행사를 빌어 그런 폐정을 개혁하려고 하였다고 보여진다. 따라서 집강소내에 별도의 의결기관이 있었던게 아니라 각 접주들이 모여 그 집강소의 현안들을 논의하여 처리하였던 것이라 하겠다. 이 점에 관해서는 吳知泳의 다음과 같은 증언이 있다.

(7) 執綱所의 行政
이 때 全羅道 53州에 골골마다 執綱所가 아니 설립된 곳이 없이 一律로 다되었었고 執綱所의 안에는 幾千名의 義軍이 護衛를 하였었고 行政에 있어서는 執綱이 主務로 十餘人의 議員이 있어 協議體로 組織이 되었었고, 또 都執綱 1人을 두어 全道의 代表가 되게 하였었고 기왕(에) 있던 大小官吏들은 오직 事務에 責任만을 맡게 하였었고 執綱所의 政綱은 이와 같다.[19]

---

18) 『수록』, pp.61~62.
19) 오지영, 『동학사』 초고본 3, pp.41~42.

이는 『동학사』 초고본에만 적혀 있을 뿐 『동학사』 간행본에는 없으므로, 간행시에 누락시켰음을 알기 어렵지 않을 것이다. 비록 이와 같이 1940년에 『동학사』 간행본을 내면서 누락시킨 것이긴 하지만 오지영이 『동학사』 초고본을 쓰기 시작한 1924년 이전부터 알고 있었던 바를 적은 것이라 여겨지며, 또한 뒤에 나온 간행본 보다는 당시의 모습을 윤색함이 적지 않나 싶기 때문에[20] 이를 통해 집강소의 운영에 대해 몇 가지 중요한 사실을 알아냄도 무방하리라 본다.

우선 집강소는 집강이 主務가 되어 10여 인의 議員이 있는 協議體로 조직되었다는 점이다. 여기에서 그가 말한 집강이란 執綱所가 설치된 '53州'(흔히는 '53郡'이라 한다)에 한 명씩 있었을 東學의 大接主級을 말하는 것이라 보이며, '10여 인의 의원'이란 郡 단위 정도의 규모에서 활약하던 각 接의 接主라고 보여진다.[21] 앞의 인용문 6)에서 보이듯이 茂朱 집강소에 내린 도집강의 통문에서 '각 접주들이 의논해서'라고 하였을 뿐만 아니라, 「갑오약력」에 보이듯이 金開南이 이끌던 南原 집강소의 경우 남원 인근의 여러 접주들이 집강소에 몸담고 있었고 또 이들이 '朝會' 등을 통해 협의를 하여 집강소의 일들을 처리하곤 했던 예를 알 수 있기 때문에[22], 이렇게 생각되는 것이다. 그러므로 執綱所내에 별도의 '議事機關' 혹은 '議決機關'이 있었던 게 아니라[23], 집강소 자체가 접주들이 모여 당면한 문제들을 협의를 통해 해결해가던 하나의 '協議體'였다고 하겠다.[24]

---

20) 拙稿, 「吳知泳의 人物과 著作物」, 『東亞硏究』 19, 1989, pp.74~98 ; 本書, pp.33~79 참조.
21) 신용하, 「갑오농민전쟁 시기의 농민집강소의 설치」, 前揭書, 1993, p.194 참조.
22) 정석모, 「갑오약력」, 前揭書, pp.67~70.
23) 신용하, 「갑오농민전쟁 시기의 농민집강소의 설치」, 前揭書, pp.193~196에서는 '議事機關', 정창렬, 「집강소의 개혁정치」, 前揭論文, 1990, p.231에서는 '의결기관'이 집강소 내의 조직으로 있었다고 하였다.
24) 이와 같이 집강소가 구성원들의 합의에 의해 운영되었던 것과 관련하여서는, 전봉준이 훗날 체포되어 취조받는 과정에서,

　　…… 일본 경부(警部)가 "네가 경성에 쳐들어온 후 누구를 추대할 생각이었는가?"라고 묻자, "…… 국사를 들어 한 사람의 세력가에 맡기는

또한 이 인용문 7)의 기록에서 주목되는 것은, 都執綱 1인이 '全道를 代表'하였다고 한 사실이다. 이 대목의 의미를 살핌에 있어 간과해서는 아니 될 사실은, 7월 17일에 茂朱 집강소에 하달된 통문(앞의 인용문 6)에서 '在營下 左右都所'이후(C부분)에 '都執綱'이 보인다는 점이다. 여기에서 '재영하 좌우도소'라고 했음은 都所가 監營 즉 全州에 있었음을 밝히고 있는 것인데, 여기에서의 '도소'와 관련하여서는 그 다음의 '圖署刻 左右道都執綱'이라 있음을 눈여겨 보아야 할 것이다.

이 통문에서 '도서각 좌우도도집강'이라 했음은, ―동학의 각 접주들이 내린 통문으로 현재 실물이 전해지는 것들에서 어렵지 않게 볼 수 있듯이― 통문의 실물에는 이 위치에 '左右道 都執綱'이라고 새겨진 圖章이 찍혀져 있었음을 나타낸 것이라 하겠다. 그러므로 이 '좌우도 도집강'이란 도장 앞에서 '도소'라고 했음은 이 곳 즉 전주의 대도소에 도집강이 있었음을 알려 준다고 하겠고, 따라서 전주의 대도소에는 도집강이 있어[25] 그가 이 통문을 보낸 것임을 알 수가 있다. 요컨대 이 도집강이 '좌우도소'를 '대표'하는 존재였던 것이다.

그러면 이 전주 대도소의 도집강은 누구였을까. 이를 정확히 알려주는 기록은 최근 세상에 그 모습을 드러낸 茂朱府의 公文 謄錄인 『수록』의 한 대목에서 찾아낼 수가 있는데, 이를 인용해 보이면 다음과 같다.

(8) 9월 초4일
그저께 경성으로부터 主事 2인이 大院位大監(大院君 ; 저자)의 曉諭文을

것은 크게 폐해가 있는 것을 알기 때문에 몇 사람의 명사에게 협합(協合)해서 합의법(合議法)에 의해서 정치를 담당하게할 생각이었다"

고 대답하여(「동학수령과 합의정치」, 『東京朝日新聞』 1895년 3월 6일자 ; 강창일, 「갑오농민전쟁 자료발굴 : 전봉준 회견기 및 취조기록」, 『사회와 사상』 창간호, 1988. 9, p.263) '合議法'에 의한 정치를 염두에 두고 있었음을 밝힌 것과 불가분의 관련이 있다고 보여진다. 愼鏞廈, 「甲午農民戰爭의 社會的 歷史的 性格」, 前揭書, 1993, p.383 참조.
25) 앞의 인용문 7) 및 오지영, 『동학사』, p.127 ; 『전집』 上, p149 참조.

받들고 여기에 내려와, 먼저 (監)營下 所在의 東學都所에 (曉)諭하였는데,
그 都執綱 宋熹玉이 인솔하는 무리와 더불어 어제 모두 (全州)城을 나가
흩어져 간 후에, 主事 2인은 曉諭文을 받들고 이에 南으로 南原등지(에
있는) 東徒의 聚會處에 갔습니다.[26]

이를 보면 全州 감영 소재의 東學都所 즉 대도소의 도집강은 宋熹玉임을
알 수가 있다.[27] 송희옥은, 전봉준이 훗날 체포되어 심문받는 과정에서 술회
하였듯이 熹玉은 名이요 字는 漆瑞로서, 전봉준 자신의 妻7寸이었다.[28] 그
는 한 때 扶安에 거주하였고, 9월 3일에 전주에서 철수한 이후에는 參禮에
서 활약한 듯한데, 그를 전봉준의 秘書라고 한 기록도 있으나[29] 흔히 시중
이나 드는 것으로 생각하는 그러한 종류의 비서가 아니라 전봉준의 핵심 측
근으로서 모든 문서를 그 대신 작성하는 등의 활약을 보였다고 믿어진다.[30]

인용문 8)에서 또한 우리가 주목해보아야 할 점은, 9월 3일에 도집강 송희
옥이 전주에서 철수하였다는 사실이다. 더구나 송희옥을 위시한 동학군들
이 大院君의 효유문을 보고는 전주성을 빠져나갔다고 함에서 보듯이, 당시
에 이미 동학군들이 大院君과 연결이 되어 있었음은 부정할 수 없는 사실이
라고 생각된다.

한편 이즈음 전주에 있던 大都所는 어떻게 되었던 것인가. 이는 다음의
기록에서 잘 살필 수가 있다.

---

26) 『수록』, p.71.
27) 金庠基, 『東學과 東學亂』, 大成出版社, 1947 ; 『東方史論叢』, 서울大出版部, 19
74, pp.674~675.
28) 「全琫準供草」 三招(『동학란기록』 상, 국편위, 1971), p.540 및 p.544.
29) 오지영, 『동학사』, pp.134~135 ; 『전집』 上, p.149.
30) 이 점은 전봉준이 심문받는 과정에서 송희옥에 관해서만은 유달리 여러 차례
말을 바꾸다가 여러 문서의 실물을 제시하면서 추궁하자 자신의 글씨는 아니
지만 누군가가 書記로서 代書한 것이라 밝히고 있음에서 엿볼 수 있다. 전봉
준에 대해 송희옥과의 관련에 대해서는, 大院君과의 연락 관계를 캐면서 日本
領事가 집요하게 추궁하고 있음에 유의할 필요가 있지 않나 한다. 송희옥의
역할에 관해서는 「전봉준공초」의 3招－5招가 중요한 단서가 되는데, 그 중에
서도 그의 代書에 관해서는 특히 前揭書, p.551 및 p.557에서 알 수 있지 않나
한다.

(9) …… (상략) …… 巡諭使 判書 朴齊寬·閔泳煥·李正魯
초9일 都所의 執綱 여러 사람이 물러나 갔다. 초10일 李 伯(이정노? ; 저
자)등이 難民을 인솔하고 들어왔다. 都所가 이미 물러났다는것을 듣고는
허둥지둥 놀라 나가서 갔다.[31]

이로써 9월 3일에 도집강 송희옥이 전주에서 철수한 뒤에, 9일에는 대도
소의 다른 집강들이 전주에서 물러나갔음을 알겠다. 그러자 자연히 동학군
들이 전주에서 빠져나가 정부군으로서는 이를 어쩔 수 없는 상황에 이르렀
던 것같다. 집강소를 통해 치안을 유지하던 것을 더 이상 기대하지 못하게
되었다고 판단했던 듯 싶다. 巡諭使로 파견되었던 判書 李正魯 등이, 인용문
에 있듯이 '도소가 물러났다는 것을 듣고 허둥지둥 놀라 (전주부를) 나가서
갔다'고 했기 때문이다.

이 때 전주에서 철수한 대도소는 어디로 옮겨간 것일까. 즉 도집강 송희
옥은 어디로 가서 어떤 일을 꾀하고 있었던 것일까 하는 것이다. 이를 잘
알려주는 것은 다음과 같은 송희옥 자신의 글이다.

(10) [全琫準의 부하 宋憙玉이 黨員들 앞으로 빨리 擧兵하자고 보낸 서신]
…… (상략) …… 어제 雲邊(大院君側 ; 저자)으로부터 효유문을 가지고 내
려온 두 사람이 있는데 의심스럽지 않은 것은 아니나, 이것이 중요한 일
에 관계되기 때문에 우선 그 대책을 의논하고자 都所를 철폐하고 龜村으
로 옮겨 왔습니다. 과연 어제 저녁 또 두 사람이 비밀리에 내려왔기에 상
세히 그 전말을 알아본 즉, 과연 이는 開化邊을 압도하기 위하여 먼저 효
유문을 발하고 뒤이어 秘計가 있었던 것입니다.
…… (중략) …… 호서지방에서는 초 10일에 대회를 갖고 한 쪽에서 올라
가도록 명령하였다 하므로 계속하여 뒤쫓아 가 다음에야 일이 완전하게
합치될 수 있습니다. 들뜨지 마시고 제대로 하시기 바라며 나머지는 아
직 갖추어 올리지 못합니다.
　　　　　　갑오 9월 초6일 接弟 宋憙玉 再拜
(위는 全琫準의 친척이자 그의 부하인 宋憙玉으로부터 黨員 앞으로 보낸
서신으로서 이번에 君王으로부터 밀지가 있었으니 조속히 擧兵하자는 뜻

31) 『수록』, p.71.

을 기술한 것임)[32]

이 글은 사태의 추이를 파악하는 데에 결정적인 단서가 되는 대단히 중요한 기록이라 생각되는데, 지금까지 어느 연구에서도 전혀 거론된 바가 없는 것이다. 이를 보면 송희옥 등 동학군의 지도부가, 개화당 세력들을 압도하기를 꾀하던 大院君과 연결되어 있었음을 명확히 알 수가 있다. 그럴 뿐더러 여기에서 '호서지방에서 초10일에 대회를 갖고 한 쪽에서 올라가도록 명령하였다'라고 했음으로써 전봉준의 동학군과 徐璋玉이 이끌던 호서지방의 동학군과의 연대[33]도 이런 이유에서 추진되었었음을 부인하기 어려울 것 같다.

더욱이 이에서 주목되는 바는, 송희옥이 대원군과의 관련에 관한 대책을 의논하고자 대도소를 龜村(아마 全州郡 鳳翔面[현재는 鳳東面] 九尾里를 지칭하는 듯하다)으로 옮겨 왔다고 밝히고 있는 점이다. 이 글에서는 '대책을 의논하고자' 했다고 그 이유를 대고는 있지만, 송희옥이 이 글을 보낼 때에는 아마 이미 대책이 수립되어 호서지방의 동학군 세력과 연대하여 재차 봉기하기로 결정하였을 성싶다.

요컨대 도집강 송희옥이 9월 3일 전주에서 철수해서 龜村으로 옮겨 왔고, 9일에는 대도소의 집강들이 모두 이 곳으로 옮겨옴으로써 대도소는 여전히 동학군세력의 중심 역할을 지속하였다고 보여진다. 그러나 6월 하순의 일본군 경복궁 점령사건을 계기로 전봉준과 김학진 사이의 타협으로 그 기능이 강화됨으로써 치안유지를 담당하던 것과는 달리, 9월초에는 이제는 정부군

---

32) 이 기록은 『주한일본공사관기록』 8(국편위, 1993), pp.55~56에 번역이 실려 있어 참조하였다. 다만 원본을 검토해보면 맨 앞의 [ ]기호안에 있는 것은 마치 제목처럼 되어 있으나 이는 번역 과정에 편의상 붙인 것이며, 뒤의 ( )기호안에 있는 내용은 주한일본공사관 관계자가 이 기록을 정리하면서 日本語로 붙인 설명임을 알 수 있다. 다만 송희옥을 전봉준의 동지가 아닌 부하로 본 것이나, 또 이 글을 전봉준에게 보낸 것이 아니라 黨員들에게 보낸 것으로 파악한 것은 잘못이라 여겨진다.

33) 오지영, 『동학사』, pp.193~194 ; 앞의 전집, pp.215~216 및 조경달, 「1894년 농민전쟁에 있어서 동학지도자의 역할-徐丙鶴·徐仁周를 중심으로-」, 『역사연구』 2, 1993, pp.75~82 참조.

과는 연결 고리를 끊게 되었던 것이다.

겉으로는 일면 해산을 종용하는 내용의 효유문을 보내고 뒤로는 은밀히 인편을 통해 재차 봉기하여 개화당을 압도해줄 것을 바라는 대원군과 송희 옥등이 연결되어 있었기 때문이었던 것이다. 전봉준과 송희옥이 대원군에 비밀리에 통하고 있었고, 대원군이 이들의 재봉기를 희망하고 있었다고 함 은, 다음의 기록으로 보아서도 틀림이 없는 사실이었다고 생각된다.

> (11) 李秉輝가 제출한 始末書
> 8월 12일 山에 대한 訟事로 許燁을 만났는데 그가 말하기를, "朴東鎭이 宣撫使로 종사하기 위해 지금 湖西에 있는데, …… (중략) …… 과연 朴이 크게 기뻐하면서 드디어 솔깃한 마음으로 말하기를, "나는 실은 宣撫가 아니라 東徒를 불러 모으는 것으로 大院君의 명령에 따른 것이며, 그래서 나는 公州에 머무르면서 任箕準·徐長玉과 더불어 일을 도모하고 朴世綱 은 全州에 가서 全琫準과 宋熹玉과 더불어 일을 도모하여 현재 몇 십만 명이 모였다"고 하였다. 李大監의 서찰이 있으면 내놓으라고 독촉하였더 니 이를 내보이는데 과연 그것은 大院君의 필적으로 수십만 인을 동원하 여 며칠 안에 올려보내라는 말이 있었다. …… (하략) ……34)

이에 따르면, 宣撫使 朴東鎭이 대원군의 서찰을 지니고 전주에서 전봉 준·송희옥을 만나 재봉기를 꾀하도록 했는데, 이 때 그 서찰의 내용은 동 학군을 동원하여 며칠 안에 경성으로 올려 보내라는 것이었다고 한다. 이 기록들은 앞서 인용문 8)에서 볼 수 있듯이 효유문을 가지고 내려온 사람 이외에도 또 사람을 보내 대원군이 동학군들의 봉기를 희망했다고 함과도 일치하고, 또 날짜상으로 보더라도 박동진이 전주에서 전봉준과 송희옥을 만난 것은 이 인용문 11)에 보이는 8월 12일 이전이었을 것이고, 송희옥이 전주에서 철수했다고 한 것은 9월 초였으므로 선후 관계 역시 옳다고 여겨 진다. 따라서 이후 도집강 송희옥등은 대원군과 연결되어 재차 봉기했던 것 임을 알 수가 있다.35)

---

34) 『주한일본공사관기록』 8(국편위, 1993), pp.58~59.
35) 李相佰, 「東學黨과 大院君」, 『歷史學報』 17·18合輯, 1962, pp.16~17.

당시에 이러한 이유로 이루어졌을 동학군의 재봉기에 집강소가 근간이 되었음은 다음과 같은 기록에서 엿볼 수가 있다.

(12) 東學軍再度擧事
이 때는 甲午 9月間이라. 政府에서는 東學黨 討伐할 準備가 이미 다 성립되어 京兵과 日兵과 淸兵이 한데 섞이어 三南地方을 짓쳐 들어온다는 말이 들려왔다. 全羅道 各邑에 있는 執綱所에서는 할 수 없이 再起兵을 아니할 수 없이 되었다.[36]

정부의 토벌작전이 감행될 지경에 이르자 동학군이 재봉기를 하였다는 이 기록의 내용에는 당시의 상황을 제대로 묘사한 것으로 보기에는 불충분한 점이 없지 않으나, 이 때의 재봉기에 있어 집강소가 중심이 되었다고 하는 대목만은 사실을 적고 있는 것같다.

따라서 이제 9월의 동학군 재봉기 이후의 집강소는, 더이상 정부측의 공인을 받아 치안을 담당하는 조직이 아니라 동학군이 봉기하여 일본군과 관군의 연합세력에 항거하여 전투를 벌이는 데에 중추적인 역할을 하게 되었다고 여겨 좋지 않나 한다. 즉 전주 대도소의 도집강인 송희옥이 동학군의 재봉기를 바라는 대원군과 연결되어 9월 3일 전주에서 철수하여 정부측과의 연결 고리를 끊었으며, 9월 13일에 전봉준이 삼례에서 손화중·송희옥 등과 각지의 동학군에게 檄文을 돌려 재봉기를 촉구한[37] 이후에는 집강소가 더이상 치안을 유지하여 道政에 협조하는 조직이 아니었던 것으로 보인다. 동학군이 전투를 수행함에 있어 중추가 되는 조직으로서만 기능할 뿐이었다.

그리하여 관군과 일본군에 대항하여 재봉기 하여서 10월 12일 論山에서 개최한 大會에 전봉준등의 호남지방 동학군인 南接과 서장옥 등의 호서지방 동학군인 北接이 운집하여, '조선이 倭國이 되지 아니케 하고 동심협력하여 대사를 이루게 하올세라'[38]고 결의하여 戰意를 다지고는 10월 21일경

36) 오지영, 『동학사』, p.134 ; 『전집』 上, p.156.
37) 「全琫準判決宣告書 原本」(『韓國學報』 39, 1985), pp.189~190.
38) 「고시(告示)·경군여영병(京軍與營兵)이교시민(而教示民)」(『동학란기록』 하, 국편위, 1971), pp.379~380.

公州를 향해 北上하기 시작하였다. 하지만 전봉준의 동학군은 11월 9일 公州 牛金峙전투에서, 金開南의 동학군은 11월 13일 淸州전투에서 각각 결정적인 패배를 맞보았고 계속 후퇴를 거듭하고 말았다.

이후 동학군은 최후의 항전인 1895년 1월 24일 大芚山전투에 이르기까지 저항하였다.[39] 이 최후의 대둔산전투에서 전사한 동학군의 명단에 都執綱이 2명이나 포함되어 있음으로 보아[40], 집강소 조직이 1894년 9월 재봉기 이후 동학군이 패배로 말미암아 1895년초에 해체될 때까지에는 관군과 일본군에 대항하여 전투를 수행함에 있어 중추적인 역할을 다하였다고 생각된다.

4. 맺는 말 ; 집강소의 단계별 변화

동학군의 집강소는 1894년 5월 김학진과 전봉준이 이룬 전주화약의 결과로 설치되었는데, 이후 동학군들이 집강소를 각지에 확산시키기에 이르렀다. 동년 6월 초에는 김학진과 전봉준의 (제1차) 전주감영회담을 계기로 공인을 받았으며, 일본군의 경복궁 점령사건(6월 21일) 직후 김학진의 요청으로 열린 (제2차) 전주감영회담에서 두 사람이 합의함으로써 집강소가 치안 유지를 담당하게 되었다.

그러므로 집강소는 치안 유지를 이루는 데에 큰 역할을 하면서 동학군들의 폐정개혁 요구를 기존의 행정 체계를 통해 道政에 반영하는 조직이었다고 보여진다.[41] 바꾸어 말하자면 집강소의 주요한 기능은 치안유지에 있었으며, 이를 통한 동학군의 폐정 개혁 요구도 역시 합법적인 테두리 안에서 이루어질 수 밖에 없었던 것이라 하겠다.[42]

---

39) 신용하, 「甲午農民戰爭의 第2次 農民戰爭」, 앞의 책, 1993 참조.
40) 「大芚山附近 戰鬪詳報」(『주한일본공사관기록』 6, 1992, 국편위), pp.71~73.
41) 拙稿, 「동학농민군의 집강소에 대한 일고찰」, 1992, pp.121~125 ; 本書, pp.186~190 참조.
42) 김양식, 「1, 2차 전주화약과 집강소 운영」, 前揭書, 1993, p.164.

하지만 전주 대도소의 도집강인 송희옥이 동학군의 재봉기를 바라는 대원군과 연결되어 9월 3일 전주에서 철수하면서 정부측과의 연결 고리를 끊고, 9월 13일 전봉준이 동학군들의 재봉기를 촉구한 이후에는 집강소는 더 이상 치안 유지를 담당하며 道政에 협조하는 기관이 아니었다. 동학군이 관군과 일본군에 대항하여 전투를 수행함에 중추적인 역할을 하였던 것이다. 이러한 집강소의 역할은, 동학군이 1894년 9월의 재봉기한 이후 1895년 1월 해체될 때까지 계속되었다고 믿어진다.

이상에서 살펴본 집강소의 단계별 변화를 정리하여 表로 제시해 보이면 <表 1>과 같다.

<표 1> 집강소의 단계별 변화

단계	시점	계기	변화내용
1	5월 8일	전주화약의 성립	집강소의 설치 및 확산
2	6월 (초순)	김학진과 전봉준의(제1차)전주감영회담	집강소에 대한정부의 공인
3	7월 6일~8일	김학진과 전봉준의(제2차) 전주감영회담	집강소의 기능 강화 : 치안 유지 담당
4	9월 3일	대원군의 효유문과밀사의 도착	전주 대도소의 철수,제2차 봉기이후 전투이후 수행에 중추적 역할

(『근현대사강좌』 5, 1994)

제3장 都執綱 宋憙玉의 활동과 全琫準·大院君과의 관계

1. 머리말

全羅道 東學軍의 執綱所는 全琫準과 全羅監査 金鶴鎭 사이에 이루어진 소위 全州和約의 결과 1894년 5월에 설치된 이후 치안유지를 담당하면서, 동학군들의 폐정개혁 요구를 기존의 행정 체계를 통해 道政에 반영하는 조직이었다.[1] 이러한 全羅道 각 지역에 설치되어 있었던 執綱所의 실상은,

(1) 東學軍과 京軍講和……
이 때 全羅道各邑이 다 執綱所가 設立되었스나 惟獨 羅州,南原,雲峰等 三邑만은 이에 聽從치 않게 되어 全州大都所로부터 累次의 檄文이 있었으나 一向抗拒하였었다.[2]

라고 한 기록에서 엿볼 수가 있는데, 이에 따르면 각 지역의 執綱所를 檄文을 통해 총지휘하는 조직체로서 全州에 大都所가 있었음을 알겠다.

---

1) 拙稿,「東學農民軍의 執綱所에 대한 一考察」,『歷史學報』133, 1992 ; 同改題「東學軍의 執綱所에 대한 一考察」; 本書 所收 참조. 특히 執綱所의 성격 규정에 대한 논란은 同論文, pp.123~125 ; 本書, pp.187~190 및 김양식,「집강소는 농민군의 통치기구였는가」, 역사학연구소 엮음,『농민전쟁 100년의 인식과 쟁점』, 거름, 1994 참조.
2) 吳知泳,『東學史』, 永昌書館, 1940, p.127 ;『吳知泳全集』上(이하『全集』으로 약하기로 함), 亞細亞文化社, 1992, p.149.

그리고 이 東學軍의 全州大都所의 운영과 관련하여서는,

> (2) 執綱所의 행정
> 이 때 全羅道 53州에 골골마다 執綱所가 아니 설립된 곳이 없이 一律로
> 다 되었었고 執綱所의 안에는 幾千名의 義軍이 호위를 하였었고 행정에
> 있어서는 執綱이 主務로 10여 인의 議員이 있어 협의체로 조직이 되었었
> 고,또 都執綱 1인을 두어 全道의 대표가 되게 하였었고, 기왕에 있던 대
> 소관리들은 오직 사무에 책임만을 맡게 하였었고 執綱所의 政綱은 이와
> 같다.3)

라 했음을 통해 두서너 가지 사실을 헤아릴 수 있지 않나 한다. 첫째, 각
고을에 설치된 執綱所의 행정이 執綱을 主務로 하여 10여 인의 議員의 협의
에 의해 처리된다고 했으므로, 全州大都所의 경우도 그러했으리라고 보아
옳을 듯하다. 둘째 기왕의 관리들 즉 각 지방의 관리들은 행정 사무만을 맡
았다고 했으니까, 全羅監査의 全州監營과는 별도로 大都所가 執綱所와 관
련된 행정을 담당했으리라는 사실이다. 그리고 셋째 全羅道 執綱所 전체의
대표로 都執綱 1인이 있었다고 했는데, 이는 다름아닌 (앞의 기록 (1)에 보이
는 바의) 全州大都所의 都執綱을 가리키는 게 분명하다고 하겠다.

그러면 이같은 全州大都所의 都執綱은 누가 언제부터 어떤 배경 속에서
맡아서 어떻게 그 소임을 하였던 것일까. 이 점에 대해서는 당시의 상황을
겪거나 전해들은 생존자들의 증언을 토대로 한 先學들의 연구에 의해 일찍
이 밝혀진 바가 있었는데, 다음과 같은 지적들이 그것이다.

> 이에서 東學黨은 局面의 收拾策으로 各郡에 臨時政廳이라 할 執綱所를,
> (執綱 위에 都執綱을 두어 各處 執綱을 董督하였나니 當時 都執綱에는 宋
> 熹玉이었으며 執綱中에는 金溝의 金德明, 古阜의 鄭益西, 井邑의 車致九
> [車京錫의 父], 興陽의 柳希道, 茂長의 孫華仲 等의 錚錚分子이었다 함) 設
> 置하고 民政을 處理함에 이르렀다.(「天道教書」와 宋龍浩氏 談에 據함)4)

---

3) 吳知泳,『東學史』草稿本 3, pp.41~42.
4) 金庠基,『東學과 東學亂』, 大成出版社, 1947 ;『東方史論叢』, 서울大出版

　그렇다면 9월에 全에게 連絡을 하고 또 參禮에서 만나서 熱心히 大院君側의 勸誘를 口傳力說하였다는 全의 妻七寸 宋熹玉(全羅道 都執綱)의 影響이 相當히 有力하였다고 보아야 할지도 모르겠다. 이것은 全이 屢次의 問招에서 宋과의 關係를 否認하고, 甚至於는 그 爲人을 虛荒浮浪하다고까지 하고, 처음에는 宋과의 關係를 全然 否認하다가 結局 隱蔽하지 못함에 이르러, 그 爲人이 미덥지 못한 點으로 連絡은 받았으나 믿지는 않았다고 曖昧한 答辯으로 糊塗하고 있는 것을 보아, 오히려 宋의 影響을 反證하는 것이 아닐까 하는 생각도 된다. 우리는 宋의 爲人의 眞相은 알 수 없으나, 當時 全羅一道의 都執綱이란 重職을 가진 黨內의 有力者이오, 또 他人아닌 姻戚關係로 平素에 熟親하던 宋이 全의 法廷答辯같이 그렇게 虛無한 人間이나, 또 全然 믿을 수 없는 사이는 아니었을 것도 當然히 推測되는 바이므로 全이 極力 否認하고 蔑視無視하는 듯 하는 口吻의 對象인 宋熹玉도 決코 全琫準의 起包北上에 無關한 인물은 아니었던 것이 明白하다. 그러나 이러한 推測이나 風說보다도 具體的이고 明確한 證跡은 위에서 紹介한 李秉輝의 供草와 그의 始末書와 또 日本側의 機密文書와 證據物品等이다.[5]

　이와 같이 全州 大都所의 都執綱이 宋熹玉이라는 사실은 이미 학계에 알려진 바가 있었지만[6], 근자에까지도 이런 사실조차도 별반 주목을 받지 못하였다. 그러다가 최근에 와서야 당시의 東學軍 관련 여러 문서의 文書들을 謄錄해놓은 『隨錄』이 비로소 세상에 알려지면서[7] 부분적인 검토가 행해지기에 이르렀던 것이다.[8] 그러므로 이러한 정도의 연구에 그쳐있는 이 문제

部, 1974, pp.674~675.
5) 李相佰,「東學黨과 大院君」,『歷史學報』17·18合輯, 1962, p.16.
6) 金庠基.「東學과 東學亂」, 前揭書, 1974, pp.674~675에서는「天道敎書」와 宋龍浩氏의 談에 의거하여, 그리고 李相佰,「東學黨과 大院君」, 前揭書, 1962, pp.16~17에서는 (뒤에서 상론할 바인) 李秉輝의 供草와 그의 始末書와 또 日本側의 機密文書와 證據物品등을 토대로 宋熹玉이 全羅道 都執綱으로서 활약하였음을 밝혀놓았다.
7) 拙稿,「東學軍의 執綱所에 대한 一考察」, 本書 所收 참조.
8) 愼鏞廈,「甲午農民戰爭의 第2次 農民戰爭」,『東學과 甲午農民戰爭硏究』, 一潮閣, 1993, p.299. 拙稿,「동학군의 집강소 설치와 운영」,『근현대사강좌』5집, 1994, pp.100~107 ; 本書, pp.203~210. 金洋植,「전주화약 이후 '官民相和'와

를 집중적으로 다루어 지금까지 잘 알지 못했던 몇 가지 점이라도 밝히게 되면, 東學軍 활동의 실제 면모를 아는 데에 적지 않은 보탬이 되지 않을까 생각한다.

2. 東學軍 全州大都所 都執綱 宋憙玉의 활동

宋憙玉에 관해서는 全琫準이 체포된 이후 審問 과정에서 밝힌 몇 가지 점이 주목된다. 全琫準은 처음에는 宋憙玉과 관련된 일체 사실을 진술하기를 거부하였던 것같다. 이는

(3) 全琫準 供草
(問)네가 일전에 고한 바 宋喜玉을 모른다고 하였는데, 喜玉 두 자는 名인가? 號인가?
(供)喜玉은 名이고 漆瑞는 字이다.[9]

라 있음을 통해 헤아릴 수가 있는데, 이 진술에서 宋憙玉이 姓名이며 字가 漆瑞라 함을 비로소 밝히고 있는 것이다.

그리고 宋憙玉의 출신지이자 세력근거지는

(4) …… 扶安居 金錫元 金世中 崔慶善 宋喜玉 等과 共謀하여 上年 三月以後 被告와 同事혼 匪徒巨魁 孫化中以下全州 鎭安 興德 茂長 高敞 等處 遠近 各地方 人民더러 或 檄文을 돌니며 或 專人ㅎ여 遊說ㅎ고 全羅의셔 軍士를 모흐기를 四千餘名이 되민 ……[10]

라 하였음에서 扶安에 거주하였다고 했음으로 보아 扶安임을 알 수 있다.

─────────
집강소 운영」,『근대 한국의 사회변동과 농민전쟁』, 신서원, 1996, p.148 등.
9)「全琫準供草」再招,『東學亂記錄』上, 國史編纂委員會, 1971 ;『東學關聯判決文集』, 總務處 政府記錄保存所, 1994, p.15.
10)「全琫準判決宣告書 原本」,『韓國學報』39, 1985, pp.189~190 ; 前揭書, 1994, p.30.

그리고 이 기록에서 崔慶善등과 共謀하였다고 하였다고 했으므로, 그는 東學軍의 제1차 봉기 때에는 崔慶善등과 함께 활동하였을 것임에 틀림이 없겠다. 이 때 그가 東學軍 내에서 어떠한 역할을 하였는지는, 吳知泳이 『東學史』에서

> (5) …… 古阜邑에서 留連한지 三日後에 大軍을 모라 古阜 白山에 陳을 옴겨치고 다시 軍을 組成할 새 衆望에 依하야 全琫準이 大將이 되고 孫化中·金開南이 摠管領이 되고 金德明·吳時泳이 摠參謀가 되고 崔景善이 領率將이 되고 宋熹玉·鄭伯賢等이 秘書가 되였었고 大將旗幅에는 輔國安民 四字를 代書로 特書하였고 이에 再度의 檄文을 지여 四方에 傳하였엇다 ……11)

라 한 데에서 엿볼 수 있는데, 이 기록에 보이는 직책들이 과연 그 명칭 그대로였는지는 의문이나, 그렇다고 할지라도 宋熹玉이 秘書이었다고 함은 그가 東學軍 조직 내에서 여러 가지 실무를 처리하는 일을 맡았음을 알려주는 것으로 풀이되며, 그만큼 東學軍 내에서 全琫準의 행동 결정에 그 비중이 적지 않이 작용할 수 있는 위치에 있었음을 알려준다고 하겠다.

그러다가 全州和約을 계기로 이루어진 執綱所의 公認 이후에는 宋熹玉이 다름아닌 全州大都所의 都執綱으로서 활약하였던 것이 아닐까 여겨진다. 7월 17일에 茂朱執綱所에 보낸 通文에 '在營下 左右都所 左右道都執綱'이란 대목이 보이는데12), 이 通文은 5월 8일의 全州和約의 성립 이후 農民軍이 全州에서 철수하고 그 곳에 설치되어 있던 全州大都所의 都執綱이 보낸 것으로, 이 때의 都執綱 역시 宋熹玉이었다고 헤아려지는 것이다. 그랬기 때문에 (곧이어 살피게 되듯이) 東學軍의 제2차 봉기 직전까지도 그가 都執綱으로서의 역할을 하였던 것이라 생각한다.

한편 東學軍의 제2차 봉기는 日本軍의 景福宮 점령 사건을 기점으로 하여 이루어졌는데, 이 때의 상황에 대해서는

---

11) 吳知泳, 『東學史』, pp.111~112 ; 『全集』 上, p.133.
12) 『隨錄』, pp.61~62. 이에 대해서는 이 책, p.183의 <資料 1> 참조.

(6) 東學軍再度擧事

이 때는 甲午 九月間이라 政府에서는 東學黨 討伐할 準備가 임의 다 成立되여 京兵과 日兵과 淸兵이 한 데 섞기여 三南地方을 지처 드러온다는 말이 들녀왔다. 全羅道 各邑에 있는 執綱所에서는 할 수 없이 再起兵을 아니할 수가 없이 되었다. 再起兵에 이러선 사람은 이와 같다. …… 宋憙玉은 五千軍을 거나리고 參禮에서 이러나고 …… 全琫準은 大將의 되여 全羅一道의 大軍을 總히 領率하고 全州에 雄據하니 此時 軍勢는 다시 大振하여 ……13)

라고 했음으로 보아 알 수 있다. 이 기록에서는 宋憙玉은 參禮에서, 全琫準은 全州에서 각각 봉기한 것처럼 되어 있으나 기실은 그런 것이 아니고, 全琫準에 앞서서 宋憙玉이 全州에서 都執綱으로서 중심이 되어 東學軍을 이끌고 봉기하였다가 후에 參禮에서 두 사람이 결합하게 되었다고 보인다. 이 점은

(7) 9월 초4일

그저께 서울로부터 主事 2인이 大院位大監(大院君)의 曉諭文을 받들고 여기에 내려와 먼저 (監)營하 소재의 東學都所에 曉諭하였는데, 그 都執綱 宋憙玉이 이끌고 있는 무리들과 함께 어제 모두 (全州)城 밖으로 나가 흩어진 후에, 主事 2인이 曉諭文을 받들고 이에 남으로 南原등지(에 있는) 東(學)徒들이 聚會한 곳으로 가게 되었습니다.14)

라 있음에서 분명하다고 하겠다. 따라서 이 기록으로써 이미 9월초 이전부터 宋憙玉은 全羅道 監營이 있던 全州의 大都所에서 都執綱으로서 활동을 하다가, 9월 3일에 全州城을 나왔음을 알 수가 있는 것이다. 이 점은 李秉輝라는 인물이 당시의 상황에 대해 술회한 바에도 역시,

(8) 李秉輝가 제출한 始末書

8월 …… 16일 朴氏를 天安 집에서 만나 許의 말대로, "某事를 나도 알고

---

13) 吳知泳, 『東學史』, pp.134~135 ; 『全集』 上, pp.156~157.
14) 『隨錄』 p.71.

있다"고 말했더니 과연 朴이 크게 기뻐하면서 드디어 솔깃한 마음으로 말하기를, "나는 실은 宣撫가 아니라 東徒를 불러 모으는 것으로 大院君의 명령에 따른 것이며, 그래서 나는 公州에 머물면서 任箕準・徐長玉과 더불어 일을 도모하고 朴世綱은 全州에 가서 全琫準과 宋熹玉과 더불어 일을 도모하여 현재 몇 십만 명이 모였다"고 하였다.[15]

라 있듯이, 大院君의 밀명으로 朴世綱이란 이가 全州에서 全琫準과 宋熹玉과 일을 도모했다고 했음에서도 입증된다고 하겠다.

이 때 宋熹玉은 그러면 어떠한 활동을 하였던 것일까. 이는, 지금까지 연구자들에 의해 거의 거론된 바조차 없을 정도로 宋熹玉 자신의 글로 유일하게 전하는 다음과 같은 서신에서 분명하게 잘 알 수가 있다고 본다.

(9) [全琫準의 부하 宋熹玉이 黨員들 앞으로 빨리 擧兵하자고 보낸 서신]
앞으로 더 일을 계획하고자 삼가 묻고자 합니다.
부모님이 수하도록 봉양하시고 모두 편안하시기를 빕니다. 接下는 전과 같이 지내오니 이 얼마나 다행한 일입니까. 어제 雲邊으로부터 曉諭文을 가지고 내려온 두 사람이 있는데 의심스럽지 않은 것은 아니나, (가) 이 것이 중요한 일에 관계되기 때문에 우선 그 대책을 의논하고자 都會所를 철폐하고 龜村으로 옮겨 왔습니다. 과연 어제 저녁 또 두 사람이 비밀리에 내려왔기에 상세히 그 전말을 알 본 즉, 과연 이는 開化邊을 압도하기 위하여 먼저 효유문을 발하고 뒤이어 秘計가 있었던 것입니다. 그래서 내려온 두 사람을 곧 가두어 두고 이 둘을 엄중히 지키도록 하여 서로 말을 통하지 못하도록 조치하고 밤도 아랑곳 없이 올라 왔습니다. 어떻게 하고 또 어떻게 하겠습니까. 호남지방에도 이런 일이 있어서 벌써 발각되어 잡혀 갔다고 합니다. (나) 그러나 대체로 이러한 일은 속히 행하면 萬全策이 되고 늦으면 기밀이 발각되는 것이므로 이를 양찰하시고 날으듯 빨리 오시어 이들로 하여금 큰 일을 할 수 있도록 천번 만번 빕니

---

15) 이 문서의 사진은 機密號外 東學黨事件二付會審ノ顚末具報 別紙 2-2, 「各領事館其他往復」, 『駐韓日本公使館記錄』 영인본 4, 국편위, 1989, pp.377~378에, 그리고 원문은 『駐韓日本公使館記錄』 8, 국편위, 1993, pp.363~364에 있다. 한편 번역문은 『駐韓日本公使館記錄』 8, 국편위, 1993, pp.58~60에 있는데, 이 중 일부만 옮긴 것이다.

다. 호서지방에서는 초 10일에 대회를 갖고 한 쪽에서 올라 가도록 명령
하였다 하므로 계속하여 뒤쫓아 가 다음에야 일이 완전하게 합치될 수
있습니다. 들뜨지 마시고 제대로 하시기 바라며 나머지는 아직 갖추어
올리지 못합니다.

甲午 9월 초6일
接弟 宋熹玉 再拜

(위는 全琫準의 친척이자 그의 부하인 宋熹玉으로부터 黨員 앞으로 보낸
서면으로서 이번에 군왕으로부터 밀지가 있었으니·조속히 擧兵하자는
뜻을 기술한 것임)16)

이 문서는 宋熹玉이 黨員들 앞으로 보낸 것이 아니라 全琫準에게 직접 보
낸 것으로 보이는데, 적어도 세 가지 점을 상세히 검토해볼 필요가 있겠다.
첫째는 문서 작성의 날짜가 9월 6일로 되어 있음을 주목해야 하겠다. 앞의
기록 (7)에서 宋熹玉이 全州에서 철수한 것이 9월 3일이라 했으니까, 이 문
서는 그가 全州를 물러나온 이후 어떤 활동상을 보였는가를 여실히 알려주
는 것이다. 이와 관련하여서 둘째, (밑줄친 (가)부분의 기록에서 보듯이) 그
는 全州를 물러나와서는 都會所 곧 大都所를 龜村에 설치하고는 대책을 의
논하였다는 대목을 눈여겨 보아야 하겠다. 이 龜村이 정확히 어디인지를 알
기 어렵지만 아마도 全州郡 鳳翔面(현재는 鳳東面) 九尾里가 아닐까 싶은
데,17) 이 기록으로써 宋熹玉은 자신의 독자적인 판단에 따라 大都所를 全州
에서 이 곳으로 옮기고서도 그 자신이 여전히 都執綱으로서의 구실을 충실
히 다하고 있었음을 알 수 있다고 본다.

그리고 (9)의 기록을 통해 살필 바 셋째는 (밑줄친 (나)부분을 통해) 全琫

---

16) 이는 機密號外 東學黨事件二付會審 ／顚末具報 別紙 2-1,「各領事館其他往復」,
『駐韓日本公使館記錄』영인본 4권, 국사편찬위원회, 1988, pp.375~376에 원문
의 사진이,『駐韓日本公使館記錄』8, 1993, pp.361~362에는 원문이 들어 있다.
그리고 번역은『駐韓日本公使館記錄』8, 1993, pp.55~56에 실려 있는데, 이를
인용한 것이다.

17) 宋熹玉은 全琫準등과 함께 이 곳에 일시 이주한 적이 있었다고 한다. 金庠基,
『東學과 東學亂』, 大成出版社, 1947 ;「東學과 東學亂」,『東方史論叢』, 서울대학
교 출판부, 1974, p.660.

準이 한시 빨리 동참하여서 湖西지방의 소위 北接과의 연합을 이루어서 北
上하기를 바라고 있었다는 대목을 간과해서는 안될 것같다. 이 기록으로써
宋熹玉이 全琫準의 지도나 혹은 지휘 통솔을 받지 않고서도 독자적으로 東
學軍을 통솔하고 있었음을 알 수 있지 않나 한다. 다만 宋熹玉이 사안의 긴
박성 때문에 독자적으로 판단하고 처리하였다고 하더라도, 사후에 全琫準
과 협의를 통해 협조와 동참을 구하는 정도의 연대는 굳게 유지하고 있었다
고 보인다. 이런 점은 全琫準이 심문 과정에 宋熹玉과의 지휘 계통이 어떻
게 설정되어 있었는가를 묻는 대목에서,

> (10) (問)宋은 너의 手下이냐 手上이냐?
> (供)별로 상하로 일컬을 만한 것이 없고 서로가 같은 처지에 있다.
> (問)宋과는 再起시에 같이 더불어 의논하지 않았는가?
> (供)내가 起包할 때에 간혹 참석하여 처음 좌가 옳다, 우가 옳다는
> 말을 하였다.[18]

라 하여 자신과 宋熹玉이 서로가 같은 처지에 있으며, 자신이 起包할 때
宋熹玉이 참석하고 그와 자신이 의논하였는데, 宋熹玉 자신의 의견을 개진
하였다고 하였음에서도 충분히 엿볼 수가 있다고 생각한다.

한편 公州 牛金峙戰鬪에서의 결정적인 패배로 東學軍의 제2차 봉기가
실패로 끝난 후, 宋熹玉의 행방은 기록상에 잘 보이지 않는다. 다만 全琫準
이 심문 과정에서

> (11) (問)宋熹玉은 지금 어디에 있는가?
> (供)금번에 올라올 때 듣기로는 高山 民兵에게 죽었다고 하였는데,
> 상세하지는 않다.[19]

라고 하였음에서, 宋熹玉은 아마도 高山지방의 民兵들에 의해서 살해되

---

18)「全琫準供草」三招, 前揭書, 1971, p.542 ; 前揭書, 1994, p.17.
19)「全琫準供草」三招, 前揭書, 1971, p.545 ; 前揭書, 1994, p.19.

었던 것이 아닌가 싶다.[20]

3. 宋憙玉의 全琫準·大院君과의 관계

宋憙玉의 東學軍 全州大都所 都執綱으로서의 활동에 관해 좀 더 상세히
아는 데에는, 그 자신과 全琫準·大院君과의 관계를 면밀히 검토해봄이 요
긴하다고 생각한다. 宋憙玉이 都執綱으로서 全州大都所의 운영 문제와 관
련하여서는 全琫準과의 관계가, 그리고 全州大都所를 중심으로 한 東學軍
의 제2차 봉기시의 北上 문제와 관련하여서는 大院君과의 관계가 주목되기
때문이다. 먼저 宋憙玉과 全琫準과의 관계를 보기로 한다.

(가)宋憙玉의 全琫準과의 관계

宋憙玉과 全琫準과의 관계는 주로 全琫準이 체포된 후 심문받는 과정에
서 술회한 바인 全琫準供草의 기록을 토대로 살필 수 있겠다. 全琫準은 심
문의 처음에는 宋憙玉에 관해 자세한 사항을 숨기려 하다가 차츰 이를 밝히
기 시작하였는데, 이 점은

> (12) (問)宋喜玉과 더불어 參禮驛에서 이미 같이 同謀하였은즉 그 名과 字
> 를 어찌하여 상세히 모르는가?
> (供)宋喜玉은 본시 허망한 부류로 홀연히 가고 홀연히 오고 하여 실
> 제의 거처가 확실하지 않다.
> (問)宋喜玉이 곧 全羅 일도의 都執綱이라 들었고, 또한 너와는 친척
> 이 되는 관계에 있다고 들었는데, 지금 고하는 바를 들으니 오로지
> 허물을 감추고 숨기는 것이고 바르게 실제를 고하지 않는 것으로 의
> 심되며, 하물며 네 죄의 경중은 송회옥의 허물을 감추려고 숨기는
> 데에 있는 것이 아니고, 또한 熹玉의 罪案이 너의 숨겨 보호하는 것
> 에 있지 않으니, 오로지 믿어야 하는데 이는 진실로 어떤 마음에서

---

20) 供草의 기록에서 全琫準이 거의 일관되게 宋熹玉의 활동에 관해서 고의적으로
숨기려 하였음으로 미루어 宋熹玉이 과연 이 때 죽었는지는 의문이 남는다고
하겠다.

냐?

(供)아까 고한 바와 같다. <u>宋은 본시 浮荒의 類로 지난번 領事官의 심문 때에 領事가 한 글을 내보이는데 곧 熹玉의 필적이었다.</u> 그 글에 칭하기를 雲峴邊(大院君)과 상통한 것으로 되어 있으므로, 스스로 생각해보니 그가 스스로 이 말을 위조하여 時局의 힘을 빌리려 한 것으로 이 不近之說을 만드니 실로 남자의 일이 아니며 또한 이는 존엄을 모독하고 공연히 時議를 일으키게 하는 것이기 때문에 잠깐 이를 꾸며서 한 말이다.

(問)남자의 말은 비록 참말을 백번하였어도 만일 한 마디의 말에 속임이 있으면 백 마디 말을 다 속인 것이다. 이로 미루어 보면 어제는 모른다고 한 것이나 하지 않았다고 하는 것은 어찌 다 속인 것이 아니겠는가?

(供)마음과 정신이 혼미하여 과연 착오한 바가 있다.[21]

라고 한 대목에서도 잘 드러난다. 즉 宋熹玉에 관해 줄곧 답변을 회피하면서 宋熹玉이 都執綱으로 자신과 친척간이라는 사실조차도 확답해주지 않는 태도를 견지하다가 宋熹玉의 필적으로 된 문서(앞에서 인용한 (9)의 宋熹玉의 서신을 말한다)가 제시된 뒤에야, 자신이 지금까지 '꾸며서 한 말'이었음을 시인하고 있다. 이러한 사실은 처음에는 그만큼 全琫準이 宋熹玉과의 관계를 노출시키지 않게 하려는 데에서 나온 것이 아닌가 싶은데, 이같은 再招 때의 태도를 바꾸어 三招 때에는 宋熹玉과의 관계에 대해 차츰 자세히 말하기에 이른다. 그리하여,

(13) (問)宋과 너와는 戚分이 없는가?
　　　(供)妻族 7寸이다.[22]

라 하여, 宋熹玉이 자신의 妻族 7寸이라는 사실을 밝혔는데, 이 점을 그의 族譜에 보이는 바를 토대로 조사해보면 다음과 같다.

---

21) 「全琫準供草」, 再招, 前揭書, 1971, pp.540～541 ; 前揭書, 1994, pp.15～16.
22) 「全琫準供草」, 三招, 前揭書, 1971, p.544 ; 前揭書, 1994, p.18.

(14) 子 琫準 初名鐵爐 又名炳鎬 字明淑 哲宗乙卯十二月三日生 ……23)
(15) 子 炳鎬 初名鐵爐 字明佐 哲宗乙卯十二月三日生 配礪山宋氏斗玉女 辛
    亥八月十六日生 ……24)

근래에 간행된 全琫準의 族譜에서는 妻에 관련된 사항이 기록되어 있지
않아 이를 찾아보기 어려운데25), 『天安全氏世譜』의 辛未譜(1931)와 壬戌譜
(1862)를 비교해본 결과 특히 뒤에 제시된 <資料 1>에서와 같이 壬戌譜에
서 全琫準의 妻가 礪山 宋氏 斗玉의 딸임을 알 수 있었다. 비록 礪山 宋氏의
族譜에서 宋熹玉과 宋斗玉과의 관계를 확인할 길이 지금으로서는 없으나
같은 行列로 6寸간일 것이므로, 全琫準이 자신과 宋熹玉이 妻族 7寸이라 밝
힌 것은 틀림이 없을 것이다. 이러한 관계였기에 둘은 일찍이부터 교분을
쌓아 왔고 그래서 같은 東學軍 지도자로서의 길을 함께 하였으며, 全琫準의
적극적인 후원을 받아 宋熹玉은 全州大都所의 都執綱이 되어 활약할 수 있
었던 것으로 생각된다.

이러한 두 사람 사이의 긴밀한 관계는 東學軍 全州大都所의 운영에 있어
서도 여실히 반영되었다고 보이며, 이는 앞서 이미 살폈듯이 기록 (9)의 全
琫準에게 보낸 宋熹玉의 서신에서도 잘 드러나 있었다고 하겠다. 그리고 이
서신에서는 전혀 언급된 바가 없지만, 또 하나 全琫準의 심문 과정에서 논
란이 되었던 것은 大院君이 東學軍의 蜂起를 秘奇로서 과연 요구하였는가
하는 점인데, 여기에 대해서 全琫準은,

    (16) (問)宋은 너와 더불어 이미 같은 包가 아니므로 피차 행한 바의 일에
        는 반드시 서로 알지 못하는 일들이 있을 것이다.
        (供)그렇다.
        (問)그런즉 宋이 가칭한 秘奇를 너는 어찌 능히 밝게 아는가?

---

23) 『天安全氏世譜』12, 辛未譜(1931年刊).
24) 『天安全氏世譜』 3, 壬戌譜(1862年刊).
25) 최근의 全琫準의 族譜와 관련된 검토로는 全河禹, 「全琫準家門의 集中 硏究」,
    『巨儒 全琫準의 改革思想』, 榮元社, 1993와 宋正洙, 「全琫準將軍 出生地에 대한
    考察- '天安全氏丙戌世譜'를 통해본 全琫準將軍 家系와 高敞 堂村 出生說-」,
    『전라도 고창지역의 동학농민혁명』, 고창문화원, 1997 참조.

<資料 1>『天安全氏世譜』壬戌譜

(供)宋은 처음 서울에 머문 일이 없고 또 저명한 인사가 아니므로 스
스로 생각해서 말한 것이다.

(問)전후의 진술한 것을 합하여 본즉 宋과 너와는 본래부터 서로 친
한데 줄곧 모른다고 하니 역시 의심이 간다.

(供)지난번 貴館(日本領事)에게 답변할 때, 내어보인 글은 부랑에 관
계되는 것같아 역시 모르는 바이다. 그렇기 때문에 만약 보아서 아
는 자로서 대한다면 반드시 그 글의 내력을 물을 것이니 변혹하기
어려운 고로 잠시 여기에 속여서 고했다

　　　　　……

(供)宋喜玉(과 관계되는) 하나의 일은 비록 속여서 고하였다고 하더
라도, 그 나머지는 처음부터 한 마디도 꾸미고 속인 것이 없었다.26)

라 하여서 그 글의 내력을 물으면 변혹하기 어려울 것같아 속여서 고했다
고 하면서도 秘奇는 끝내 宋喜玉 자신이 지어낸 것으로 답하고 있다.

그러면 과연 全琫準은 大院君의 秘奇를 정작 宋喜玉를 통해서 전달받지
못했던 것일까. 그렇지 않고 全琫準이 직접 宋喜玉으로부터 구두로 이를 전
달받았음이 분명하다. 이는

(17) (問)네가 宋과 더불어 參禮에서 상견했을 때 혹 大院君의 말을 청탁
한 것은 없느냐?

(供)宋은 大院君으로부터 내려왔다고 일컬으면서 2월에 속히 올라오
면 좋을 것같다고 敎했다고 말하기에 내가 묻기를 글이 있느냐고 하
였더니 대답이 없었다. 나에게 문자를 보이지 않으므로 책망했더니
횡설수설하여 실로 황당하는 눈치였다. 또 반드시 大院君이 敎한 것
이라고 말할 필요는 없고 일을 마땅히 할 것은 내 스스로 마땅히 하
겠다고 말하였다.27)

라고 하였듯이, 參禮에서 宋喜玉이 大院君의 秘奇를 구두로 全琫準에게
전달하고 이를 심도있게 논의하였음을 알 수가 있는 것이다. 이 대목에서
全琫準이 글을 내놓지 못하는 宋喜玉을 책망하고 자신은 이 일과 관련이 없

---

26)「全琫準供草」三招, 前揭書, 1971, p.543 ; 前揭書, 1994, pp.17~18.
27)「全琫準供草」三招, 前揭書, 1971, pp.544~545 ; 前揭書, 1994, p.18.

었던 것같이 말하고 이 秘奇는 오로지 宋熹玉과만 관련이 있는 것으로 비록 술회하였으나 사실은 그렇지가 않았다고 보인다. 이러한 全琫準의 답변은, 宋熹玉이 그만큼 東學軍 全州大都所의 운영에 있어 모든 책임을 지고 독자적으로 판단하며 실질적인 권한을 행사했음을 보여주는 것이라 생각한다.

그러면 宋熹玉은 어떤 경로를 통해 大院君의 秘奇를 전달받았으며, 궁극적으로 宋熹玉은 大院君과 어떤 관계에 있었던 것일까. 지금부터는 이 점에 대해 검토해보기로 한다.

(나)宋熹玉의 大院君과의 관계

宋熹玉은 大院君이 파견한 密使들에 의해 秘奇를 전달받았던 것으로 보인다. 이는 앞서 인용한 (9)의 宋熹玉의 서신에서 엿볼 수 있지만, 특히 이는

(18) (問)宋熹玉의 甲午 9월 글에 말이 있기를,"어제 저녁 또 사람이 비밀리에 내려 왔는데 顚末을 자세히 생각해보니, 과연 개화파에 눌려 먼저 曉諭로 보호하면 뒤에 秘奇가 있을 것이다"라 말했는데, 이는 누가 보내온 글인지 역시 네가 모르는 것인가? 전번에 네가 고한 바는, "작년 10월 再起한 것은 日人이 군대를 거느리고 入闕하여 이해의 소재를 알지 못하기 때문에 우리가 臣民이 되어 감히 한시도 안심할 수가 없어 이에 이 擧義를 한 것이다"고 말하였은즉 大院君의 뒷 秘奇에 따른 것임을 알 수 있는데, 역시 너의 再起와 암암리에 담합한 것이 아닌가?
(供)그간에는 비록 혹 이러한 무리들의 내왕이 있었으나, 평소에는 그 면을 (알지) 못한즉 중대사건은 어찌 의논하겠는가? 그렇기 때문에 행적이 특별히 수상한 자는 하나도 얼굴을 맞대지 않았다.

......

(問)작년 재기포 때에 廟堂(조정)으로부터 내려온 그 曉諭文을 너는 보지 못했는가?
(供)大院君의 曉諭文은 보았으나 廟堂의 효유문은 보지를 못했었다.[28]

---

28)「全琫準供草」再招, 前揭書, 1971, pp.541~542 ; 前揭書, 1994, p.16.

라고 있음에서 '그간에는 비록 혹 이러한 무리들의 내왕이 있었'다고 한 全琫準의 술회를 통해 분명하다고 하겠다. 또한 全琫準이 비록 여기에서 '중대사건은 어찌 의논하겠는가?'라고 하였지만, 이는 의도적으로 大院君과 의 관계를 노출시키지 않으려는 데에서 나온 것일뿐, 실제로는 宋熹玉이 밀 사들과의 접촉을 통해 大院君과 관계를 맺고 있었다고 보인다. 이 사실은 全琫準도,

(19) (問)宋이 말한 雲峴宮으로부터 내려온 두 사람의 성명은 누구인가?
(供)그때는 들어서 알았으나 지금은 기억하기 어렵다.
(問)두 사람의 성명은 비록 모두 들을 수는 없으나 姓과 名은 끝내 기억할 수 없는가?
(供)그 성은 朴·鄭같은데 상세하지 않다.
(問)朴·鄭은 곧 이가 朴東鎭과 鄭仁德이 아닌가?
(供)朴東鎭은 이가 분명하나 鄭은 상세하지 않다.
(問)朴과 鄭은 宋을 보고 어떠한 말을 하였나?
(供)宋이 칭하기를,"雲峴宮이 역시 네가 올라오는 것을 기다리고 있 다"고 하였다.29)

라고 하여, 密使인 朴東鎭과 鄭寅德 두 사람의 이름까지 거론하면서 宋熹 玉이 직접 全琫準에게 大院君이 北上하기를 바라고 있음을 들려주었다고 술회하고 있는 대목에서 명백히 알 수 있는 것이다. 더욱이 당시의 이러한 실제 사정은,

(20) 李秉輝가 제출한 始末書
8월 12일 山에 대한 訟事로 許爗을 만났는데 그가 말하기를,"朴東鎭이 宣 撫使로 종사하기 위해 지금 湖西에 있는데, 만약 鄭寅德의 서신을 얻으면 일을 무사히 끝낼 수 있을 것이다."라고 하였다. …… 과연 朴이 크게 기 뻐하면서 드디어 솔깃한 마음으로 말하기를,"나는 실은 宣撫가 아니라 東徒를 불러 모으는 것으로 大院君의 명령에 따른 것이며, 그래서 나는 公州에 머물면서 任箕準·徐長玉과 더불어 일을 도모하고 朴世綱은 全州

29) 「全琫準供草」 三招, 前揭書, 國編委, 1971, p.545 ; 前揭書, 1994, pp.18~19.

에 가서 全琫準과 宋熹玉과 더불어 일을 도모하여 현재 몇 십만 명이 모였다"고 하였다. 李대감의 서찰이 있으면 내놓으라고 독촉하였더니 이를 내보이는데, 과연 그것은 大院君의 필적으로 수십만 인을 동원하여 며칠 안에 올려보내라는 말이 있었다.[30]

라 하여 朴世綱이란 大院君측 인물이 全州에서 직접 全琫準과 宋熹玉에게 大院君의 의중을 전하고 행동을 같이했다는 점이 밝혀져 있는 데에서도 명백하다고 하겠다.[31]

다만 全琫準은 宋熹玉과 大院君과의 관계에 대해서,

(21) (問)宋熹玉이 大院君과 더불어 서로 상관된 바가 있는 것을 너도 역시 알고 있었는가?
(供)宋熹玉은 반드시 상관이 없었을 것이다.
(問)네가 어째서 그 상관이 없는 것을 아는가?
(供)宋熹玉과 大院君과의 證票하는 바가 있다면 실로 자세하지 않으나 스스로 상세하다고 하면 반드시 상관이 없다.[32]

라 하여서 상관이 없을 것이라고 하면서도 한편으로는 證票가 없음을 내

---

30) 이 문서의 사진은 機密號外 東學黨事件二付會審ノ顚末具報 別紙 2−2, 「各領事館其他往復」, 『駐韓日本公使館記錄』영인본 4, 국편위, 1988, pp.377~378에, 그리고 원문은 『駐韓日本公使館記錄』 8, 국편위, 1993, pp.363~364에 있다. 한편 번역문은 『駐韓日本公使館記錄』 8, 국편위, 1993, pp.58~60에 있는데, 이 중 일부만 옮긴 것이다.

31) 全琫準과 大院君의 내통에 대해서는 일찍이 李相佰, 「東學黨과 大院君」, 『歷史學報』17·18 합집, 1962, pp.15~17와 金庠基, 「東學과 東學亂」, 앞의 책, p.661에서 밝혀진 바가 있었다. 최근 이에 대해서 柳永益, 「全琫準 義擧論−甲午農民蜂起에 대한 通說 批判−」, 『李基白先生古稀記念 韓國史學論叢』下, 一潮閣, 1994; 『東學農民蜂起와 甲午更張』, 一潮閣, 1998 및 「甲午農民蜂起의 保守的 性格」, 한국정치외교사학회 편, 『갑오동학농민혁명의 爭點』, 집문당, 1994; 같은 책, 1998에서 상론되었다.
이밖에 두 사람의 밀약설에 대한 정리로는 배항섭, 「대원군과 전봉준의 '밀약설' 고찰」, 『역사비평』 39, 역사비평사, 1991 겨울 및 김태웅, 「전봉준과 대원군 사이에 무슨 일이 있었는가」, 역사학연구소 엮음, 『농민전쟁 100년의 인식과 쟁점』, 거름, 1994이 참조된다.

32) 「全琫準供草」 三招, 前揭書, 1971, p.549; 前揭書, 1994, p.20.

세워 매우 유보적인 태도를 견지하고 있었는데 이는 東學軍 내부의 여러 가지 사정이 노출됨을 꺼린 데에서 나온 것에 불과하고, 결코 宋熹玉과 大院君 사이에 전혀 관계가 없었음을 말해주는 것은 아닌 것 같다.

그렇다면 宋熹玉은 언제부터 大院君과 어떠한 관계를 맺고 있었던 것일까. 이에 대한 하나의 단서는

(22) 宮內府草記前假監役李台淳・幼學宋熹玉並繕工主事差下何如 傳曰允[33]

라 한 『官報』기록에서 찾을 수 있는게 아닌가 생각한다. 이에 幼學으로서 繕工主事로 開國 503년 즉 1894년 8월 10일에 발령이 나고 있는 이 인물이 다름 아닌 바로 都執綱 宋熹玉이라 여겨지므로, 이 때에 宋熹玉이 大院君측과의 연결로 관직을 얻게 되었던 것이 아닐까 싶다.

이 때 大院君은 東學軍의 全州大都所 都執綱으로서 활약하고 있던 宋熹玉을 중앙의 主事職으로 발령내면서 자신의 정치적 영향력을 강화시키려 하였고, 사전에 이렇듯이 宋熹玉과 관계를 맺어두었기에 密使를 보내어 宋熹玉으로 하여금 全琫準과 함께 東學軍을 이끌고 北上하도록 하였던 듯하다. 반면에 宋熹玉은 大院君과의 이런 관계를 유지하고 있던 차에 大院君의 秘奇를 접하게 되자, 상황이 급박하게 돌아감을 감안하여 全琫準과의 협의에 앞서 먼저 全州大都所의 東學軍 세력을 독자적으로 거느리고 全州를 벗어나 北上의 길을 앞장서서 나가게 되었던 것으로 보인다.

4. 맺음말

全羅道 東學軍의 執綱所는 全琫準과 全羅監査 金鶴鎭 사이에 이루어진 소위 全州和約의 결과 1894년 5월에 설치되기 시작하여 公認된 이후에는 東學軍의 폐정개혁 요구를 기존의 행정 체계를 통해 道政에 반영하려는 조직

---

33) 『官報』, 開國五百三年八月初十日, 29 ; 『舊韓國官報』1, 亞細亞文化社, 1973, pp.165～166.

이었는데, 全州에는 전체 執綱所를 총괄하는 大都所가 설치되었고 여기에
는 이를 관할하는 都執綱이 있었다. 이 全州大都所의 都執綱으로서는 처음
부터 宋憙玉이 활약하였던 것으로 생각된다.

宋憙玉이 大院君의 密使들로부터 9월 2일에 大院君의 秘奇를 전달받고서
는 大都所를 독자적인 판단에 따라 全州에서 철수시킨 것은 그 다음날 즉
9월 3일이었다. 이 때 그는 全州를 물러나와서는 大都所를 龜村(全州郡 鳳翔
面 九尾里)로 옮기고, 이후에도 여전히 都執綱으로서의 구실을 충실히 수행
하고 있었다. 그 뒤 參禮에서 全琫準과 합류하여 이 곳에 또 다시 大都所를
둔 후에야 全琫準에게 이러한 여러 가지 정황을 직접 알리고 협조를 구할
만큼 독자적인 권한을 지니면서 東學軍을 통솔하였던 것이다.

宋憙玉은 全琫準의 妻族 7寸으로서 일찍이부터 교분을 쌓아 왔으므로 같
은 東學軍 지도자로서의 길을 걷게 되었고, 이러한 관계였기에 宋憙玉은 全
琫準의 적극적인 후원에 힘입어 全州大都所의 都執綱이 되어 활약할 수 있
었던 듯하다. 한편 大院君은 東學軍의 全州大都所 都執綱으로서 활약하고
있던 宋憙玉을 1894년 8월에 중앙의 主事職으로 발령내어 宋憙玉과 사전에
관계를 맺어두었기에, 9월초에 연아어 密使를 보내어 宋憙玉으로 하여금 全
琫準과 함께 東學軍을 이끌고 北上하도록 이끌 수 있었던 것같다.

반면에 宋憙玉은 大院君과의 이런 관계를 유지하고 있던 상황에서 全琫
準과 함께 東學軍을 이끌고 北上할 것을 바란다는 大院君의 秘奇를 접하게
되자, 全琫準과의 협의에 앞서 먼저 全州大都所의 東學軍 세력을 독자적으
로 거느리고 全州를 벗어나 北上의 길을 앞장서서 나가게 되었던 것으로 보
인다.

(1993. 3. 17 草稿 ; 1996. 11. 23 歷史學會 제336차 월례발표회 발표 ; 1999. 9. 推稿)

附錄

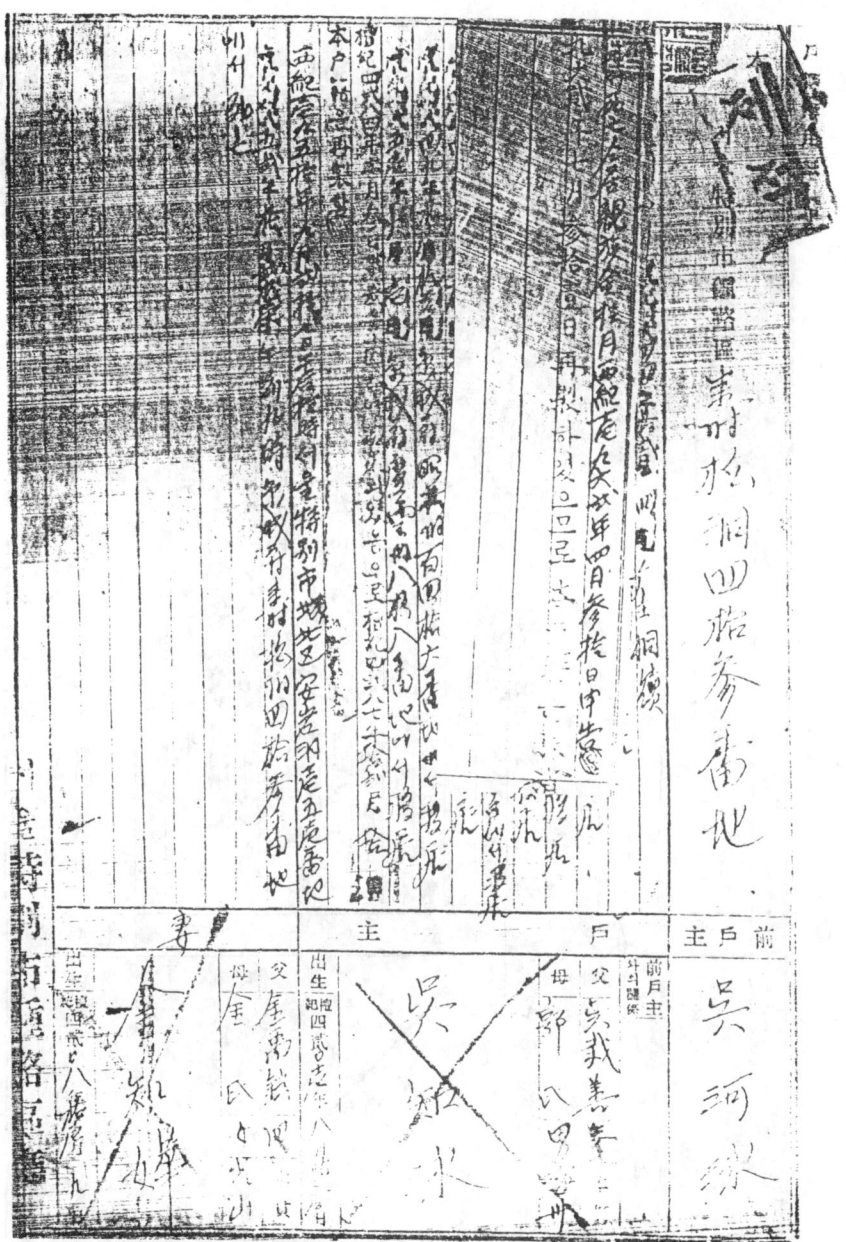

〈吳知泳의 除籍謄本〉 1－A(附記面이 부착된 상태)

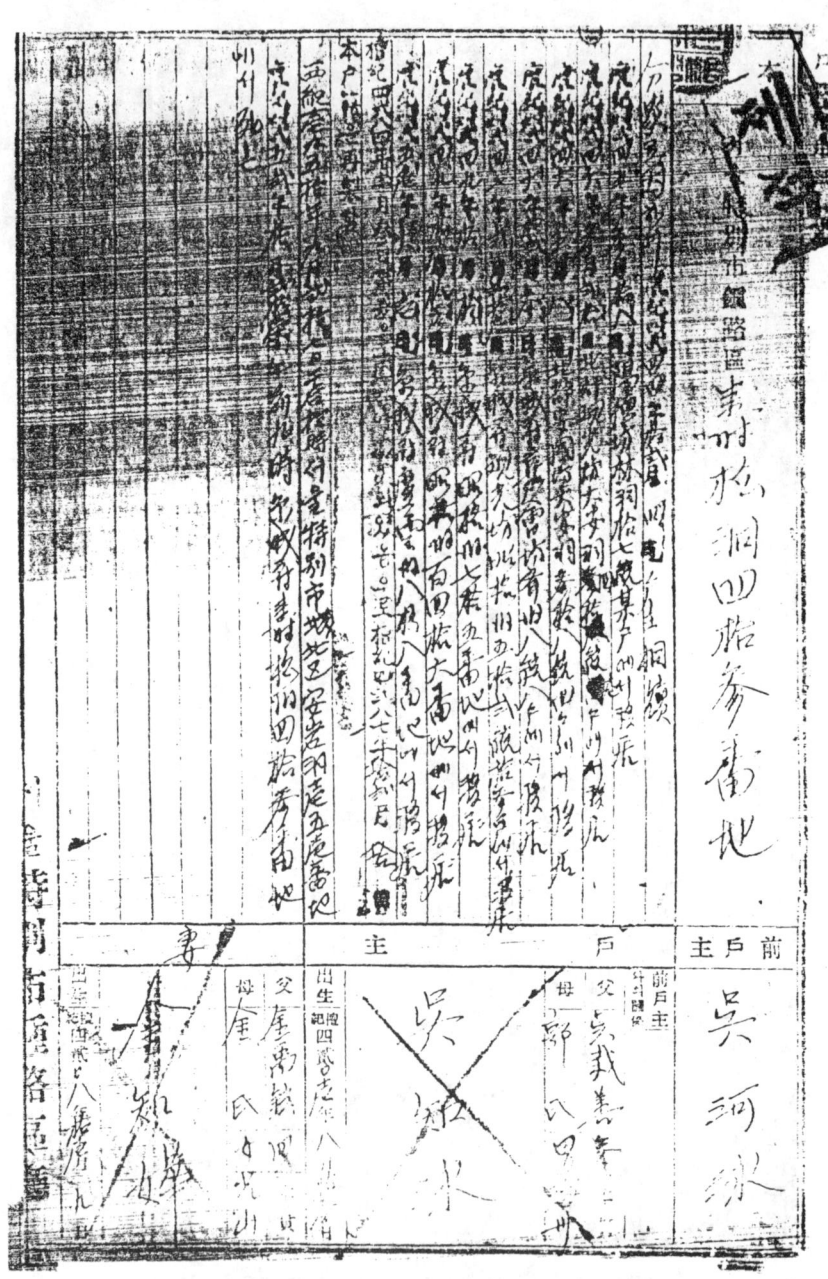

〈吳知泳의 除籍謄本〉 1-B(附記面이 젖혀진 狀態)

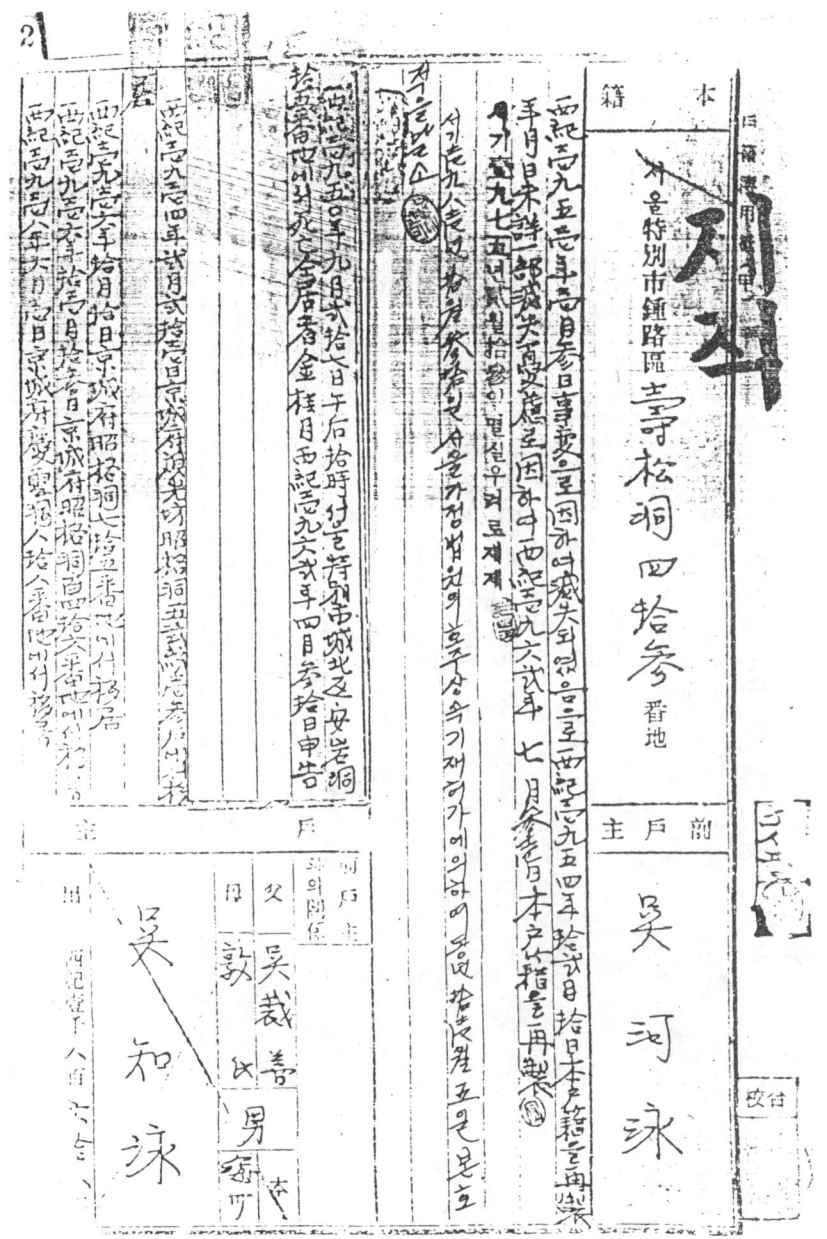

〈吳知泳의 除籍謄本〉2—再製本 A(附記面이 부착된 상태)

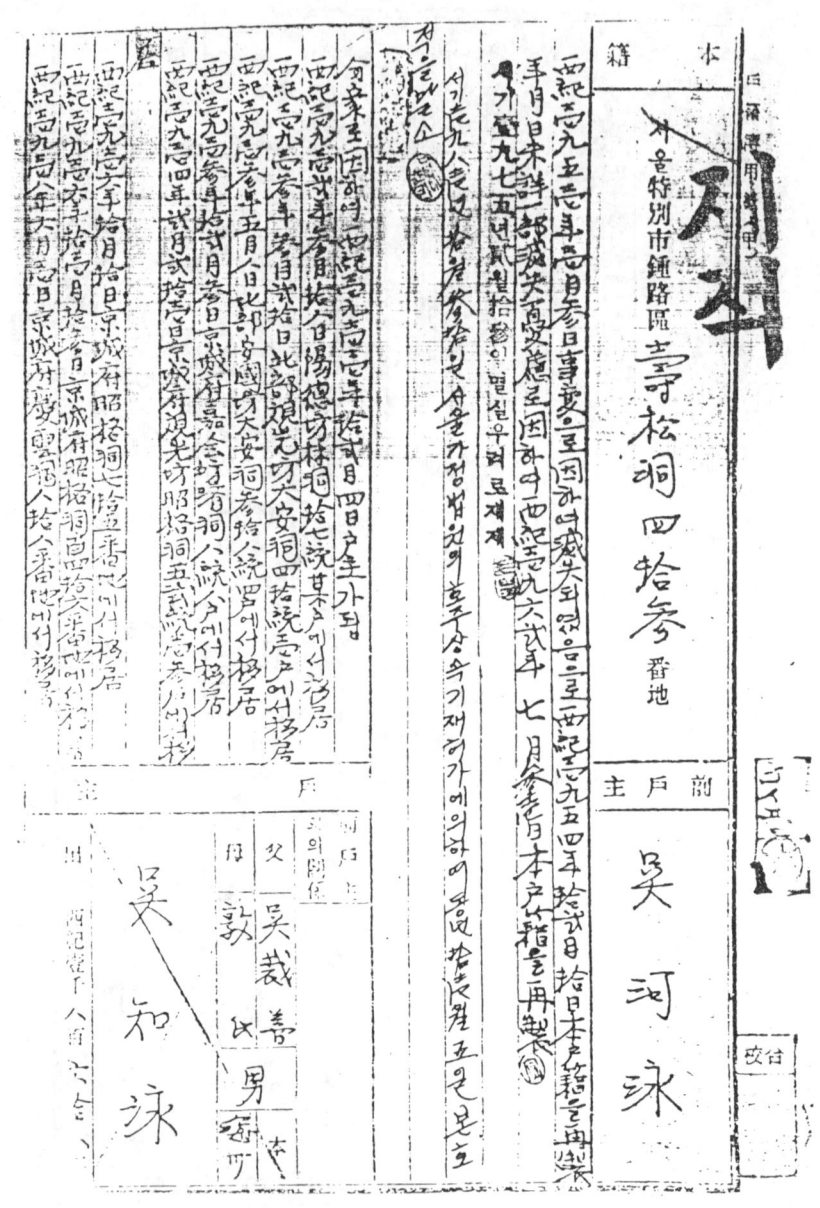

〈吳知泳의 除籍謄本〉 2－再製本 B(附記面이 찢여진 상태)

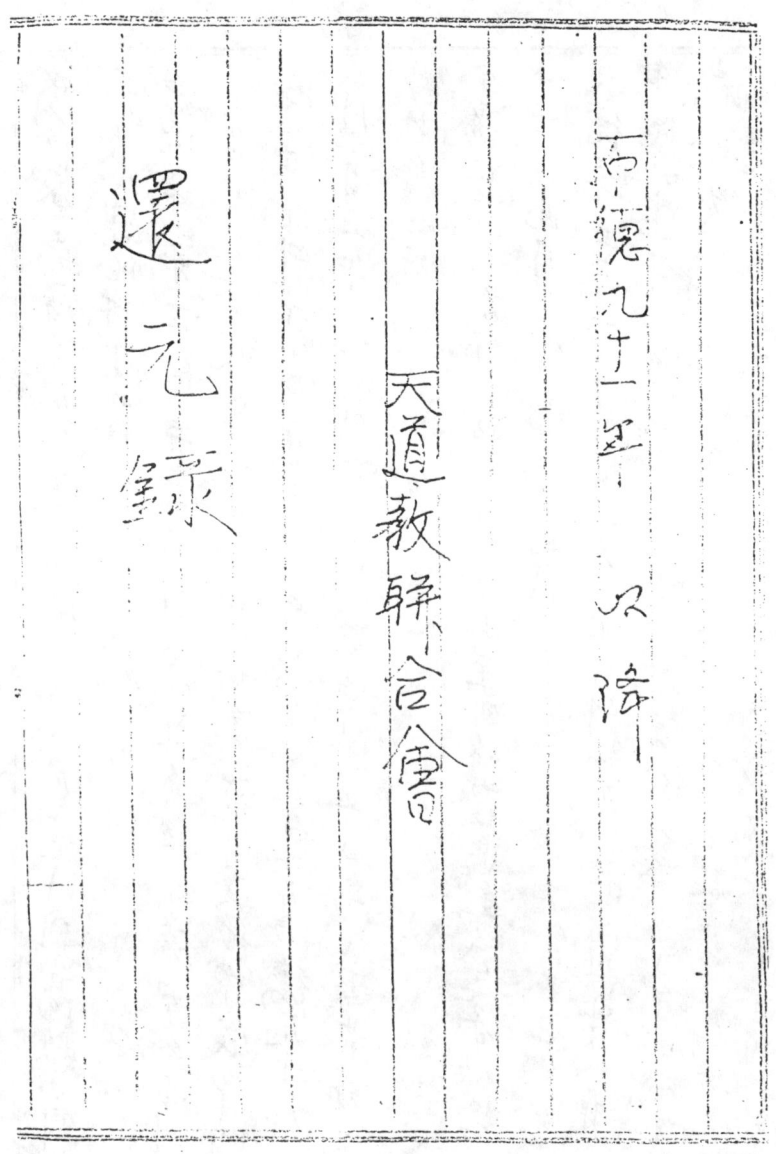

〈天道教聯合會 還元錄〉 표지

△ △

故鄕卷 吳知泳 先生은 布德九年八月十三日에 高敞郡

茂長面 德林里에서 出生하다

布德三十二年 辛卯 三月十二日에 入道하야 布德三十五年 甲午年에

全琫準 先生과 같이 東學大將을 하시고 其後 甲辰年에

兩麐하야 諸般 道中 事를 努力하시다가 布德九十年

三月一日 上午 六時에 還元하섰음니다 享年 八十三歲 引었

음니다

全羅北道 益山郡 龍安面 九山里에 故 崔昌鉉 氏는 布德日

十二年 九月十八日에 出生하섰다

布德三十五年 七月十五日에 入道하야 誠心修道 하시다가

布德九十一年 二月 于三月에 還元하섰음니다 享年에 甲十

歲에 있음니다

〈天道敎聯合會 還元錄〉 吳知泳 관련 부분

天道教聯合會 臨時總會 會錄

一, 而從先敎人의 各個가 天職을 가질것.

二, 敎理宣傳에 關한 件.
 가, 隨世, 隨分에 敎理를 宣傳할것.
 나, 宣傳方針을 確立하야 敎의 宣傳할것.
 다, 講理會를 組織하야 隨時巡回 講理할것.

四, 修煉의 完成에 關한 件.
 가, 修煉은 意志, 誠, 敬, 信을 主로 할것.
 나, 日常修煉은 每日 午九時에 家族一同이 會集할것.
 라, 國家社會에 講話을 待할것.
 마, 年常修煉은 十月二十八日 兩期로 開할것.

五, 國家精神의 陶冶에 關한 件.
 라, 記工文 五章에 武論할것.

韓存效、李相深、委員으로早司視導業을作成하야上程、

起案하다

가、勤檢貯蓄에關한件

ㄱ、勤務外檢束을主로하야貯蓄에勢力할것

ㄴ、消費組織에의會假을奬成할것

나、相扶相助에關한件

ㄱ、基難한災害에有한때에相救問助할것

다、聯合會事務所位置에關한件

ㄱ、서울中心地帶에設置하되市區教會

市務所位置問題에對하야兩論에有하야十五對三o三地方

敎會에서모히기로可決됨

라、明年慶議會場所에關한件

昭和○年度歳入歳出豫算案

歳入經常部

款項科目	豫算額	摘要
第一款一項　識米代金	二六,〇〇〇円〇〇	一ヶ月一,〇〇〇円十三個月割合
二項　差替金	三〇,〇〇〇	
計	五六,〇〇〇也	

歳入臨時部

款項科目	豫算額	摘要
第一款一項　借入金	一〇〇,〇〇〇	
計	一〇〇,〇〇〇也	

總計　一五六,〇〇〇也

歳出經常部

款項科目	預算額	摘要
第一項 給食費	六○,○○○円	常務幹部十三人分
第二項 通信傳信費	三○,○○○円	電信電話 郵票等
第三項 印刷費	二○,○○○円	謄寫書及印刷 文具等
第四項 修繕費	一五,○○○円	椅子卓子油紙其他 敎鍊場座席 修理文具等
第五項 雜費	五,○○○円	新聞雜誌 其他
計	一四五,○○○円超	
歲出臨時部		
款項科目 預算額		摘要
借入金	一五,○○○円	元金에對한 利子等 要
計	三五,○○○円超	
總計	一九○,○○○円也	

天道敎會聯合會 第三回 定期總会 會錄

布德九十三年四月五日午後二時에 第三回 定期總會를 本敎會堂에서 開會하고 會議錄을 議定코자 出席員點名을 行하고

前 會議錄을 報告朗讀하고 委員訂正要項를 滿場一致로 通過되고 朗讀報告外 諸般事를 討議코자 終過호을 宗議員이

五人이되니 各部常務幹事로 早是討議過할에 報告後에 議決코자

案件成委員으로 選定하니 議案作成委員은 (金漢喆·李相洙·吳洪根)

霞成委員 朴桂化·朴東圭 三人이되니 議案을 作成하야 上程

討議키로 함

議案
一, 大凡天主의 主義를 實現함에는 三인즉 天에서 導人이 如天을 徹底히 實行할것.

一, 廣濟蒼生을 保國安民으로 地上天國을 建設코져 積極

布德에 힘쓸 것.

二. 布德의 關한 件
一. 布德은 敎를 各自의 天職으로 하

三. 敎理 宣傳에 關한 件
經典, 歷史, 敎書 等을 出版 宣傳할 것.
各自 宣傳文을 逐期別行하야 敎會及一般 社會에
敎理 敎會制度組織을 隨時 進行 講論할 것.

四. 修鍊에 關한 件
各 修鍊은 守心正氣 誠敬信으로써 主를 삼을 것.
各日常 修鍊은 每日 午前九時에 一同 會合하야 研究
一 普通 修鍊은 十一月 望三月 兩期로 定하고 期
各 年 常 修鍊은 十一月 望 三月 兩期로 定하고 期間을 二十一日로 定

하고 呪文을 高唱武을 諷하자

五、國民精神昻揚의 件

　가、現下戰時下에 國民精神을 더욱 敦篤히하야 保國安民에

　　積極努力하자

　나、國民各自가 職業에 精勤하야 平和의 域에 나아감으로 勞力하자

六、機關維持의 關한 件

　가、誠米代金半額과 喜捨金으로 할것

　나、誠米는 每朝夕飯米中 一人當 一匙式 除外하여 一個月一

　　次式 收金하야 半額은 本敎會 終費로 半額은 聯合會 経費、

　　로 納하자

　다、喜捨金은 隨時로 되 敎人 各自 有志者의 誠意에 任함

七、動老推薦의 關한 件

가 勳老推薦의件은 南北統一聯合定期總會時까지 保留함

八 役員選定에 関한件

가 各部幹事를 選定하야 教務의役에 当케함

나 幹部銓衡委員(李祥宇、韓序教、鞠在用、吳洪根、申昌均)을 부러 幹事 及各部常務幹事를 左外如히 選定하다

幹事「高熙」朴孝信「潭陽」崔興洌「蔚山」李鍾萬「沃川」
高光浩 柳昌鉉「錦山」金正穆「高山」宋桂化「礪山」林雲用
申昌均 李相誅「爽成」林鍾浩 李化国「論山」韓序教 朴興来
「扶餘」丁斗燮「益山」曺遵彦 金永鑑 李祥宇、鞠在用 朴四化
「沃溝」金漢喆、白樂仁「咸悅」朴豊来 朴順燁 金廷桂 朴萬燁
「完州」吳億燁「金堤」崔成福、吳洪根

敎化部　常務幹事　韓容敎、金廷柱

庶務部　〃　　金漢喆

經理部　〃　　金承鎰

九. 豫算編成의 関한件

가. 布德九二年度 歲入歲出 豫算案을 作成하야 各敎會에 ...

豫算案 通過

豫算編成委員會(李桓洙、金漢喆、金承鎰、韓在弘、宋桂化... 委員으로 豫算案을 作成하야 上程通過하다

十. 勸檢貯蓄에 関한件 ...

(二) 勸獎과 檢束을 主로하야 ...

(三) 消費를 節約하고 五萬圜을 貯蓄에 努力할것

(四) 相互相助 獎勵할것

가 遠難이나 災難이 有한 時에 相殺相助할 것

—. 聯合會 業務 解任 位置의 關한 件
가 幹務 同僚의 對한 五朝

二. 明年 委議會場 開催에 關한 件
蒼務 幹事 에게 一任함

三. 程序 의 議案을 黑議 되어 通過되니라 下午 三時에 閉會함

天道敎聯合會 第三八四定期總會議長 金廷桂

同 委員 下半要

崔行務

市德九三年度歲入歲出預算案

歲入經常部

款項科目	預算額	摘要
款一項一　誠米代	一三〇,〇〇〇円〇〇	毎月一〇,〇〇〇円十二個月割金
二項　喜捨金	五〇〇,〇〇〇円〇〇	隨時主也
計	六三〇,〇〇〇円 納也	

歲入臨時部

款項科目　預算額	摘要
款一項一　借入金	一〇〇,〇〇〇円〇〇
計	一〇〇,〇〇〇円也

總計　七三〇,〇〇〇円也

歲出經常部

觀項科目	豫算額	摘要
第一款一項　給食費	三〇〇、〇〇〇 圓	警務幹事 二八分
二項　通信道送費	一五〇、〇〇〇	電話電信、郵便料
三項　印刷費	三〇、〇〇〇	各種書類及雜件
四項　消耗品費	一五、〇〇〇	柴炭油等其他
五項　雜費	六五、〇〇〇	橋子卓子書承文具
第二款　修理費	三〇、〇〇〇	教室建急修理費
歲出臨時部	計 五九〇、〇〇〇 圓也	郭家雜件
歲讓科目　借入金　豫算額	一〇〇〇、〇〇〇 圓也	摘要
第一數二項	計 五九〇、〇〇〇 圓也	元金에서利殖
總計	一〇〇〇、〇〇〇 圓也	

서울特別市 長沙洞 四盤

戶主 鄭瑢根

鄭瑢根

〈鄭瑢根의 除籍謄本〉

〈鄭瑢根 소장문서〉 1(1902년 ; 北接 大道主가 준 名帖)

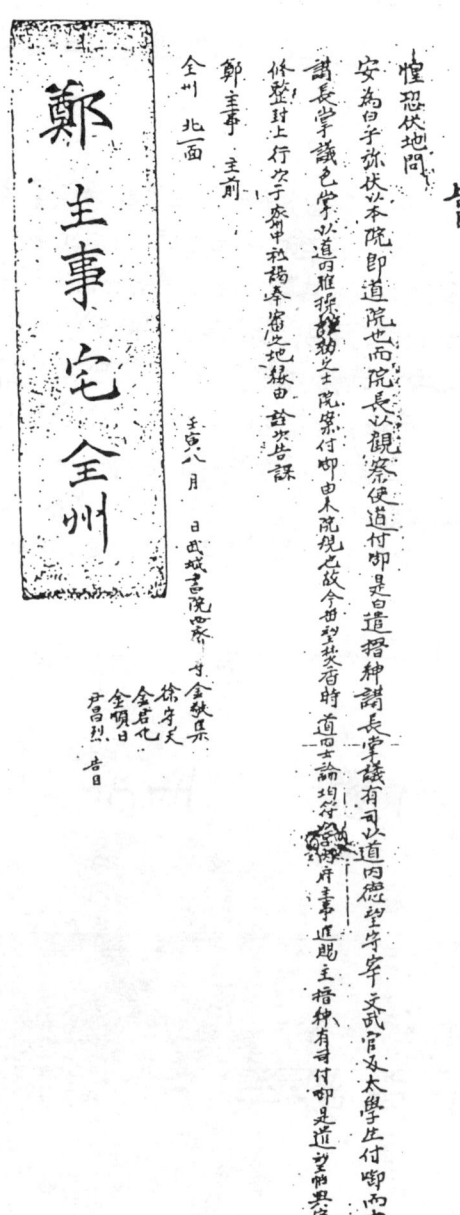

〈鄭瑢根 소장문서〉 2(1902년 ; 武城書院에서 보낸 문서)

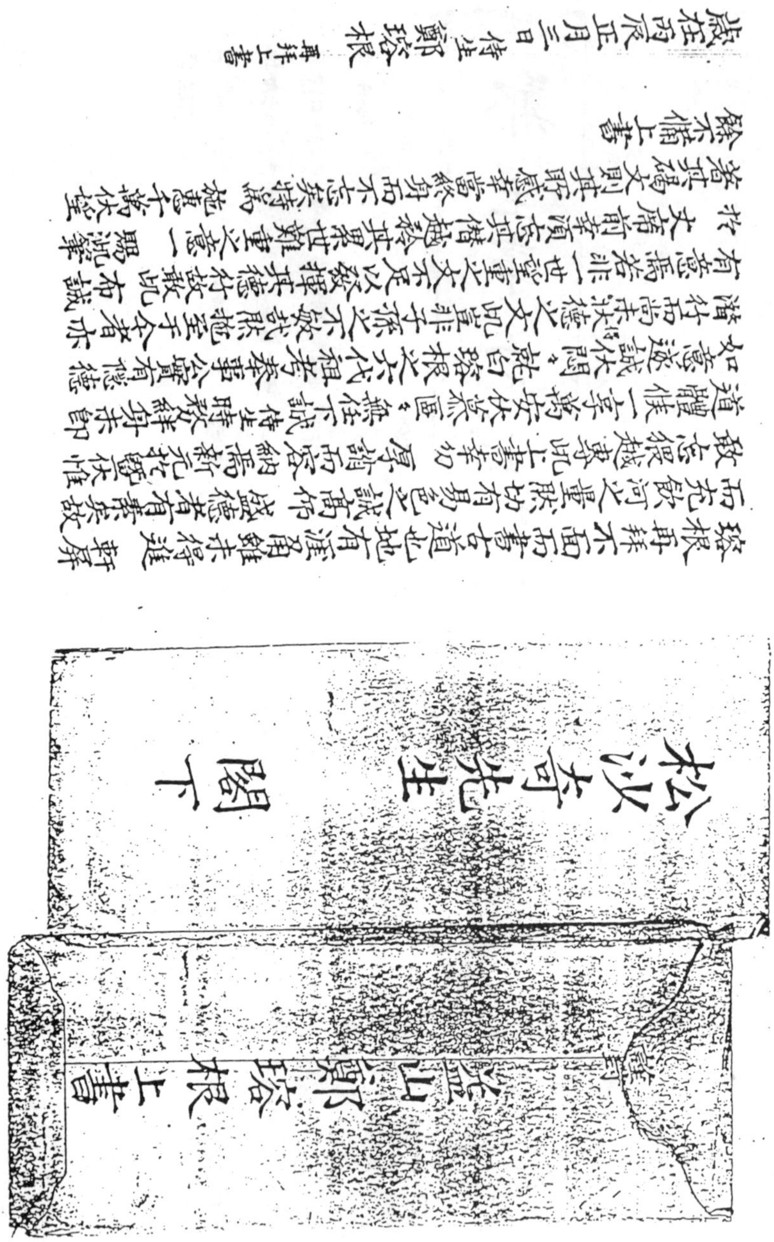

歲在丙辰正月三日
侍生鄭琦根
再拜上書

謹再備上書

伏惟道體候萬衛宂寢漸就蘇復伏慕區區之至侍生年前一謁之餘尙阻一字之書此豈非誠薄之致乎�而先根再拜
竊伏念先生德業之盛斯文之所共欽仰而有志之士所當趨向而易地也世衰道微學絕教弛民不知所以爲人之道也
有若先生之宿德而講明斯學以扶植綱常恢張道脉扶植士氣培養元氣者非先生其誰哉侍生亦以先生之德
之高山仰止惟德是募其所德之宏布者亦德卸惟竝故亦

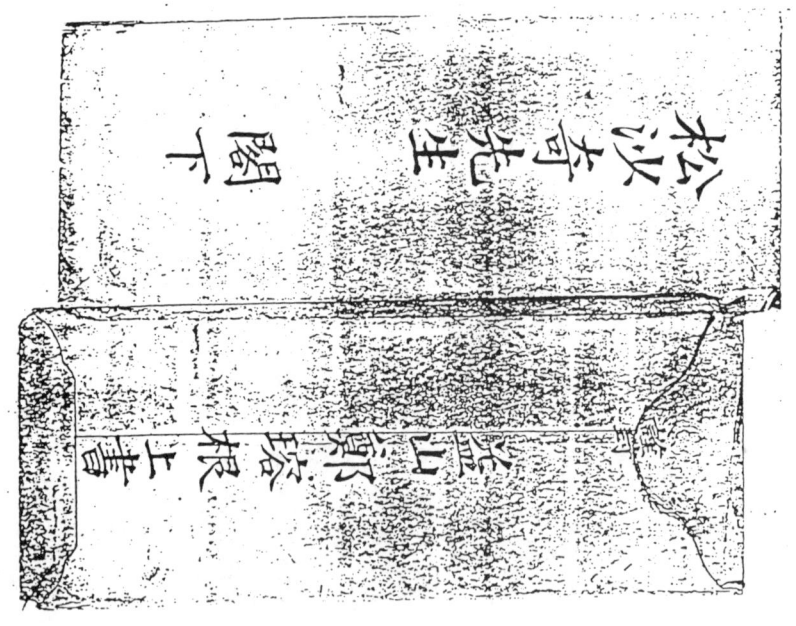

松沙奇先生
閣下

蘆山鄭琦根
上書

〈鄭琦根 소장문서〉 3(1916년; 松沙 奇先生에게 보낸 서신)

〈鄭瑢根 소장문서〉 4(1917년 ; 義庵 孫秉熙가 號 橡菴을 준 문서)

官報　開國五百三年八月初十日

○謝恩外務主事朴琮烈典書官鄭光澈軍務主事金益昇
蔡章默曹錫訥統虞侯李漢相壯衛營副領官李彰烈○
藥房　啓曰伏未審日間　聖體若何　寢睡水剌之節
何如　臣等率諸　御醫趁早入　診詳察　聖候爲宜
王大妃殿氣候何如　中宮殿氣候何如　臣等不任區區
伏慮敢來問　安並此仰　稟答曰知道　王大妃殿氣
候一樣中宮殿氣候安順卿等不必入侍矣○答記注李
喜和疏曰機張縣監李駿弼除拜踰月
尙遲赴任舉措狡惡爲先削籍爲民○宮內府草記前假

〈『(舊韓國) 官報』 宋熹玉 관련 부분〉

監役李台淳幼學宋憙玉並繕工主事差下何如　傳曰

允○內務衙門草記奏任主事俞星濬朴羲澄李瑛俱以

身病呈狀乞遞並改差何如踏　啓字○又草記奏任主

事俞鎭贊陞移代副司果李謙容俞星濬改差代副司果

姜晃熙金裕曾移差代前監役曹協承差下之意敢　啓

踏　啓字○又草記奏任主事朴羲澄李瑛改差代幼學

李範德沈宜翊並判任謹具摺單恭呈　聖鑑踏　啓字

○統衛營草記隊官趙慶相領官陞差代出身朴浩善差

下事、傳曰允○內務衙門草記漢城府令爲本衙門所

屬矣漢城府主簿尹喆圭中部令李相悳南部令洪淳七

三十

初十日甲寅

以李台淳宋憲玉爲繕工主事並切仕也

宮內府並啓請差下也

軍國機務處進議案各條

該處啓請允施也○議案一官員懲戒例載譴責

罰俸免職三條官員公罪另添監禁一條而公罪

最重者不宜監禁而止增徒流二條定爲律例事

一各營邑捐補錢鹽硝代錢已排定外一切革罷

其他新設名目之已行革罷者並一ㆍㆍ修成冊以

報政府之意行會各道事一備荒之穀亦應籌辦

甲午八月

〈『日省錄』宋憙玉 관련 부분〉

참고문헌

□ 資 料

安東府編, 『安東府邑誌』(國史編纂委員會 所藏, 분류번호 中 B16 BBC-40)
『鳳城縣誌』(奎章閣 所藏, 분류번호 7912)
『河東鄭氏文成公派譜』
『天安全氏世譜』(辛未譜 및 壬戌譜)

『日省錄』
『大韓帝國官員履歷書』(國史編纂委員會, 1972)
『舊韓國官報』(亞細亞文化社, 1973)

丁若鏞, 『牧民心書』(『與猶堂全書』, 景仁文化社, 1981)
『騎驢隨筆』(國史編纂委員會, 1972)
『勉菴集』(민족문화추진회, 『면암집』, 1985)
『武城書院院誌』(『書院誌叢書』9, 民族文化社, 1987)
金星圭, 『草亭集』, 1937.
李容珪, 『若史』(奎章閣 所藏,분류번호 奎 4254-43)
金允植, 『續陰晴史』(國史編纂委員會, 1957)
鄭 喬, 『大韓季年史』(國史編纂委員會, 1957)

『隨錄』(日本 京都大學 河合文庫 所藏, 분류번호 ス-2)
黃玹, 『梧下記聞』

黃玹, 『梅泉野錄』

『東學亂記錄』(國史編纂委員會, 1971)

「東匪討錄」(『韓國學報』 3, 一志社, 1976)

「全琫準判決宣告文 原本」(『韓國學報』 39, 1985)

『東學關聯判決文集』(總務處 政府記錄保存所, 1994)

『주한일본공사관기록』 영인본 및 번역본(국사편찬위원회, 1981 ~)

『兩湖電記』(國立中央圖書館 所藏, 분류번호 古朝-78-10)

鈴木天眼, 「馬斯劍鳴錄」, 『二六新報』 1894. 8. 11일자; 강창일, 「갑오농민전쟁 자료발굴 : 전봉준 회견기 및 취조기록」, 『사회와 사상』 창간호, 1988. 9.

「동학수령과 합의정치」, 『東京朝日新聞』, 1895년 3월 6일자; 강창일, 「갑오농민전쟁 자료발굴전봉준 회견기 및 취조기록」, 전게서, 1988. 9.

吳知泳, 『東學史』草稿本(國史編纂委員會 소장번호 c 17-4-v.1 - v.4)

_____, 『東學史』, 永昌書館, 1940; 『吳知泳全集』上, 亞細亞文化社, 1992.

_____, 『새사람과 새한울』, 天道敎聯合會, 1936; 『吳知泳全集』 上, 亞細亞文化社, 1992.

_____, 『新人乃天』, 天道敎聯合會, 1936; 『吳知泳全集』 上, 亞細亞文化社, 1992.

_____, 「自敍傳」, 『批判』 11-3, 1940년 3월호; 『吳知泳全集』 上, 亞細亞文化社, 1992.

鄭瑢根, 『學明德尊』; 『東學接主 鄭瑢根全集』(上・中・下), 亞細亞文化社, 1990.

『湖南學會月報』, 『大韓民報』, 『每日新報』

『萬歲報』, 『天道敎月報』, 『新人間』, 『野談』

『東亞日報』

朴晶東,『侍天敎宗繹史』, 侍天敎總部, 1915.

李敦化,『天道敎創建史』, 開闢社, 1933.

_____,『人乃天－要義－』, 開闢社, 1924.

_____,「黨志」, 프린트본(『新人間』466호, 1989년 1월호, 新人間社).

崔琉鉉,『侍天敎歷史』, 侍天敎總部, 1918.

趙基周 編著,『天道敎宗令集』, 天道敎中央總部 出版部, 1983.

『東學思想資料集』1, 亞細亞文化社, 1978.

民主主義民族戰線 編,『朝鮮解放年譜』10, 1946.

朴熙永 編,『解放以後 朝鮮內主要日誌』, 1946.

『韓國政治年表』(1945~1979), 국가보위입법회의도서관 입법참고자료 제218
    호, 1980.

국가보훈처,『독립유공자공훈록』4, 1987.

朝鮮總督府,『朝鮮の類似宗敎』, 1935.

市川正明 編,『三・一獨立運動』, 原書房, 1984.

鄭鶴聲,『近世中西史日對照表』, 臺灣 國立編譯院, 1936.

王力,「中國古代文化常識」,『古代漢語』, 北京 中華書局, 1963 ; 李鴻鎭 譯,
    『中國古代文化常識』, 螢雪出版社, 1989.

□ 著書

金庠基,『東學과 東學亂』, 大成出版社, 1947 ;『東方史論叢』, 서울대출판부,
    1974.

金洋植,『근대 한국의 사회변동과 농민전쟁』, 신서원, 1996.

金龍德,『鄕廳硏究』, 韓國硏究院, 1979 ;『韓國制度史硏究』, 一潮閣, 1983.

柳永益,『東學農民蜂起와 甲午更張』, 一潮閣, 1998.

宋俊浩,『朝鮮社會史硏究』, 一潮閣, 1987.

愼鏞廈,『東學과 甲午農民戰爭硏究』, 一潮閣, 1993.

사회과학원 력사연구소, 『조선전사』 13, 과학·백과출판사, 1980.

李羅英, 『조선통사(하)』, 과학원 력사연구소, 평양, 1958 ; 오월, 서울, 1988.

全河禹, 『巨儒 全琫準의 改革思想』, 榮元社, 1993.

梶村秀樹, 『朝鮮史の構造と思想』, 硏文出版, 1982.

勞思光, 『中國哲學史』 漢唐篇, 鄭仁在譯, 探究堂, 1987.

□ 論 文

金世潤, 「大院君의 書院 撤廢에 관한 一考察」, 西江大 大學院, 1980.

金洋植, 「1,2차 全州和約과 執綱所 운영」, 『역사연구』 2, 1993.

_____, 「집강소는 농민군의 통치기구였는가」, 역사학연구소 엮음, 『농민전쟁 100년의 인식과 쟁점』, 거름, 1994.

_____, 「전주화약이후 '官民相和'와 집강소 운영」, 『근대 한국의 사회변동과 농민전쟁』, 신서원, 1996.

金義煥, 「全州和約과 執綱所」, 『韓國思想』 12, 1974.

金龍德, 「十九世紀의 鄕廳」, 『鄕廳研究』, 韓國研究院, 1979 ; 『韓國制度史研究』, 一潮閣, 1983.

金仁杰, 「朝鮮後期 鄕權의 추이와 지배층 동향」, 『韓國文化』 2, 서울대 한국문화연구소, 1981.

김태웅, 「전봉준과 대원군 사이에 무슨 일이 있었는가」, 역사학연구소 엮음, 『농민전쟁 100년의 인식과 쟁점』, 거름, 1994.

盧鏞弼, 「吳知泳의 人物과 著作物」, 『東亞研究』 19, 西江大 東亞研究所, 1989 ; 本書 所收.

_____, 「解題」, 『東學接主 鄭瑢根全集』上, 亞細亞文化社, 1990 ; 同改題 및 改稿 「鄭瑢根의 人物과 著作物」, 本書 所收.

_____, 「東學農民軍의 執綱所에 대한 一考察」, 『歷史學報』 133, 1992 ; 同改題 「東學軍의 執綱所에 대한 一考察」, 本書 所收.

_____, 「吳知泳의 生涯와 그의 著述」, 『吳知泳全集』上, 亞細亞文化社, 1992 ; 本書 所收.

_____,「동학군의 집강소 설치와 운영」,『근현대사강좌』5, 1994 ; 本書 所收.

_____,「鄭瑢根의 생애와 동학사상」,『한국근현대사연구』2, 1995 ; 本書所收.

柳永益,「全琫準義擧論－甲午農民蜂起에 대한 通說 批判－」,『李基白先生古稀記念韓國史學論叢 下 : 朝鮮時代・近現代篇』, 一潮閣, 1994 ;『東學農民蜂起와 甲午更張』, 一潮閣, 1998.

_____,「甲午農民蜂起의 保守的性格」, 한국정치외교사학회 편,『갑오동학농민혁명의 爭點』, 집문당, 1994 ; 전게서, 1998.

朴永錫,「海圓 黃義敦의 民族主義史學」,『汕耘史學』創刊號, 1985.

배항섭,「대원군과 전봉준의 '밀약설'고찰」,『역사비평』39, 역사비평사, 1991 겨울.

宋正洙,「全琫準將軍 出生地에 대한 考察」,『전라도 고창지역의 동학농민혁명』, 고창문화원, 1997.

宋俊浩,「漆原縣監 姜膺煥의 '各洞傳令'」,『心泉李康五先生華甲紀念論文集』, 1980 ; 宋俊浩,『朝鮮社會史研究』, 一潮閣, 1987.

申榮祐,「1894년 嶺南 醴泉의 農民軍과 保守執綱所」,『東方學誌』44, 1984.

愼鏞廈,「甲午農民戰爭時期의 農民執綱所의 活動」,『韓國文化』6, 1985 ;『東學과 甲午農民戰爭研究』, 一潮閣, 1993.

_____,「甲午農民戰爭 시기의 農民執綱所의 設置」,『韓國學報』, 1985 ; 前揭書, 1993.

_____,「甲午農民戰爭과 두레와 執綱所의 폐정개혁」, 한국사회사연구회 편,『한국사회의 신분계급과 사회변동』, 문학과 지성사, 1987 ; 前揭書, 1993.

_____,「甲午農民戰爭의 社會的 歷史的 性格」, 전게서, 1993.

_____,「甲午農民戰爭의 第2次農民戰爭」, 전게서, 1993.

吳吉寶,「갑오농민 전쟁과 동학」,『력사과학』1959년 3월호.

李相佰,「東學黨과 大院君」,『歷史學報』17・18합집, 1962.

李鉉淙,「湖南學會에 대하여」,『震檀學報』33, 1972.

_____, 「大韓協會에 대하여」, 『亞細亞研究』 8‒3, 1970.

鄭昌烈, 「大韓民報 解題」, 『大韓民報』, 亞細亞文化社, 1978.

_____, 「東學과 東學亂」, 『韓國學研究入門』, 知識産業社, 1981.

_____, 『甲午農民戰爭研究 ‒全琫準의 思想과 活動을 중심으로‒』, 연세
　　　　대대학원, 1990.

조경달, 「1894년 농민전쟁에 있어서 동학지도자의 역할‒徐丙鶴·徐仁周
　　　　를 중심으로‒」, 『역사연구』 2, 1993.

韓沾劤, 「東學과 東學亂」, 『韓國學入門』, 學術院, 1983.

洪性讚, 「1894年 執綱所期 設包下의 鄕村事情」, 『東方學誌』 39, 1983.

姜在彦, 「封建體制解體期の甲午農民戰爭」, 『朝鮮近代史研究』, 日本評論社,
　　　　1970.

瀨古邦子, 「甲午農民戰爭期における執綱所について」, 『朝鮮史研究會論文
　　　　集』 16, 1979.

梶村秀樹, 「東學史 解題」, 『東學史』, 東洋文庫, 1970.

_____, 「開國による社會變動と甲午農民戰爭」, 渡部學 編, 『朝鮮近代史』,
　　　　勁草書房, 1968.

朴宗根, 「甲午農民戰爭(東學亂)における ‘全州和約’과‘弊政改革案’」, 『歷史
　　　　評論』 140 1962年 6月號.

_____, 「1894年の甲午農民戰爭と日本軍の侵入」, 『日淸戰爭と朝鮮』, 靑木
　　　　書店, 1982 ; 朴英宰譯, 『淸日戰爭과 朝鮮』, 一潮閣, 1989.

山邊健太郎, 「甲申政變と東學の亂」, 『世界の歷史』 11, 筑摩書房, 1961.

月脚達彦, 「愛國啓蒙運動における文明觀·日本觀」, 『朝鮮史研究會論文集』
　　　　26, 1989.

趙景達, 「東學農民運動と甲午農民戰爭の歷史的性格」, 『朝鮮史研究會論文
　　　　集』 19, 1983.

橫川正夫, 「全琫準についての一考察」, 『朝鮮史研究會論文集』 13, 1976.

색 인

동학사와 집강소 연구

인쇄일 초판 1쇄 2001년 01월 10일
　　　　2쇄 2015년 03월 20일
발행일 초판 1쇄 2001년 01월 15일
　　　　2쇄 2015년 03월 23일

지은이 노 용 필
발행인 정 찬 용
발행처 **국학자료원**
등록일 1987.12.21, 제17-270호
서울시 강동구 성내동 447-11 현영빌딩 2층
Tel : 442-4623~4 Fax : 442-4625
www. kookhak.co.kr
E- mail : kookhak2001@hanmail.net

ISBN 978-89-8206-542-2 *93910
가 격 14,000원